城市研究系列

Urban Studies

城市研究系列

主　　编　周　宪　［加］罗伯・希尔兹

项目总监　任　晖

THE RISE AND FALL OF URBAN ECONOMIES

城市经济的崛起与衰落

LESSONS FROM SAN FRANCISCO AND LOS ANGELES

来自旧金山和洛杉矶的经验教训

[美]迈克尔·斯多波　塔纳·奥斯曼
[英]托马斯·凯梅尼　纳吉·马卡拉姆　著

刘淑红　译

江蘇鳳凰教育出版社
Phoenix Education Publishing, Ltd

出版说明

城市研究领域很深广，涉及多学科内容。经济、政治、文化、环境、资源、规划、可持续发展等主题，都与城市有关。这些主题大致涵盖了实体的物质空间和抽象的文化空间，也许在一定程度上与当代生活有关的问题大多是城市问题。

“城市研究系列”即是对中国城市化进程中可能遭遇的各种问题在理论上的一种回应。“系列”以经典性与前沿性为导向，理论研究与实证研究并重。在内容方面重点关注与城市主题有关的经典性著作、各学术流派的代表作、当代前沿问题研究、城市研究新理论、城市文化现象与发展方向的探讨等。这些内容不仅追溯了城市发展的历史进程中诸多富有影响力的节点，也契合了当前社会的热点和趋势。

“城市研究系列”既重视国外先进的城市研究著作的引入，也重视国内城市研究领域中优秀的原创著作的出版。我国的城市研究起步较晚，引入国外先进的学术理论，其目的是丰富我们认识城市的路径，建立更加科学的观照体系，从而形成并完善我们本土的城市理论系统建构。

作为中国城市化进程的目击者、参与者、解释者、引领者，我们有责任告诉世界这个历史悠久的农业大国在这一巨大的城市化转型中所发生的一切。而城市本身所具有的多样性与复杂性，也值得我们去探究，去呈现，去引领。

我们期待"城市研究系列"这一高水准的中外城市理论研究出版平台所带来的新角度和新方法，所开启的新视野，所探讨的新问题，能为我国新型的城市化进程提供充分的学术支持。

江苏凤凰教育出版社

中文版序

迈克尔·斯多波

《城市经济的崛起与衰落》的主题是城市地区(大都市区)的经济如何面对结构转型,主要有三种形式的结构转型会影响到城市经济,中国目前正在同时经历这三种转型。

第一种,在高速的经济发展和人口地域流动的背景下,中国正在经历大规模的城市化(构建新的城市体系),从而建立起城市网络的基本结构。

第二种,中国目前是中等收入国家,迈向高收入国家的进程将伴随着技术和生产力水平的提升,同时也伴随着中国经济专业化分工所涉及的主要资源的转变。随着这一过程的推进,大都市区经济的结构(尤其是区域经济分工和就业结构)也会随之改变。这可能主要会影响中国城市体系中不同大都市区的规模及其相对的繁荣程度。

第三种，所有经济体——包括中国——都必须要适应世界经济正在经历的结构性冲击，包括新科技的兴起、其他国家比较优势的转变，以及市场和生活方式的改变。

第三种类型的转变，是自西方工业革命以来经济发展的一种普遍规律。我们目前谈论的正是我们身处的“第三次工业革命”，始于20世纪70年代，基本上以高科技、金融及生命科学等前沿创新领域的兴起为主体。这就是新经济，它替代了西方始于20世纪70年代并贯穿至今的建立在以制造业和机械工程为增长点这一基础上的旧经济。

《城市经济的崛起与衰落》设法解释为什么新经济自20世纪70年代开始形成以来旧金山与洛杉矶的表现迥异。1970年时的旧金山和洛杉矶在很多方面都很相似，当时都处于美国城市经济体系的第一梯队，如同当今中国的北京、上海和广州等地区，收入高、规模大、技术先进，处于中国城市体系的顶端。

我们书中对比的洛杉矶和旧金山在经济表现上的这种分化和波动，对未来的中国城市地区来说，将越来越具话题性。因为中国的城市体系将日趋成熟，而且更多的大都市地区将具备前沿创新活动所需的条件。随着中国经济潜力的版图达到全国更加均等化的水平，分工和集聚模式的转变将具有更大的可能性。中国的主要城市地区（以及其他一些地区）将因国内一些新兴城市地区竞争者的出现而面临挑战（某种程度上很像20世纪60年代和70年代发生在美国的休斯顿、达拉斯、亚特兰大等城市的崛起），由于与中国以及世界其他地区相比，这些地区的成本构成在上升，因此，这些地区将需要创造或承担新的、具有创新性的功能。

传统政策（基础设施、住房、交通、研发）将会强烈影响这些城市地区应对挑战的能力。更为重要的是，随着中国向世界创新的前沿迈进,“关系型基础设施”将直接塑造各城市地区应对这些挑战的方式。本书中我们分析的关系型基础设施指由企业、地方决策者、创新群体、研究人员以及企业家共同构成的网络。正是这样的网络,形成了各区域创造和获取更接近世界创新前沿的非例行性经济活动的能力。中国主要城市地区经济的制度基因已然存在相当显著的差异,例如,当我们比较北京、上海和广州时就不难发现,其中的每个城市地区都有各自长期延续下来的专业化分工及复杂的制度网络方面的差异,类似于我们在书中详细分析的旧金山和洛杉矶地区。

正是出于这样的认知,我们相信中国读者会发现这本书的有用之处。在中国,深入并细致地理解区域经济的结构将会是有益的,包括分工/集聚和劳动力/劳动技能的各个标准维度,从更大的视角来看,还包括区域关系型基础设施,这将会照亮中国的城市转型和城市体系重构之路。中国要顺利跨越国家经济发展的中等收入阶段,成为一个完全发达的高收入经济体,领先的城市地区在聚集最具创新性的前沿的经济活动方面将扮演关键性的角色,这些经济活动正是生产力革新在国家层面传播扩散的源泉。

中国经济发展的命运,自然也是世界经济在 21 世纪发展路径的关键所在。因此,关系型基础设施的作用在中国领先城市地区的层面来说,成为一个关键问题,它不仅影响中国自身的发展,也影响到 21 世纪的整个世界经济。

翟 健译

当我第一次到洛杉矶的时候,我意识到还没有人描绘过这个城市。

——戴维·霍克尼

旧金山的新奇事物令世界折服;而旧金山人的创造才能体现在一项专长上,那就是争论。

——《旧金山之声》(*San Francisco Call*)

1864年9月15日

目　录

图、表与地图列表

图

地 图

表

致　谢

本书基于我们的一个研究项目，该项目得到约翰·伦道夫·海恩斯和朵拉·海恩斯基金会的慷慨资助，因而我们特别要感谢基金会董事比尔·伯克。在此还要感谢其他很多为此项目做出卓越贡献的人士。首先要是加州大学伯克利分校的阿莉·拉塞尔·霍赫希尔德，一个阳光明媚的下午，她与我们在旧金山会面时建议我们以写“推理故事”的方式写作此书；在构思此书之初，我们得到了丹尼尔·马兹曼尼恩、爱德华·利默尔、桑福德·雅各比、伍迪·鲍威尔等的宝贵建议。另外还有来自两个地区的众多受访者，他们就我们所调查的内容提供了富有价值的线索，并使我们意识到两个地区对待一些问题所持有的不同态度及产生的争论。参加南加利福尼亚大学、巴黎政治学院、斯坦福大学座谈会的与会者们就该项目给出了具有重要意义的反馈意见。克里斯·本纳、马丁·肯尼、埃德·马莱茨基、安德烈斯·罗德里格斯·波塞、安纳利·萨克森宁和理查德·沃克阅读了书稿的不同部分并进行了点评，使之得到重要修正。我们还有幸得到斯坦福大学出版社的马戈·贝丝·弗莱明的悉心指导，从而深化了书中论点并改进了书稿组织结构。加州大学洛杉矶分校罗斯金公共关系学院的工作人员协助管理项目拨款，使经费得以合理使用，而巴黎政治学院的社会学中心则为迈克尔·斯多波提供了最佳写作条件，如位于Vinaigriers 街的名为“工艺”的联合办公空间及位于 La Brea 林荫大道的名为“涂鸦”的办公地。伦敦经济学院的地理系不愧为一个经济地理学和经济发展研究观点汇集交融的地方，本书很多思想皆源于此。对于分散于各地的项目组后期研究团队成员而言，处于各成员居住地最佳距离位置的巴塞罗那无疑是一个最好的聚集地，感谢海恩斯基金会的帮助，使我们能够在这个城市举行为期一周的会议，在此期间整合了书稿。乔纳森·斯多波帮助我们联络了旧金山湾区的领导圈，并在冗长的会晤之后确定在旧金山市区的合适地点举办鸡尾酒会。出人意料的是，伯班克机场是我们出发北上之前一个令人愉悦的晨间聚会地点。

本书陈述了大洛杉矶地区（the Greater Los Angeles）和旧金山湾区（San Francisco Bay Area）的发展，相较于后者，洛杉矶的经济已然衰退，但是人们应该谨记：在经济学中没有永恒的荣耀。旧金山和洛杉矶都拥有锦绣前程，但是美好的未来从来不会从天而降。

第一章　城市地区的分化发展

在人类历史上，居住在城市地区的人口首次超过半数。每年世界范围内还有 8 500 万人口涌向城市，他们中的大多数生活在发展中世界。全世界人口的 1/5 及一半左右的经济产量集中在 600 个人口最为稠密的城市地区或者大都市区。在未来 15 年，这些数字还会上升，届时将有 1/4 的世界人口和 60%的经济产量集中在城市地区(McKinsey, 2011)。事实上，城市经济产量的集中更加惊人：仅 23 个巨型城市地区(1 000 万以上人口)便生产了1/4 的世界经济产量，这并不仅仅是发展中世界快速城市化进程造成的。在美国，自 1978 年以来，高达 90%的经济增长是由 254 个大城市带来的，其中 50%要归功于 30 个最大的都市地区。美国大约一半的就业岗位分布于仅 1.5%的国土上。

尽管世界正处于城市化进程中，但是各城市的经济发展水平却有很大差异。例如，美国大都市地区(100 万人口以上)的人均收入比其他地方高出 40%。在世界层面上，较大城市居民的收入是全球收入平均水平的四倍。大城市地区的收入从开罗每年的2 000 美元到诸如旧金山、奥斯陆、康涅狄格州的首府哈特福德等地的 75 000 美元不等。最后要说的是，同一个国家内的不同都市地区的收入水平也有重大差异：在美国，得克萨斯州的布朗斯维尔年人均收入是 23 000 美元，而旧金山湾区、华盛顿哥伦比亚特区的年人均收入则达到 75 000 美元，这大约是 1∶3 的比率。

经济力量有时候使发展水平越来越相似，有时候却会使发展水平产生巨大差距。1880 年到 1980 年期间，美国的收入差异呈收敛趋势，最富裕的州（康涅狄格州）与最贫穷的州（密西西比州）的差距从 4.5 倍缩小到 1.76 倍。这样的趋势到 1980 年就渐渐停止了（Ganong and Shoag，2012）。在此期间，美国城市地区收入排名起伏不定，比各州的排名波动更大。20 世纪 80 年代的某段时间，都市之间的人均收入差异收敛趋势也逐渐停止（Moretti，2012；Drennan and Lobo，1999；Yamamoto，2007）。

国家之间和城市之间的收入差异模式随着时间的流逝而变化。对于国家收入的变化，经济历史学家使用了“大分化”（Great Divergence）一词：1492 年的中国是世界上最富裕的国家，1750 年，它的人均收入仍然高于西班牙和英国。但是接下来的两个半世纪，中国却远远落后于西方，近些年来，它又在收入阶梯上开始慢慢恢复它的地位（Pomeranz，2000；O'Rourke & Williamson，1999）。现在我们要谈论的是国家内部城市地区之间新的“大分化”发展（Moretti，2012）。这意味着在 21 世纪，有必要促进和维持城市化进程，使之成为繁荣的重要基础，但是仅凭城市化并不能保证每个城市的繁荣。在 1970 年的美国，底特律在最富裕的都市地区中排名第六，现在却排到第五十二。波士顿目前是美国收入最高的五个地区之一，但是在其长达四个世纪的发展历史中也经历了很多波折，1980 年是波士顿最近一次穷困潦倒的时期(Glaeser，2003)。

我们在本书中分析了加利福尼亚州的洛杉矶和旧金山这两个大城市地区的不同命运[①]。1970 年，两个地区人均收入水平相差无几，分别位列美国都市地区排行榜的第四和第一名。2010 年，两地人均收入相差约三分之一，洛杉矶的排名滑至第二十五名。纵观历史，由于战争和政治原因，世界上的城市地区常常会发生这样的财富变化。但是我们手头这个案例却是因为这两个富裕的、高度发达的地区以不同方式进入新经济而造成的。

在关于这两个城市的典型案例中，洛杉矶在艰难时期节节败退的原因大抵可以归纳为以下几点：冷战结束使得它丧失了大部分航空业、拉丁美洲的低技能移民蜂拥而至以及政府失灵。与此相反，旧金山则赢得信息时代的幸运彩票，一举成为技术革命的世界中心，并拥有大量高技能移民。但是这些说法中没有一个原因能够解释为什么这两个城市起点相似，却在后来的发展中背道而驰，而本书将要论证的，恰是引起两个地区分化这一变化过程的主要原因在于两个经济体重塑其社会和经济网络的不同方式、两地企业的不同做法以及各经济体中不同的总体组织生态。

两大城市地区：洛杉矶和旧金山

不管以何种标准衡量，洛杉矶和旧金山都市地区都是富裕并充满活力的大型都市地区。在这种语境下，洛杉矶指大洛杉矶都市地区，即官方所谓的合并统计区(CSA)，包括五个相邻的持续城

---

① 确切地说，在美国，洛杉矶地区和旧金山地区大致符合合并统计区(CSA)的划分标准，合并统计区大于都市统计区(MSA)。

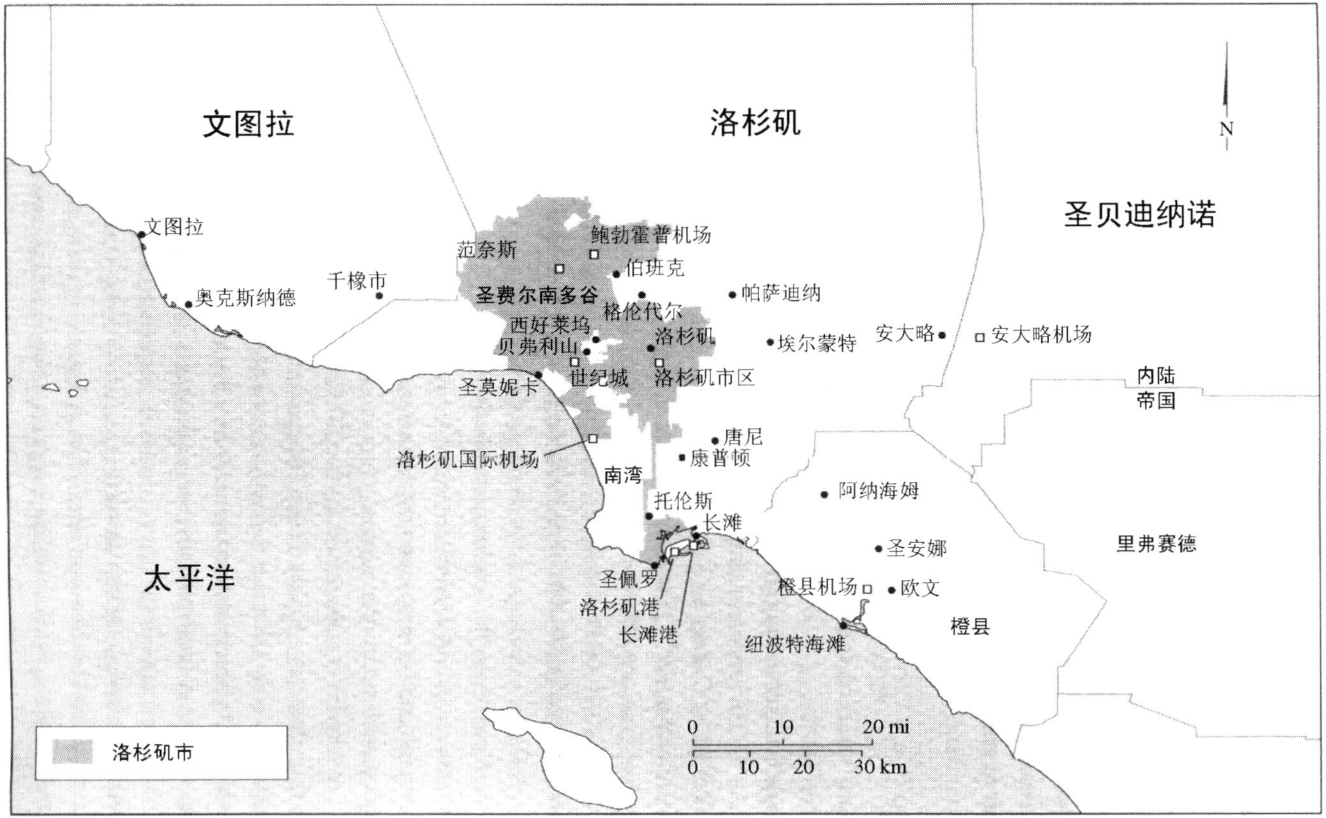
文图拉
洛杉矶
圣贝迪纳诺
N
文图拉
奥克斯纳德
千橡市
范奈斯
鲍勃霍普机场
伯班克
圣费尔南多谷
帕萨迪纳
格伦代尔
西好莱坞
贝弗利山
洛杉矶
埃尔蒙特
安大略
安大略机场
圣莫妮卡
世纪城
洛杉矶市区
内陆
帝国
唐尼
洛杉矶国际机场
康普顿
南湾
阿纳海姆
托伦斯
长滩
圣安娜
里弗赛德
太平洋
圣佩罗
橙县机场
欧文
洛杉矶港
橙县
长滩港
纽波特海滩
0 10 20 mi
0 10 20 30 km
洛杉矶市

地图1.1　大洛杉矶地区

市化的县域（洛杉矶、橙县、文图拉市、圣贝纳迪诺和里弗赛德的部分区域）。洛杉矶是世界上最大的经济体之一，2011 年，它以 8 970 亿美元的总产值成为世界第 16 大经济体，位列墨西哥（1.12 亿居民）之后和印度尼西亚（2.2 亿居民）之前①。2011 年洛杉矶拥有 1 808 万居民，成为美国人口第二密集的都市地区。同时，拥有 750 万人口的旧金山湾区创造的都市经济总产值为 5 750 亿美元，成为世界第 22 大经济体，仅次于阿根廷（3 500 万人口），并排列在拥有 960 万人口的瑞典之前。

虽然洛杉矶拥有高度多样化的经济形式，但是最著名的还是好莱坞的娱乐产业。提起好莱坞，大家眼前便会浮现出长满棕榈树的贝弗利山街道和马里布的屋宇，圣莫妮卡海滩绵延百里的广阔沙滩，橙县悠长的海岸线，它的高速公路景观，以及终年阳光灿烂、气候宜人带来的闲适的生活方式。洛杉矶常常被描绘成广阔的郊区地带，但这只是一种错觉。洛杉矶的居民区包括错落有致的单栋房屋、富裕的别墅、质朴的峡谷聚居点及海滨小屋，也包括与纵横数里的商业大道交织在一起的高层走廊和城市邻近区的中等密度公寓房。总的来说，洛杉矶都市地区的平均人口密度高于纽约都市地区，它的人口密度比旧金山湾区高出约 20%。相较于其地区规模，洛杉矶的市区显得局促狭小，但是它却拥有好几个邻近区域，其平均人口密度相当于旧金山城市核心地带的两倍。

旧金山都市地区，即湾区，是一个合并统计区，截至 2010 年，它包含 10 个不同的县，北至索诺马和纳帕县，向南一直延伸到硅

---

① 本段的城市 GDP 数据来自经济事务局的地区经济核算数据，国际数据则来源于世界银行的世界发展指数数据库。

N
索诺马
纳帕
纳帕
索诺马
索兰诺
北湾
瓦列霍
马林
康科德
圣拉斐尔
里士满
沃尔纳特克里克
伯克利
康曲柯士达
旧金山
奥克兰
东湾
旧金山
奥克兰国际机场
戴利城
利弗莫尔
旧金山国际机场
海沃德
旧金山半岛
阿拉米达
圣马特奥
费利蒙
门罗帕克
帕罗奥图
圣克拉拉
太平洋
桑尼维尔
圣何塞国际机场
圣马特奥
硅谷
圣何塞
库泊蒂诺
圣克拉拉
圣克鲁兹
0 10 20 30 mi
0 10 20 30 40 50 km

地图 1.2　旧金山湾区

谷及圣克鲁兹群山和海岸，向西则从未开发的太平洋海岸线到内陆，直至将其与加利福尼亚州的中央山谷分离的山区[①]。随着都市地区的扩展，到 2012 年，该地区的范围——由美国行政管理及预算局(OMB)定义为圣何塞-旧金山-奥克兰合并统计区——已扩大，将包含加州内中央山谷郊外住宅区的两个内陆县囊括在内[②]。

湾区最著名的地方当属旧金山市：碧蓝的海水环绕着风景优美、多山的聚居地，闻名遐迩的金门大桥、海滨及其邻近地带华丽而色彩斑斓的联排房屋令人目不暇接。在旧金山市外，东湾(奥克兰)有人口密集的都市地区，还有硅谷低人口密度的超级区域。它的聚居地一如洛杉矶的多样化，既有树木繁茂的质朴街区，也有典型的加州郊区，同时还有人口密集的欧式都市生活区。

分化：本书探究的焦点问题

根据所采用的计算方法，大洛杉矶经济体的经济总体规模(地区总产量)位列世界都市地区第三名或者第四名，而旧金山却排在

---

① 在本书中，我们使用了美国行政管理及预算局于 2003 年 6 月参考 2000 年十年人口普查而划定的合并统计区边界。2010 年人口普查为旧金山提出新地区定义，将另外两个县包括在内。合并统计区结合了政府确定的都市统计区界限，每一个这样的统计区都包括一个人口稠密的中央核心区及其周围高度经济和社会一体化的邻近社区。

② 在中央山谷有一些毗邻十县湾区的区域，它们是湾区的通勤区；在南加州，由于两个内陆帝国县圣贝纳迪诺和里弗赛德面积很大，而且它们中大部分地区过于偏远，不利于其居民在沿海地带就业，因此这两个县中既有属于、也有不属于南加州功能城市区的区域。我们在评估两个地区人均收入水平并进行排名时，采取的方法是在湾区的数据里将中央山谷的通勤从业人员包括在内，而圣贝纳迪诺和里弗赛德的居民则没有包括在南加州都市地区的数据里。在统计上，这些方法并没有使我们的结果产生十分重大的变化。最终我们得出的结论是：在统计时运用湾区的十县定义和南加州的五县定义，可以使我们对于两个地区经济业绩的测算结果公正客观，具有很强的说服力。

第19名。但是就人均收入而言，旧金山排名始终在都市地区前五名，在人口500万以上的都市群体中，它位列第一名或第二名。在后面这个群体中，洛杉矶约排在第二十名。20世纪的大部分时间里，洛杉矶一直在奋起直追，终于在收入水平上成功地追赶上北边的近邻，并始终吸引着更多新的人口（Rand, 1967）。1970～1980年之间，洛杉矶的收入水平开始落后于其北面的老邻居。如图1.1所示，1970年的洛杉矶人均收入水平为旧金山的92%，到2012年，就只有旧金山的71%了①。

在图1.1中可以看到，洛杉矶不仅不能与旧金山并驾齐驱，它甚至无法跟美国很多其他主要都市媲美。除了我们提及的两个加州地区之外，这张图也追踪了1970～2012年期间所有其他综合统计区的人均收入动态，这些地区1970年时人口均在500万以上，它们是：纽约-纽瓦克，NY－NJ－CT－PA；芝加哥-内伯维尔，IL－IN－WI；华盛顿-巴尔的摩-阿灵顿，DC－MD－VA－WV－PA；费城-雷丁-卡姆登，PA－NJ－DE－MD；波士顿-伍斯特-普罗维登斯，MA－RI－NH－CT；以及底特律-沃伦-安阿伯，MI②。为了使数据更具可读性，我们提取了纽约、芝加哥、波士顿、华盛顿D.

---

① 人均收入包括工资以及其他来源的收入，如租赁财产和投资。使用这一指标很大原因在于它是在都市尺度上对收入水平进行长期的、详细的年度测评中为数不多的几个选择之一。经济事务局估量了每份工作的平均工资和人均GDP，后者与国家尺度的同等指标紧密相关；然而，经济事务局从2000年才开始追踪这一数据，每份工作的平均工资并未将持有多份工作的从业人员计算在内。尽管如此，运用平均工资测量得出的结果与运用人均收入(PCPI)估量的结果并无显著区别（虽然大都市群体与洛杉矶之间的差距更小）。在本章后面部分，我们使用的工资数据来源于每十年一次的人口普查和《美国社区调查》。这些数据反映的情况与人均收入演变的情况高度一致；然而，我们无法找到自1970年以来按年度统计的工资调查数据。

② 这一阈值是任意选择的，只是为了表述清晰而已。然而，即使中间再增加一些样本，情况也不会有实质性的变化。

C.和费城的收入平均数，底特律地区则单独列出。在这些较大的城市中，洛杉矶与底特律相似度最高。图 1.1 能告诉我们的是，没有充分的理由说明湾区是美国最幸运的那一个城市，旧金山比大多数城市表现更好，但是以同样的标准衡量，洛杉矶却是失败的。

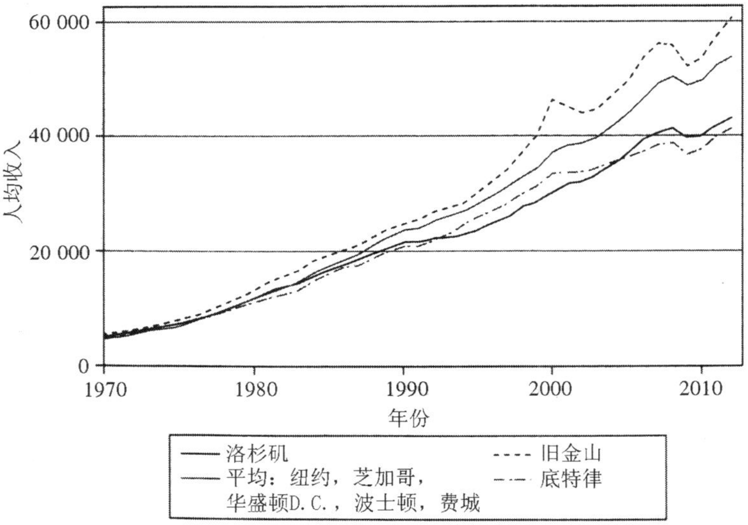

图 1.1　1970～2012 年大都市地区人均收入的演变

资料来源：本图根据经济事务局地区经济核算数据计算。

注：合并统计区（CSA）定义以行政管理和预算局于 2013 年 2 月 28 日发布在第 13 - 01 号布告上的规定为准。本图中所代表的合并统计区包括了 1970 年人口数在 500 万以上的地区。

也就是说，1970 年，湾区和洛杉矶同属于类似的发展俱乐部。相较于整个美国，两个地区都拥有更高教育水平的劳动力，它们都接纳了比其他地区更多的拉美裔移民。二者都位于资源丰富的加州，都与拥有丰富的农业和自然资源的内陆地区的商业和财政联系紧密并获益匪浅，从而发展迅猛；它们都滋养了活力四射、变化多样的制造业和服务业经济；它们皆受惠于联邦政府从两地的企业大规模采购军事物资的条件；两者都是创新中心，也是知识和技术密集产业的中心，它们生产出销往全球市场的代表性产品，如飞机、半导体、通信设备和娱乐产品。两者都拥有主要的科学研究群体，包括 6 所世界排名前 20 的研究型大学，以及政府研究实验室、独立机构、开展研发（R&D）项目的大型私营企业和研究型医院。两地美丽的自然风光、宜人的气候和高质量生活吸引着大批移民，从而使得房地产价格居高不下，非贸易性商品和服务的本地市场持续扩张。两者共享相对进步的政府结构、制度、基础设施和教育政策。

因此，我们提出了本书的中心问题：考虑到两地 1970 年类似的收入和工资水平以及共同的发展特征，为什么旧金山能够一如既往地破浪前进，而洛杉矶却力不从心，被远远地抛在后面呢？

分化的几个方面

城市和发展经济学利用各地地方价格水平来换算货币收入，以比较各地的经济福利，并最终确定“实际”收入。在国家之间进行比较时，常常利用购买力平价换算各国的货币收入；在地区之间进行比较时，则主要利用住房价格换算，因为房价是导致地区生活成本差异的主要原因。例如，在 2007～2008 年期间，洛杉矶的名义收入是湾区的 70%，但住房销售价格中值却是湾区的 79%[①]。平均房价并不是住房成本差异的精确标准，因为它只反映了新迁入该地区者的购房成本，而大多数居民是在地区市场内买卖房屋并支付过去的资本总额和当前价格之间的差价。更精确的有效住房成本计算应该充分反映各种不同的情况（移民、自有住房者、资

① 这些估值是通过抽取《美国社区调查》中 2% 的数据而得出的。

本化程度、收入水平、承租人)。我们使用了十年一次的普查及《美国社区调查》(*American Community Survey*)的宏观数据,从而计算出不同人口组成部分的住房成本。通过累加每年的租金或者抵押贷款、水电费、保险、物业费、财产税及其他费用测算出年度住房开支。每个家庭的家庭总工资和薪水收入扣除住房开支后的余额即实际收入①。由于我们搜集的是 1980 年及以后的住房成本信息,因此图 1.2 展示的是两个地区 1980 年、1990 年、2000 年及 2010 年各自的实际收入中值(已按住房成本调整)。

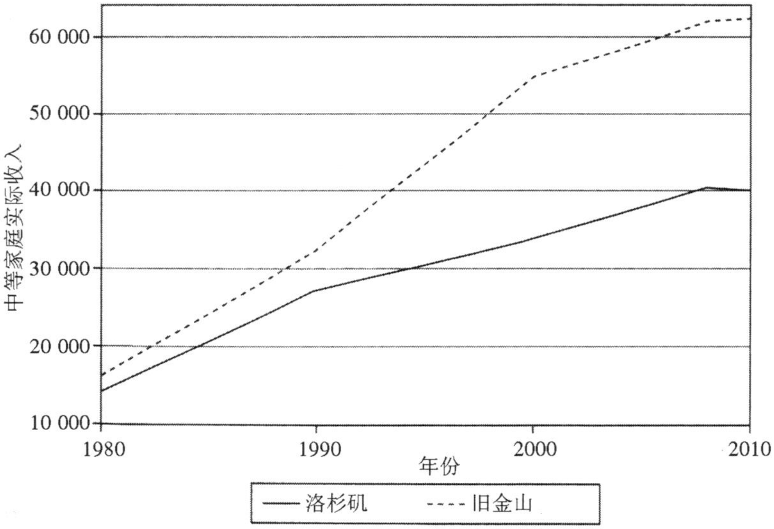

图 1.2　1980～2010 年都市中等家庭实际工资和薪水收入

资料来源:本图抽取了 1980 年 IPUMS(Integrated Public Use Micro Series)十年样本中 1%的数据,1990 和 2000 年样本中 5%的数据,另外还抽取了《美国社区调查》2005～2010 年样本中的 5%进行计算,旧金山和洛杉矶为 CSA 界限内地区。

注:工资和薪水收入指雇员的税前总收入。

如图所示,从一开始两地还具有相对可比性,但是旧金山的实

① 家庭是可能的最小观察单元,因为同一住房单元的多个居民常常共同维护住房。

际收入优势增长迅猛，从 1980 年的 14%增加到 2010 年的 50%①。洛杉矶和旧金山实际收入的变化轨迹和量级强化了这样一个事实：在一开始两个地区还具有可比性时，旧金山就在实际收入方面将它的南方近邻远远地抛在后面。

收入增长还是人口增长？

如果一个像丹麦这样的地区或者国家在维持人口稳定的同时增加收入，那么相比于那些因人口大量增加而带来收入增长的国家和地区，如今天的中国城市、近几十年来美国很多阳光地带的城市及 20 世纪大部分时间里的加利福尼亚，我们会觉得这样的国家或地区是与众不同的。

新增人口的特点也很重要。试将一个因为只欢迎技术个体而变得更加富裕的经济体与另一个接纳各种各样的移民并把他们拉上财富阶梯的经济体进行对比，我们可以把两者的差异说成是结果与机遇的对比。一个经济体可能通过更加严格的管控方式，如正规的移民控制或者高昂的房价，来提高人均收入。与此同时，一个更“受欢迎的”城市地区可能因接纳较低教育水平和较低技能的移民涌入，从而导致平均收入减少。

图 1.3 提供了 1970 年和 2012 年之间美国 30 个人口最为稠密

---

① 旧金山的实际工资溢价大于名义工资差别这一事实说明南部地方的中等从业人员的住房开支在工资中所占百分比高于湾区的中等从业人员。这个奇怪的发现揭示出，使用中等家庭住房成本来描述整个地区经济体中家庭所面对的比较宽泛的成本这一方法存在严重的问题。然而，实际收入溢价和名义收入溢价之间的差距不大。1980 年，它们总计 2%，而在 2010 年这一数字似乎更大了，但其中大部分仅仅只是反映了从一个测量单位（人均收入）到另一个测量单位（家庭工资和薪水收入）的转换。家庭名义工资和薪水收入差距和家庭实际工资和薪水收入差距之间的区别只有 3%。当我们比较两个地区已按住房成本调整的家庭收入时，湾区的优势绝不可能被削弱，这是最基本的一点。

的合并统计区的人口和收入复合年增长率。所有美国城市地区的平均值都采用横向和纵向方法记录。在图中，洛杉矶和旧金山的人口比东北部和中西部的城市增长更快，但却比阳光地带的都市区慢得多。

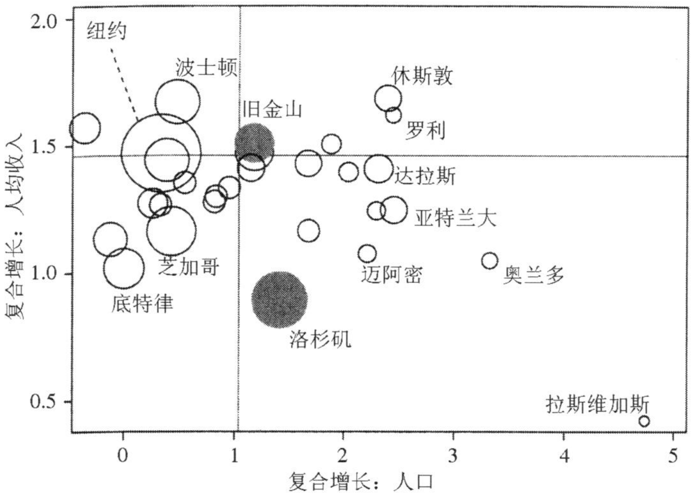

图 1.3　2012 年的 30 个最大的合并统计区 1970～2012 年人口和人均收入复合年增长率

资料来源：本图根据经济事务局地区经济核算数据计算。

注：横向和纵向记录分别代表所有合并统计区人口和收入的平均增长率。图中的圆圈大小表示各城市在 2012 年的人口规模。

1970 年和 2012 年之间，大洛杉矶经济体增加了超过 800 万人口，几乎翻了一番。这使得洛杉矶明显不同于如底特律一样的铁锈地带地区。同一时期，湾区人口增长了 60%，增加的人口数超过 300 万。然而，以同样的标准衡量，洛杉矶的人口和收入增长率低于休斯敦、达拉斯、亚特兰大、迈阿密、罗利、西雅图、丹佛、奥兰多及波特兰等城市。

从数量上看，可以说洛杉矶比旧金山稍微受欢迎一点。但是两地各自不同的人口增长率都在国家平均水平上下。洛杉矶差强人意的收入表现证明了这是更多的增长和"更好"的发展之间的取舍吗？似乎不是。两个地区皆有同等水平的代际收入流动（Chetty et al.，2014，Table Ⅲ）。再者，正如我们将要在第三章探讨的，对于各种族、年龄和教育群体和各类移民，尤其是对移民而言，洛杉矶的机会质量比不上旧金山。具体而言，所有来源国的移民，包括新移民和长期居民，即便教育水平相当，他们在湾区能够挣到更多钱。洛杉矶并没有变成一个更好的"机会机器"（opportunity machine），以弥补其在实际收入方面相对欠佳的表现。

地区之间的工资水平差异的中位数和（特别是）工资水平差异的平均数在一定程度上也可以反映地区内（它们的收入分布）的不平等水平。如果有着较高人均收入的地区中大部分收入分布在上尾部分，原则上，多数人的生活水平较低；相反，在一个人均收入较低的地区，如果大部分收入分布在中位数附近的话，那么这个地区可以为多数人提供较好的生活条件。表1.1根据每个地区人口调查对象的工资和薪水收入报告了基尼系数。基尼系数的变化范围是0～1，0表示一个社会中所有成员收入相同，而1表示某个个体获得所有收入。

表1.1　收入分配：工资和薪水收入基尼系数

年份	洛杉矶	旧金山	整个加利福尼亚州
1970	0.448	0.447	0.455
1980	0.463	0.448	0.459
1990	0.482	0.458	0.473
2000	0.508	0.496	0.504
2005～2007	0.506	0.503	0.508

资料来源：本表根据十年IPUMS样本中1%的数据及2005～2007年《美国社区调查》样本中3%的数据计算。

表 1.1 显示旧金山和洛杉矶收入分配相似，两地的不平等水平非常接近整个加州的水平；以发达地区的标准来看，加州及其各大城市收入分配极不平等，而且这种不平等还将加剧。但是它们的不平等程度却不尽相同，在 1980 年和 1990 年，洛杉矶在某种程度上更不平等，但是这种差距在缩小，到 2007 年，这种差距几乎消除了①。如果有什么区别的话，那就是 20 世纪 80 年代和 90 年代较大的不平等使得人均收入差距对普通人更加重要。在两个地区的收入等级的每一个点上，可以看到旧金山人比洛杉矶人收入更高。

地区和亚地区

分析就业和收入的适当尺度是都市地区，因为一个地区的社区是“功能性城市地区”的组成部分，工作场所和住所之间密集的劳动力流动使得这些社区在经济上交织在一起，还因为企业从地区劳动力储备大军中招募人员。这种紧密的关系是由这样一个事实反映的，即劳动力、土地和(既定质量)住房价格在一个都市地区内呈收敛趋势且明显不同于偏远地区的情况。

但是在大洛杉矶和湾区也存在较高收入和较低收入的亚地区。两个地区的县在特征上均有差异，湾区由 10 个小到中等规模的县域构成(截止 2012 年)，而南部地区则拥有土地和人口平均规模更大的县。南部地区既有高收入县文图拉和橙县，也有位于该地区东部沙漠边缘的低收入县里弗赛德和圣贝纳迪诺，而在历史上它的核心区则是洛杉矶县。拥有 1 000 万人口的洛杉矶县在美

① 1980 年，288 个都市地区的平均基尼系数是 0.477，标准差为 0.02。1990 年，洛杉矶几乎比旧金山高一个标准差，1990 年洛杉矶的收入差距可能更大。

国 3 144 个县和县级地区中是人口最多的县，仅仅洛杉矶一个县的人口规模就比整个旧金山湾区还大。在我们考察期间，洛杉矶比该地区任何 4 个县的就业创造率更低，其人均收入不足 28 000 美元，介于两个较高收入县(32 000 美元到 34 000 美元之间)和较低收入县(21 000 美元到 24 000 美元之间)之间。

大洛杉矶的亚地区表现也不尽人意，远在湾区之下。橙县和文图拉县在大洛杉矶所起的作用远不及硅谷在湾区的作用。硅谷的核心县(圣马特奥和圣克拉拉)的人均收入在 40 000 美元到 45 000美元之间，大大超过橙县和文图拉县(32 000 美元到 34 000 美元之间)。在人均收入方面，橙县可以在湾区排到第八名。湾区人均收入超过橙县的县人口为 640 万，约占整个湾区地区人口的 83%。如果将洛杉矶县所有高收入社区抽离出来，也只能相当于一个圣克拉拉县的收入，因而它们也无法抵消大洛杉矶很多地区不佳的表现。相比之下，湾区几乎所有的亚地区都是成功的，大洛杉矶则只有几个能与它们匹敌的亚地区。

比较地区经济发展：观察发展的窗口

如果这两个地区是两个不同的国家经济体，人们一定会不惜花费和力气去研究，不吝笔墨撰写文章，孜孜以求这种分化的原因。旧金山和洛杉矶都市区迥然相异的经济轨迹对个人、家庭、社区、企业及政府都有极其重要的启示，恰如我们研究两个独立的国家时所产生的意义。倘若大洛杉矶维持其在美国最富裕都市区排行榜上第四名的地位，它的经济产量和人均收入会比现在高出三分之一。如果在教育及很多其他的公共品和服务人均投资更多，那么在税收水平不变的情况下，洛杉矶政府所得也会多得多。在本书所关注的发展的中期时间范围内，大多数人长大成人，接受教育，并在他们人生旅程开始的地方工作；对于那些迁移的人们，来自或者迁往高收入地区而不是低收入地区更好。为什么加州的一个城市地区能够如此成功地进入始于20世纪70年代的新经济，而另一个却未能做到这一点，挖掘这一原因就如同打开一扇窗户，让我们更广泛地了解经济发展的过程。

第二章　分化发展：概念性的挑战

因为影响经济发展的力量不计其数，经济本身就是一个极具挑战性的研究主题（Helpman，2011）。使其更复杂的是，经济发展研究采用了很多不同的方法。其中一些运用大型数据集和统计分析方法对大量案例进行比较研究（Dollar & Kraay，2004；Easterly，2006；Kemeny，2010）；还有一些则使用历史和案例分析方法，对少量案例进行深入的比较研究（Earle，1992；Mokyr，1991；North，2005；Rosenberg，1982；Acemoglu & Robinson，2012；Wade，1990；Amsden，1992，2001；Saxenian，1994）。大样本研究的优点是可以考虑大范围发展的可能原因（如教育、投资率、企业精神、制度和技术等等）（Acemoglu et al.，2004），但是它们可能会遗漏这些力量的相互作用及在不同背景下结合的方式，还有它们催生发展的先后次序（Rodrik et al.，2004）。案例分析的优点更有深度，但是可能会缺乏系统性，而且案例分析的结果也未必适用于其他案例。我们现在的研究只比较两个地区。我们利用前文提到的大规模实证研究结果提出的问题，严格地进行案例分析，最终努力说明产生这些问题的原因。我们将以这种方式深入透彻地研究这两个地区，但是同时我们会使用一种系统的方法，将这两个案例与经济发展研究所关注的问题联系在一起。

作为一个学术领域，经济发展研究包括各种各样的理论元素，这些元素以不同方式交织在一起。本书采用了四个理论流派：国际和比较发展理论，城市经济学，经济地理学和制度研究①。

发展理论

一般而言，比较发展分析是在国家层面上进行的。在全球层面上，如果我们以国家为单位，那么人均收入范围从海地、非洲撒哈拉以南的一些国家的几百美元，到挪威或卢森堡这样非常富裕的小国家的 80 000 多美元之间，一些小的石油国的人均收入甚至更高。倘若我们将收入分配中的上尾和下尾部分去掉，世界经济“参与者”们的全球实际人均收入层次范围则从 1 000 美元到 50 000 美元不等，差值为 1∶50。在中低收入国家（约 8 000 美元）和高收入国家之间，差值为 1∶6。这些人均收入的变化都受到“国家效应”的影响。

有趣的是，人们在对不同国家的城市进行比较时会发现很强烈的国家效应。例如，如果我们列举全世界 50 个最大的都市地区的收入，大约有 40 个位于美国，这恰好反映了国家生产力差异对都市地区产生影响的特征（Storper & Bocci，2008）。因此，休斯敦在实际人均收入方面可能跟法国最富裕的都市地区巴黎处于同一水平，但是休斯敦在美国并非最富裕的都市地区。考虑到这种

① 这四个理论中的每个理论都具有内部多样性，这里我们将简化之。

国家效应，我们仍然想知道为什么休斯敦比旧金山收入约低30%，就像在法国，我们也想知道为什么马赛比巴黎的收入约低25%。

在本书中，我们通过研究同一国家的两个都市地区，探测一些在国际比较中可能被忽略的导致分化发展的原因。例如，发展研究的一个主题是确定贸易和贸易障碍对两个主权国家的影响，但是旧金山和洛杉矶长期以来都属于(美国)自由贸易区的一部分。发展研究还探寻宏观经济学和财政因素(存款、投资等)是怎样影响发展的，但是旧金山和洛杉矶享有共同的货币和税收同盟。发展研究审视流动的企业和人口在不同国家的不同作用，但是旧金山和洛杉矶都位于美国，且二者的高水平资本、向内向外的劳动力流动均相似。国家之间制度的差别也是产生发展分化的源泉，但是旧金山和洛杉矶拥有同一个支配一切的法律和宪法框架(美国和加州宪法和法规)，而且它们的货币、移民、汇率和利率政策也没有区别。它们还有很多共同的影响社会和经济活动的规范和文化维度。

我们选取的两个地区具有许多明显的结构相似性，但是又在短时期内经历了重大的经济分化，我们这种选择可有效控制用来说明国际发展差异的解释变量。这并不意味着所有那些原因都被排除在外；相反，洛杉矶和旧金山的发展分化要求我们运用更加精确、更加聚焦的显微镜来观察这些因素是否以比较隐晦的方式影响发展。我们也有可能发现国际发展研究领域没有观察到的带来地区经济发展分化的原因。

国际发展理论的确具有对我们的城市地区比较研究极为重要的概念：在不同发展水平上存在经济体的结构性“俱乐部”，其中最显著的便是相较于成熟的资本和知识充裕型经济体的发展中国家的劳动力充裕型经济体，它们之间的区别清楚地反映在人均收入水平上。实际人均收入水平与专业化、教育、生产力、基础设施、法律规则及技术能力也紧密相关（Acemoglu & Robinson，2012）。沿着这样的思路，高收入经济体与中等收入经济体俱乐部（每年8 000美元～20 000 美元）和贫穷的经济体俱乐部（每年不足 8 000美元）有系统性区别。从一个俱乐部转入另一个俱乐部的发展过程不是一帆风顺的，也不是持续不断地自动发生的，因为发展需要所有这些因素共同起作用。

从最贫穷的俱乐部进入中等收入俱乐部是有选择性的，这便是众所周知的“起飞”难题。它可以通过突然改变经济体中的专业化模式，从现存的农业或简单商品模式转型为劳动密集型制造而实现转变。然而当经济体在收入阶梯上继续上升时，制度、教育水平、基础设施等的变化必须形成更精妙的组合。这就是为什么从中等收入俱乐部上升进入高收入俱乐部的现象不太常见，以至于很多国家深陷“中等收入陷阱”而难以自拔（Eichengreen et al.，2013）。与这两个案例相反，当一些国家突破这一陷阱进入高收入俱乐部时，它们很少会再跌出这个俱乐部。这也许是因为一旦这些发展中所有方面准备就绪，它们就会相互支持并抗击经济体中的冲击，也因为富裕国家常常具备足够的创新能力足以领跑它们的模仿者们。上个世纪，整个世界已经存在非常稳定的发达国家“核心俱乐部”，但是从长远来看，正如前文所提到的 1750 年之后中国和欧洲之间的大分化，位居最前列的国家往往更加不安定（Pomeranz，2000）。

俱乐部隐喻适用于像美国这样的高收入国家的都市地区，但是必须有适当的调整。在美国内部也有地区或者都市俱乐部：得克萨斯州的布朗斯维尔属于美国的低收入俱乐部，年人均收入为

23 000 美元；旧金山以 75 000 美元高居榜首，可以说两者之间还存在中等收入俱乐部，如凤凰城、拉斯维加斯和坦帕这样的城市地区正处于上升期，而锡拉丘兹和底特律则在走下坡路。还有一些目前处于高端的城市地区群体，包括休斯敦、达拉斯和亚特兰大，它们是在上个世纪突破中等收入陷阱的。1970 年，洛杉矶属于高收入俱乐部的一员，现在则处于高收入和中等收入俱乐部的边缘，这取决于我们把分界点定在什么水平。正如我们将要看到的，洛杉矶仍然拥有重要的高薪活动，如好莱坞的一些高技术产业；但是作为一个城市地区，它的中等工资生产活动所占比例越来越大，这使得它逐渐向西部和南部及去工业化的铁锈地带城市等中等收入城市地区靠拢。总的来说，发达经济体中城市地区与国家经济体相比更加命运多舛。因此，跟国家不一样，在 30～40 年间，很多国家内的城市地区会跌出城市顶级俱乐部，而另一些城市地区则能够进入这些俱乐部。

区域科学和城市经济学（RSUE）

都市尺度上的经济发展分析是第二个理论领域区域科学/城市经济学（RSUE）的关注点。在它的标准叙述中，企业根据每个地区的要素禀赋而分散到各个地区，从而决定这个地区的比较优势。于是，地区专业化便形成了，如投资银行会分布于一些城市，而汽车制造业则会集中在另外一些城市。迄今为止，因为某些产业比另一些产业更具备较高生产力、较高技能、较好的贸易模式及较快的创新，专门从事这些产业的地区或许就比其他地区或国家收入更高，但是城市与国家之间发展的相似性仅限于此。在国家之间存在企业和人员流动的高壁垒，而这样的壁垒在一个国家内的城市之间却非常脆弱。与国家之间相比，国家内部的劳动力、资本、思想、产品和服务具有更高的流动性，城市之间的制度、文化、语言和法律的差别也小得多。

城市经济学认为资本、劳动力和知识的高流动性是引起城市地区之间收入收敛的强大力量。企业依据每个地区的要素禀赋（资本和劳动力组合）而在不同地区选址，因而一些地区要素供给过剩，而另一些地区却过度需求要素。与之相应地，某些企业会搬迁到要素供给过剩（因而价格低廉）的地区。这种理论的理想版本认为，企业可能调整它们的资本-劳动力组合以适合新地点的要素禀赋，这会导致地区之间要素价格相等。由于促成人均收入的重要要素价格是工资，RSUE 预测了地区之间收入收敛的强有力趋势。

RSUE 预测收敛的一个问题在于，这一城市经济学的重要假设在短到中期内是不现实的；在大多数产业中，由于生产技术（因此使用资本和劳动力）与产品质量紧密相关，资本和劳动力的替代品非常有限。换言之，从短期看，生产对于在不同地区得到的要素只能有适当的顺应性。另外一个问题是，假设某些企业和行业很容易在生产要素充裕或者相对便宜的地方重新选择企业所在地。相反，在群聚或“集聚”现象中，一些企业要想与其他企业共存一地时会受到很大限制（Duranton & Puga，2004）。按照这种观点，集聚可能导致收入持久收敛而使得一个地区的不同种类企业难以分离（Thisse，2001）。

为了回应这些问题，城市经济学家把注意力转移到另外两个可以促成收入收敛的机制：人口流动和生活成本差异。这正是城市经济学模型真正将自己与国际发展研究方法区分开的地方，并且在这一点上提出它们最可信的言论。集中接纳高薪技术从业人员的地区会驱使生活成本走高，尤其是通过增加房产市场的压力。生活成本急剧上升足以抵消名义(货币)收入的地区差异。换言之，一名纽约市的从业人员比奥马哈市与之相似的从业人员的薪水要高得多，但是把生活成本(特别是住房)的地区差异算上，这个纽约人的整体福利("整体效用")并不比奥马哈市的同行高(Glaeser, 2008)。因此，根据这个理论，不同收入水平的出现是一种错觉；隐藏其后的是地区间平衡的实际收入或者平衡的整体生活质量。

引起这种均衡或收敛的主要过程是人口和企业的迁移。RSUE认为人们是用自己的脚来投票的，他们离开生活成本高昂的地方或者生活质量低或气候恶劣的地方。当他们这样做的时候，他们便大大增加了吸引力大的地方的劳动力供给，这首先对他们的工资产生了下行压力。低工资又吸引更多企业(雇用岗位)离开高价格地区，致使那些地方的失业率上升，导致劳动力变得更温顺，不敢提出高的工资要求。企业新选取的地点不断上升的就业率则开始对当地工资施加上行压力。城市经济学家辩称这些力量会带来地区之间(名义或实际收入)经济福利的收敛。受要素市场、要素价格以及企业地点之间的影响，这样的人口和企业流动决定了专业化模式。

然而，即使严格控制住房成本，近几十年美国都市地区之间的从业人员，甚至人口统计特征和技术能力相似的从业人员的实际收入也并未趋向于收敛(Kemeny & Storper, 2012; Moretti, 2013)。如前所述，美国城市地区之间名义收入之差约为1∶3。当我们解释生活成本差异时，美国顶级俱乐部的城市平均收入比那些较贫穷的城市高15%；在全美国及其他很多发达国家，这种差距正日渐扩大(Moretti, 2012)。旧金山和洛杉矶之间的对比更加惊人。在图 1.2 中我们看到在严格控制住房成本后，洛杉矶和旧金山之间的实际收入差距差不多是 50%。另外，我们从图 1.3 中看到两个地区在人口增长方面都刚刚超过美国平均水平，我们也将看到两个地区的整体舒适水平非常相似。尽管 RSUE 所说的补偿应该消除货币收入差别，并使之成为相似的实际收入或者总体效用水平，实际收入分化仍然出现了。

新经济地理学（NEG）

第三个领域新经济地理学（NEG）提供了解决前文描述的一些难题的工具[①]。经济地理学家一般从有利于产业和企业的角度看待经济发展问题。NEG 着眼于经济发展的基本问题之一：为什么会发生经济专业化的现象？例如，为什么金融部门的很多活动会集中在下曼哈顿区，而不是每个城市、城镇和村庄都拥有自己的投资银行？在我们正在研究的这个案例中，为什么如此多的娱乐产业工作岗位和生产集中在洛杉矶地区，即便全世界都在消费这个部门的产品？为什么湾区拥有如此之多的高科技业务？RSUE 的观点是企业如同自由的行为主体，在布局最佳资本和劳动力组合的地方寻求资本和劳动力，与此相反，NEG 认为，对于某些产业，尤其是高薪创新产业，企业落户的主要标准是这个地方有与其相似的或者与之有紧密联系的供应商企业。其核心模型是群聚是形成地区专业化的主要原因这样的理论。

NEG 建构了早期专业化理论。在 1817 年，戴维·里卡多观

---

① 这里所用的“经济地理学”涵盖了地理学和空间经济学等学科的很多方面。后者有众所周知的新经济地理学理论，这一理论的基础是一套模型，用以阐释企业的空间集中。在后面章节中我们将区分经济地理学中各种不同的具体模型，在本章我们只是集中概述这些模型。

察到葡萄牙宜人的气候和肥沃的土壤为其葡萄酒生产专业化提供了最好的理由和条件。鉴于这样的地理性事件，我们可以解释为什么德克萨斯州的敖德萨无法像明尼苏达州的德卢斯那样成为转运中心，但敖德萨的地方石油和天然气产业却风生水起。但是自然资源禀赋无法帮助我们理解洛杉矶和旧金山地区经济专业化的演变。自然界的任何东西都无从解释为什么洛杉矶能保留住好莱坞这一处于世界领先地位的娱乐产业集聚[1]？自然禀赋也不可能告诉我们为什么旧金山会成为硅谷信息产业集聚的地点？

接下来，在 19 世纪工业革命语境下，比较优势理论得到修正，它开始强调技术和知识的不均匀分布（Mokyr，1991；Rosenberg，1982）。反过来，技术和知识又被认为是由人体现的。因此，有人会说洛杉矶和旧金山的从业人员天生具备不同的能力和知识，即研究者所谓的“人力资本”的特征，从而带来两地不同的产业专业化。在描述的意义上，这一点是真实的：旧金山得以维持一个充满活力的高技术产业的原因在于，很多信息技术人员视旧金山为自己的家乡，而洛杉矶则有人数众多的娱乐产业从业人员。但是我们需要弄明白的是造成这些差异的原因是什么，为什么洛杉矶在 1970 年时曾经拥有世界上最大量的具有博士学位的工程师，却没能稳固地位，继续吸引这方面的人力资本？

群聚使得很多产业在地理上变得庞大，相对难以搬迁。造成经济活动在地理上难舍难分的主要力量被正式称为“集聚经济”（Krugman，1991a，1991b；Fujita et al.，1999；Fujita & Thisse，

---

① 据报道，虽然在电影制作早期，大洛杉矶地区充足的阳光及变化多样的风景具有很大的吸引力，但是电影业从美国东海岸转向好莱坞的原因却是电影制片商不想向爱迪生支付专利费，此人是第一架活动电影放映机的发明者。更进一步说，很显然，阳光与电影制造娱乐产业的兴盛几乎没有关系，当时的电影业更青睐室内拍摄，因为室内的环境是可以控制的。

2002)。从集聚带来的团块结构这个角度看,好莱坞和硅谷同样因为集聚而维持原来的模式,这是因为这些产业中的企业形成具有特殊种类技术的劳动力储备军、发达的商业网络、供应链及普遍存在于它们的企业和从业人员身上的新思想的交流(Puga, 2010)。再回头看 NEG 和 RSUE 理论的对立之处,NEG 认为高度群聚产业的劳动力和资本向外流动的可能性十分有限,即便当生活成本急剧上升时也是如此,因为留在一个地方的好处远远多于离开这个地方所能获得的好处。这一点限制了地区之间收入收敛的各种力量,而这些力量正是 RSUE 理论的核心。

利默尔(Leamer,2012)指出,在这方面,这一经典的比较优势和经济发展现代理论——RSUE 的基础,被称为施托尔珀-萨缪尔森模型(Stolper-Samuelson model)——受困于内部矛盾。一方面,它坚持地方的重要特征,最显著的是地方的技术和要素禀赋,是一成不变的;另一方面,它又认为资本、劳动力和知识具有流动性。实际情况是这些要素是逐渐流动的,地方之间要达到均衡需要很长时间,也需要很多这样的要素流动,因此,在任何既定时刻,工作和企业的分布是不均衡的。再者,经济体不断地创造新的活动;相较于整个经济,可以支付高工资的高度创新型的年轻产业更容易群聚。因此,创新不断地破坏区际和国际收入均衡趋势。和创新产业相比,旧产业有更稳定的市场、不常变化的技术及较大的企业,它们可以将自己及其生产链化整为零,分散在不同的国家和地区,不太群聚在一起(Norton & Rees, 1979; Grossman & Rossi-Hansberg, 2008; Blinder, 2009)。发展模式是收敛和分化的力量不间断角力的结果,在这场斗争中没有赢家(Storper, 2013; Kerr, 2010; World Bank, 2009)。

让我们再回到利默尔(2012)的观点,即任何发展理论都必须有适当的时间框架。集聚经济变化缓慢。如果一个人受训只能在集中于为数不多的区位的特定部门工作，那么他迁移的目的地就受到限制，除非这个人愿意接受再培训而改变职业（A. Scott，2010a，2010b）。从中期来看，也存在从庞大而较难分离的地区核心向周边的服务经济的工资溢出现象（巴拉沙-萨缪尔森效应）（Balassa-Samuelson effects）（Moretti，2012）。因而都市地区之间工资和收入不平等——在实际和名义收入方面的差异——显得十分重要，并且会一直持续下去。我们将看到专业化分化的性质实际上隐藏在洛杉矶和旧金山工资分化的背后，并且这种专业化分化的原因应该得到解释。

制度和区域发展

制度涉及到很多东西，包括影响经济体的正式的规则（如宪法、法律及政府）、非正式的常规（如拇指法则和习惯做法），以及一个经济体中能够聚集人们实施集体行动的主要的公共组织和私人组织。制度属于经济社会学家称之为"社会实践"和"社会结构"的一部分（Granovetter，1985，2001），制度影响着经济体的运行方式（North，1990；Granovetter，2005；Hall & Soskice，2001）。大多数制度和经济发展研究致力于比较不同国家的制度、宪法和法律框架、政府的结构和表现、决策和利益群体的政治，这些力量影响着劳动力市场、企业家精神和企业增长（Acemoglu et al.，2004；North，2005）。一些经济学家坚持认为，对于发展而言，制度与经济地理和贸易同等重要（Rodrik et al.，2004）。

正如我们在前面章节里指出的，城市地区受到国家政府最高权力的控制和制约。当我们转向不专属于国家政府的权力，并进而转向地区的制度时，我们遇到的问题便是这些权力和制度并非显而易见的。美国的城市地区并不完全受政府管辖，相反，它们受制于五花八门的市级、县级机构和具有特定目标的机构，即使有时这些机构是为执行州政府和联邦政府政策而设立的直通机构，情况也是如此。一些对地方政治和政策施加强大影响的主要利益群体（如商业领袖、工会甚或是非政府组织[NGOs]），并不完全是本地的机构。

早期对地区发展差异的制度主义分析是经济学家本杰明·切尼兹（1961）对纽约和匹兹堡进行的比较分析。切尼兹观察到，地方的主导产业会强烈影响该地区的劳动力成本和供给、资本及其他产业的企业家精神。这些反馈最终形成制度化的东西，在这种意义上，它们吸引或者排挤不同类型的劳动力、资本（企业组织），以及企业家的实践和管理实践。

关于具体产业部门的制度上的地区差异的文献十分丰富。萨克森宁（1994）表示，相较于波士顿早期的计算机企业，旧金山之所以在 20 世纪 80 年代垄断 IT 产业的原因在于它的企业更灵活，在管理风格上没有严格的等级之分，联系更加紧密。肯尼和莫厄里强调，商业和研究机构在地区建立关系网形成影响创新和创业的相关基础设施的不同方法。这种见解与组织社会学研究密切相关，而组织社会学不仅考察组织（如企业）的演变，也关注新型组织、实践和经济主体的起源——这就是“组织域”（organizational fields）（Powell et al., 2012; Powell and Sandholtz, 2012; Padgett and Powell, 2012）。地区之间存在组织域的出现或者重塑的差异，而这种差异将影响地区产生或采取哪些行动，从而形成地区的经济专业化景观。

在过去的 20 年里，学者们拓展制度研究的领域，将地区经济和公民网络也纳入研究范围。费尔德曼和左勒(2012)将如投资风险家这样的经纪人和交易商的区际差异进行了量化,而后作为影响知识密集型产业的地理的力量。现在一种不同的观点是,“新区域主义者”认为商业领袖网络和公民网络(NGOs、社区组织、教堂等等)之间的联系强度影响着地区应对外部打击的方向和力量(Safford, 2009; Benner and Pastor, 2014)。而另一些学者则认为地区适应性既在于主要群体的作用,又在于他们如何凭借对于地区活力至关重要的合并和竞争,很好地架设非正式的“桥梁”或者形成正式的联盟(Storper, 2005; Rodriguez-Pose and Storper, 2005)。

对发展产生重要影响的不仅仅是网络的结构,而是网络所做的具体事情所起的作用。斯多波(1995)认为,协调企业、劳动力市场、大学和产业组织生态的其他元素的做法是高度变化的,并且常常是不言而喻的、非正式的,或者习惯性的;它们是产业的“非交易的相互依赖性”。另一问题是人们的网络如何树立他们对经济变化的信念和世界观。是不是一些领袖和团体网络形成了适合于成功经济转型的世界观,而另一些则阻碍这些世界观的形成呢?或者说世界观是不是可以改变一些做法并促成经济成功的转型?这样的世界观来自何处?斯多波和萨莱斯(1997)对此作了详细的研究,他们的研究已经成为题为“知识社群”(epistemic communities)在经济转型中的作用的区域发展文献的一部分。也许在改变可能的做法和看法并进而改变他们的网络集体发挥的作用方面,一些开创性的个人或者强有力的行动者也发挥了作用(Padgett and Ansell, 1993)。

制度研究方法的另一个重要问题是创业家是如何出现的,会出现什么样的创业家,地区经济环境是促进还是阻碍他们的发展

(Acs et al., 2010; Fairlie, 2013; Chatterji et al., 2013; Kiraner, 1979)? 要抓住大有前途的新产业,需要培育能够提出突破性创新或开发新产品的创业家,而改变旧产业则需要一批衍生公司帮助主要的现有企业保持活力(Klepper, 2009)。那么是否一些地区能够比别的地区更好地实施这样的做法呢? 切尼兹所考察的现有网络是否塑造了这些过程?

将所有这些制度力量,包括现有企业、创新、网络和领袖、习俗和世界观、企业家精神归结到一起,经济社会学家提到了“组织域”或组织生态的出现,这些组织域或组织生态对某些类型活动持欢迎态度而对另一些活动则极为敌对。

本书的结构

表 2.1 归纳总结了本章讨论的四个理论领域。我们利用这些理论形成本书的调查研究过程,借此阐明这些理论框架是如何很好地解释经济发展的。因此,我们以构思侦探故事的方式来组织本书,借助于发展理论、RSUE、NEG 和制度研究来锁定“主要嫌疑人”。在这个“推理”故事中,我们将追踪线索,保留已确认的证据,排除其他假设,最终联系要点,得出结论。

第三章聚焦于两个经济体中产业构成的演变——地区经济专业化。第四章关注劳动力和劳动力的技术、工作类型和工资的演变。在这两章进行数据分析的章节里,我们说明了当资本(产业和企业)和劳动力(技术、任务、个人)被分解对比的时候,大部分经济体之间表面的相似性就消失了。第三章和第四章主要利用经济地理学和城市经济学理论进行论证。

第五章不再延续前面演绎推理和统计证据的风格,而是转向历史个案研究。这一章陈述了两个地区重要的贸易产业是如何出现的，以及战后经济衰落和新经济出现带来挑战和机遇的时候，两个地区怎样以不同的方式应对挑战、抓住机遇的。在考察期间，两个地区形成了不同的基本组织生态。

表 2.1 经济发展研究的四大理论框架

理论框架	发展的根本原因	收敛/分化	分类(外部原因)与互动(本地原因)对比
国际发展研究(IDS)	要素、制度、贸易、要素流动、政策、技术	导致收敛的贸易-要素流动，存在很多制度的成本和技术障碍	两者均有
区域科学/城市经济学(RSUE)	人口分类、房产市场、要素成本、拥堵成本、生活娱乐设施/环境	强调收敛，实际工资/效用收敛，人口与收入权衡	分类多于互动，个体之间的互动多于企业之间的互动
新经济地理学(NEG)	产业的贸易和交易成本，集聚力量，地方(本地)市场，生产专业化，制度和历史事务	来自于流动性的收敛力量与源于创新、新产业和群聚的分化之间的张力	企业之间，企业和当地环境之间的互动与分类同等重要
制度学/经济社会学	技术的创造，企业家精神和创新，商业和公民网络，组织形式和实践，世界观、知识社群	制度通过影响专业化而造成分化	大多数是本地的(反馈和互动)，但是会受到外部力量的影响

我们接下来将详细地探究制度力量。第六章，我们着眼于这一领域最显而易见的一面：经济发展政策和地方政府的作用。第七章，我们将目光投向两个地区的主要组织行为者，他们如何看待问题和机遇并怎样制定他们的政策议程。第八章对商业和公民网络，即我们所说的两个地区的“相关基础设施”进行了量化分析。

本书的最后部分将所有分析集中在一起并进行拓展。第九章联系所有要点并探讨何种力量是促成分化的决定性原因。第十章，我们就洛杉矶和旧金山怎样维持或者改进现有表现进行了反思，并总结了普遍适用于城市地区的经验和教训。最后一章又回到本章所讨论的四大理论，思考我们从经济发展学术领域所学到的东西，提出在经济发展研究领域完善理论和改进方法的几种途径。

第三章　分化的引擎：高工资专业化还是低工资专业化

理解专业化

现代经济体经常会开展一系列核心经济活动，这些活动产出的产品出口到其他地方。反之，它们从贸易伙伴那里进口专业的产品和服务。这种地区和国家之间的专业化劳动分工是发展的重要源泉，专业化提高生产力并使得专业化地区比缺乏专业化和贸易的地区生产出更多种类繁多的产品和服务。围绕着核心贸易活动展开的是针对本地消费的地方经济活动。有时候贸易产业会使用非贸易的本地资源（如影视业雇用本地的木匠），而有时候非贸易产业最终的产出也会利用进口资源（如干洗店使用进口的化学制品和机器）。但归根结底，经济体与它们的核心专业化是高度一致的，它们的发展也受到核心专业化的影响。

以洛杉矶的影视产业为例。在好莱坞拍摄电影（本质上就是产品开发)是一个劳动密集过程,但是一旦影片拍摄完成,它就可以低廉的价格出口至世界各地并供消费者使用。因此,好莱坞的就业增长更多取决于全球对于好莱坞电影的消费需求而不是洛杉矶人对电影娱乐的消费欲望。而一个邻近地带的干洗公司正好相反,干洗公司的市场受到本地人口收入和对干洗的偏好的制约。对一位奥克兰的居民来说,去辛辛那提干洗衣物就过于昂贵了。基于类似的原因,健身馆、中小学教育、建筑业及餐馆主要服务于本地消费者,因此这些产业在很大程度上依赖本地区的需求和收入水平。从长期看,提高生产力(从而通过低廉的价格刺激本地需求)或者增加地区收入可以促进非贸易活动的增长。贸易活动的增长不会受制于本地的经济规模,而是受制于全球需求的演变以及地区生产在全球生产中所占份额,这由群聚于一个地区的生产所占全球生产能力的比例决定。

贸易部门的就业量与非贸易部门规模之间的关系被称为乘数效应,乘数差别很大。例如,近年来,当传统制造部门增加一个工作岗位,该地区的非贸易部门就会增加 1.6 个工作岗位。新经济——即以创新为主导的高科技工作——具有更高的乘数,贸易产业每增加一个新的核心工作岗位,本地就能增加另外 5 个就业机会。这是因为这些产业的从业人员报酬丰厚,还因为这个产业本身每一单位产量会使用更多群聚于本地的资源和服务(Moretti, 2010, 2012)。因此,通过结合两个效应,即核心贸易业的工资差别和它们所形成的不同乘数,专业化使得城市地区之间的收入产生分化。

在发达世界,由于 20 世纪 80 年代以来新经济产业在某些地区的选择性扩张,富裕的和苦苦挣扎的地区经济体之间的收入差距日益扩大。这与 20 世纪 60 年代和 70 年代形成鲜明对比,那时因为旧经济产业已经成熟并分散于各地，很多国家地区之间的收入差距缩小了。当然，任何一个地区都不可能永远享有它的高薪产业群聚带来的高收入效应；当产业成熟了，变得更加常规化，更具有成本竞争力并分散到各地的时候，所有地区最终都将面临经济衰退。

20 世纪 90 年代的互联网繁荣提供了一个生动的例子，它告诉我们专业化是如何影响地区绩效的。加尔布雷思和黑尔(Galbraith and Hale, 2008)证明了 1994 年到 2000 年之间，在美国多达 3 144 个县中，仅五个县的收入所得拉动了全国大部分收入增长：它们是加州的圣克拉拉县、圣马特奥县、旧金山县；华盛顿州的国王县；纽约的曼哈顿区[①]。这些县都拥有非常专业化的地方经济体。湾区的三个县以及位于华盛顿州的国王县(西雅图)拥有美国高科技繁荣期的核心集聚群，而曼哈顿是全球金融体系的中心。

把这一切汇集到一起，可以看出在贸易部门比例比较高的地区，专业化常常对地区人均收入产生最好的影响，而且这些贸易部门中创新性及基于非常规和高技能的工作占很大比例。相比之下，那些专注于创新程度低、技能水平或者常规性工作的活动的地区人均收入相对较低。

研究者们一直争论不休的一个问题是：从长远看，对一个经济体而言，是多样化好还是专业化好(Beaudry and Schiffauerova, 2009)。当主要经济活动呈下降趋势时，有人认为多样化能够提供更多弹性，但是没有经验证据说明无论是在就业量还是在收入水

---

① 具体地说，他们计算出用于衡量 1994～2000 年之间收入不平等的泰尔指数。有趣的是，泰尔指数最大的负向变化却发生在洛杉矶县。

平方面，多样化地区具有更好的长期增长前景。格莱泽(2003)在关于波士顿漫长的经济史的叙述中论述了地区增长的关键在于新的贸易部门持续不断的再专业化。在广义上，现在大多数美国主要的城市地区的多样化程度几乎是一样的；并不是它们的整体专业化水平有多大差别，而是它们形成的专业化种类及产生的工作技能和工资水平不同(Kemeny and Storper, 2014)。

目前关于怎样恰当地测量专业化及测量的目的还存在大量疑惑。首先，专业化可以被看成地方经济中的一部分（“相对专业化”）或者被当作地方经济中任何一个部门的绝对规模。相对专业化与绝对专业化对比会形成非常不一样的地区排名，因为一个小的地区可能以非常小的本地集群占据一个产业中很大的份额，而在一个大地区，同一个产业中一个小的份额可以代表一个大的集群。我们手头一些零散的证据表明，在整体经济中，较大集群与同样产业中的较小集群相比，工资待遇更高(Kemeny and Storper, 2014)。然而，对任何一个既定地区来说，即使在绝对意义上，它的地方集群比那些大地区的集群小一些，如果本地高工资产业的就业份额很大，那么这还是比较有利于该地区的人均收入。

分析家们经常运用相对专业化标准，即产业在地方经济活动中所占比重与在国民经济中所占比重之比值，这就是常说的区位商(LQ)。将一些地区与该国家另外一些地区所做的事情进行比较在描述的意义上十分有趣，但是这丝毫不能说明专业化对人均收入的影响，因为一个地区的低工资产业可能存在高区位商或者一个非常分散的产业存在高区位商，从而导致一个小到不足以影响地方人均收入的地方集群的高区位商。研究专业化对人均收入影响的最合理的方法是明确什么贸易产业是当地最重要的雇用单位，然后分析它们所提供的工作类型和工资。

理解涉及产业界定的专业化还面临另外一个挑战。如果使用的数据种类过于宽泛，就会把很多不同的经济活动不加区别地混合到一起，使不同地区看上去比实际上更相似，但是如果数据种类过于精细，那些密切相关的活动又会被分离从而遗漏了集群。为了描画一幅精确的专业化图景，我们需要深入研究数据以解决这两个问题。

洛杉矶和旧金山的专业化：地区经济

如果不关注细节而只从广义上看，旧金山和洛杉矶的总体经济结构显得非常相似。根据美国经济事务局的数据，1970 年，洛杉矶和旧金山的服务业和制造业就业量大约各占地区就业总量的 23%。相比之下，现在两个地区的服务类活动都提供了一半就业岗位；政府部门目前是提供就业的第二大源泉，占比略高于 10%，紧随其后的是零售业，然后是制造业，最后是金融业和房地产业①。

世界上最富裕经济体的一个明显趋势在此得到体现，由于自动化以及很多企业在美国南部和西部重新建厂或者将工厂外迁至发展中国家，制造业就业量已经大幅度下降（Grossman and Rossi-Hansberg，2008；Blinder，2009；Blinder and Krueger，2013）。就受雇从业人员的绝对数目而言，大洛杉矶地区仍然不失为一个

---

① 这一节关注的是由一些顶级部门体现的专业化。但是，一些研究者也使用像赫芬达尔指数或者区位基尼系数这样的方法，试图通过一个地区或国家所有产业的相对规模来测量它们的专业化（在国家尺度上；参见 Sapir，1996；Amiti，1999）。此类方法反映出这些部门的就业集中分布在少数活动上的程度，一种更“均衡的”模式的程度。在使用人口普查局的《县级企业模式》数据计算赫芬达尔指数时，我们发现在 1970 年和 2000 年，旧金山的专业化程度高于洛杉矶。然而，在这两年，与所有美国城市相比，这两个地区的差异最小。我们在使用区位基尼系数时发现了同样的结果。这个方法的前提是要假定这些细分产业相互之间是独立的。

制造业中心，但是不管是在湾区还是在洛杉矶，现在制造业所占比重都不足10%。然而，洛杉矶损失更惨重，因为在去工业化初期，它的制造业所占比例更高。

在美国，常使用北美产业分类体系（NAICS）来描述产业，该体系在1997年取代标准产业分类体系（SIC）而开始使用[①]。在这两个体系中，一般产业，如制造业或建筑业，都用二位数编码表示（在NAICS体系里，这些编码可能分别是31—33和23）。每增加一位编码，就有更多的产业特质得到描述。二位码产业“建筑业”包含三位码产业如236，“建筑物的建造”，而“建筑物的建造”又包含四位码产业如2361，“住宅建设”；六位码产业如236115，“新单户住宅建设（除待售建筑）”；以此类推一直可以细分到十位码产业。因此NAICS体系就如同俄罗斯套娃，每一级嵌套在更高一级或更大的门类之中。除非分析一些非常细化的（四位码或更多）门类，那些在工资、增长前景、产品及与经济体中其他部门的关联度等方面都大相径庭的经济活动被混杂在一起的高风险就不可避免。例如，我们来比较纽约、康涅狄格州的哈特福特和洛杉矶的二位码产业金融、保险和房地产（FIRE）。在这三个都市地区，这个二位码产业所占比重相似，但是三个城市的FIRE各有千秋，纽约的是由高水平投资银行和和证券业主导的活动，哈特福特的则是保险业，大洛杉矶的却是住宅房地产贷款业。但是，如果我们展示四位码到六位码的FIRE子分组，我们会看到三个地区的专业化产业是不一样的，得出的结论与用二位码的分析结果完全相反。给三个地区的二位码FIRE经济活动排名就如同将苹果和橘子放在一起

① 我们使用人口普查局的《县级企业模式》系列以尽可能细致地考察专业化。

排名一样，毫无可比性①。然而，大量关于城市的研究运用了这些集聚产业分类法，因为使用更详细的分类描述专业化将会大大增加所需数据的数量并且带来建模的问题。我们深入研究这两个地区的优势在于能够应付这种复杂性并得出更精确的结果。

然而在确定专业化的时候又出现了过于细化或分散的问题。个体活动可以是较大的地区集聚的功能组成部分，而这些集聚是通过供应关联、共享劳动力储备、信息溢出和随着时间推移而产生的共同增长而紧密联系在一起的。当这些密切的关系与地理集群相一致时，地区贸易集群将包括清晰的专业化，而专业化的产业在 NAICS 体系中又是交叉的，这样就很容易低估专业化集群的规模。例如，1970 年和 2010 年洛杉矶和旧金山的十个最大的贸易门类。1970 年，湾区的半导体和电容器生产雇用了大量从业人员。SIC 体系将这些活动分类为表面上毫不相干

① 区分可贸易和非贸易产业是一项极具挑战性的任务。这不仅因为贸易或非贸易部门在不同情况下拥有相似的功能，还因为随着时间推移，曾经的非贸易部门可能转变成贸易部门。例如，美国一些医院的放射医疗服务正在向海外外包，由一些位于印度、以色列或其他国家、并通过职业验证的专业医师提供服务，原因在于远程开展这项工作的技术业已成熟(Levy and Goelman, 2005)。在这些技术出现之前，放射医疗工作属于非贸易产业，除非人们长途跋涉，不远万里前来向一位高水平的专业放射科医生咨询——这在放射线服务的对象中只是很少一部分。

为了区别贸易产业和非贸易产业，我们采用了布拉德福德·延森和劳瑞·克莱策(2006)研发的方法，即将地理上集中于美国的产业划分成贸易产业，而将空间上无所不在的产业归类到非贸易产业。延森和克莱策的方法有很多优点，包括这个方法可以用来区分贸易产业的比例——因此，至少在理论上，它可以将吸引世界各地游客的罗迪欧大道上的各色零售店(它们是洛杉矶的贸易产业的一部分)跟小区里的美甲店(极可能只是服务本地客户)区别开。然而，在我们研究这两个地区的过程中使用这一方法时出现了问题，产生了反常现象；尤其是它将娱乐业划分成非贸易产业，在一些城市，娱乐活动只包括电影院和剧院，这种分类法可能是正确的，但在好莱坞，这种方法却是错误的。因而我们将这个方法运用到加州的语境时，凭借自己的判断选择性地调整了延森和克莱策研究方法的结果。

的产业，但是在旧金山地区，很明显，它们都属于共享劳动力、投入和知识的信息技术产业的一部分。如果把每一个分离的产业当作一个明显的专业化，我们就会极大地低估湾区高科技专业化的规模和实力。

按照这样的逻辑，我们将紧密相关的产业集中到一起，从而在最大程度上反映专业化特征。表 3.1（如下）展现的是标准的、狭义界定的门类的结果[①]。表 3.2（如下）则描绘了更精确的专业化情况，在这张表上，相关的活动被组合在一起。1970 年，洛杉矶和旧金山都拥有大量高科技产业。1970 年的洛杉矶，仅航空部门就占据了整个地区就业量近 3%，而以就业为标准衡量，“航空器材”跻身洛杉矶十个最大的贸易部门[②]。表 3.2 将附属于大气或航天飞行必要的交通工具、子系统和零部件生产的部门合并进“航空航天”集聚（Stekler，1965）。1970 年，洛杉矶的航空航天集聚雇用的从业人员超过 10 万人，接近整个地区劳动力的 3.5%。根据经济事务局的补充（但更加综合的）数据，1970 年洛杉矶全部就业人口基数 400 万中，超过 35 万名从业人员受雇于“飞机和零部件”相关产业、“国家安全”和“军需品”部门，占全部劳动力近 8%。

到 1970 年，旧金山的高科技制造业已经集中在信息科技相关部门，包括“电子计算设备”“电子元件 NEC”“半导体”和“通信传

---

① 在实践中，这意味着到 1997 年为止的四位 SIC 码，以及之后的六位 NAICS 码。不幸的是，现在没有足够详细的数据说明一直沿用统一的产业分类体系。在美国，NAICS 体系于 1997 年取代 SIC 体系。两者之间只存在不完全的交叉，这使得跨越时间的考察极具挑战性。因此，我们最好把表 3.1 中的就业份额理解成跨部门的，而不能认为它们在时间上具备有效的可比性。

② “通信传输设备”（SIC 3662），也被称为“广播电视通信设备”，也包括一些子部件，这些子部件构成洛杉矶的飞机及航天的制导控制系统专业化的一部分。然而，这些子部件产业资料无法从公开的四位码数据中提取到，因此，这里的评估低估了两个地区的航空航天集聚的真正规模。请参见斯泰克利（1965：30—31）对此进行的更深入的论述。

输设备”，这就是初期的硅谷。而洛杉矶在 1970 年也聚焦于信息技术。1970 年，旧金山信息产业雇用了 38 621 名从业人员，占该地区劳动力的 2.7%，而洛杉矶也雇用了相似比例的劳动力，从业人员人数达到 8 万。换言之，两个地区都专门从事 IT 设备生产，就绝对工作职位而言，湾区的集聚与洛杉矶相比就是小巫见大巫了。

表 3.1　专业化：以就业为标准的十个最大的贸易产业
1970 年（SIC）及 2010 年（NAICS）

洛杉矶，1970 年（SIC 4 位码）		旧金山，1970 年（SIC 4 位码）	
贸易产业	就业份额（%）	贸易产业	就业份额（%）
飞机	2.7	除本地外的货车运输	1.5
除本地外的货车运输	1.2	半导体	0.9
电子元件 NEC*	0.8	商业咨询服务	0.9
通信传输设备	0.8	批发商 NEC	0.7
商业咨询服务	0.8	电子元件 NEC	0.7
飞机设备	0.8	电子计算设备	0.6
批发商 NEC	0.7	货车设备	0.6
电子计算设备	0.7	通信传输设备	0.5
货车设备	0.6	商用机器和设备	0.5
除电视外的电影制作	0.5	电测仪表	0.5
合计	9.6	合计	7.3

洛杉矶，2010 年（NAICS 6 位码）		旧金山，2010 年（NAICS 6 位码）	
贸易产业	就业份额（%）	贸易产业	就业份额（%）
电影和视频制作	1.4	软件出版商	1.9
酒店和汽车旅馆	1.4	定制计算机编程服务	1.8
通用仓储	0.6	电子零件和设备批发商	1.7

续　表

洛杉矶，2010年（NAICS 6位码）		旧金山，2010年（NAICS 6位码）	
贸易产业	就业份额（%）	贸易产业	就业份额（%）
计算机系统设计服务	0.5	计算机系统设计服务	1.6
定制计算机编程服务	0.4	酒店和汽车旅馆	1.5
货物运输	0.4	物理、工程和生命科学（非生物技术）研发	1.5
女式服装批发商	0.4	计算机及外围设备批发商	0.9
女式服装及婴儿服装缝纫承包商	0.4	数据处理、代管及相关服务	0.6
其他飞机零件及辅助设备	0.3	半导体及相关设施制造	0.5
电子零件及设备批发商	0.3	酿酒厂	0.4
合计	6.1	合计	12.4

资料来源：《县级企业模式》数据。

注：由于在1997年，分类体系从SIC的四位编码转换到NAICS的六位编码，1970年和2010年的数据并不具有完全的可比性。

* NEC：在别处不分类。

表3.2　1970年和2010年的贸易产业集群（集聚）

集群	洛杉矶1970年		旧金山1970年	
	受雇人员	就业份额（%）	受雇人员	就业份额（%）
信息技术	81 872	2.6	38 621	2.7
航空航天与国防	108 083	3.4	455	0.03
物流	39 851	1.3	21 313	1.5
娱乐	22 978	0.7	2 171	0.15
服装	56 965	1.8	7 806	0.06

续 表

集群	洛杉矶 2010 年		旧金山 2010 年	
	受雇人员	就业份额（%）	受雇人员	就业份额（%）
信息技术	153 524	2.7	255 334	10.2
航空航天与国防	47 960	0.9	735	0.02
物流	129 651	2.3	23 505	0.9
娱乐	141 025	2.5	14 686	0.5
服装	50 788	0.9	819	0.03

资料来源：根据使用《县级企业模式》收集的 SIC 四位编码（1970 年）和 NAICS 六位编码（2010 年）计算（这些集聚的精确定义可从作者处得到）。

表 3.1 表明了 1970 年每个经济体中一些关键领域的情况。在洛杉矶，这些领域包括物流（“除本地外的货车运输”）和影视产业（“除电视外的电影制作”）。大洛杉矶还有一个大类的服装产业，尽管受雇于相关的服装经济活动集群的人员占洛杉矶劳动力近 2%，其中仍然没有一个组成部分大到可以单独在表 3.1 中列举。为了让城市中心这样的称号名副其实，洛杉矶和旧金山都关注商业服务（“商业咨询服务”）以及一些旧经济制造业（“货车设备”，及旧金山的“商用机器和设备”）。总而言之，1970 年，大洛杉矶经济体拥有航空航天、IT 和娱乐等知识密集型产业之类的大产业集群。虽然有迹象显示旧金山新的关注点是信息产业，但是与洛杉矶并无显著区别。总的说来，大洛杉矶拥有更大更集中的大型贸易部门。

接下来的几十年，这一情形发生了令人惊讶的逆转。到 2010 年，旧金山的十个最大型的 NAICS 六位码产业中的七个均为硅谷信息技术集群的组成部分①。表 3.2 摘录的 2010 年材料显示信息

① “软件出版商”“定制计算机编程服务”“电子零件和设备批发商”“计算机系统设计”“计算机及外围设备批发商”“数据处理”，以及“半导体及相关设施制造”。

技术集聚在湾区提供了超过25万个工作岗位，占整个地区就业总量的10%以上。

大洛杉矶的发展轨迹恰好相反。到2010年，与1970年相比，它已经变成一个专业化程度较弱的地区经济体，对高工资的新经济活动的关注也不如旧金山。2010年南部最大的一个产业是“电影和视频制作”，雇用了该地1.4%的劳动力。虽然在1970年航空航天主导了洛杉矶经济，但是到2010年“其他飞机零件和辅助设备”只是第九大产业并且只雇用了地区劳动力的0.3%。表3.2材料中2010年更广义的航空航天集聚雇用的从业人员数甚至不及1970年这一产业雇用人员的一半，相对而言，它缩减到不足地区就业基数的1%。

洛杉矶也在信息技术产业上站稳了脚跟，这从诸如“计算机系统设计服务”、“定制计算机编程服务”和“电子零件和设备批发商”等雇用大量人员的情况可以得到证明，IT集聚雇用了大约15万名从业人员，相当于地区劳动力的3%(相较于湾区IT就业比重10%)。洛杉矶开发了较大的物流产业(“通用仓储”及“货物运输”)，主要围绕业已扩大的洛杉矶-长滩港口综合体及内陆仓储、配送和铁路运输代理产业组织物流活动。按照20英尺容量集装箱数量计算①，洛杉矶县可以自豪地声称它是美国最大的集装箱海港，也是世界第七大海港。结果，到2010年，物流业雇用了将近13万名从业人员，在该地区就业份额超过2%。

---

① 如果港口规模是集装箱数量的函数，那么在2009年，洛杉矶-长滩在美国港口城市中排名第一；当用吞吐量来测量时，它排列在南路易斯安那、休斯敦和纽约-新泽西州之后(American Association of Port Authorities, 2010)。

专业化的性质：工资

两个地区各自专业化的特征也大相径庭。表3.3提供了2010年每个地区贸易的NAICS六位码专门产业年平均工资估值。湾区主要贸易部门的从业人员比洛杉矶最大产业的从业人员的工资要高得多。洛杉矶报酬最丰厚的大型产业是“计算机系统设计服务”业，2010年该行业从业人员年均工资为90 874美元。在湾区，报酬最丰厚的大型产业是“软件开发商”，从业人员年均工资是169 432美元。2010年，湾区十个最大的贸易部门中的八个部门薪水超过10万美元，而大洛杉矶排名前十名的部门中没有一个部门达到这一底线。

同样重要的是，即使在两个地区同样的部门（例如“计算机系统设计服务”“电子零件和设备批发商”和“定制计算机编程服务”），平均工资差别也很大。当我们把它们分解成更细化的产业组，两个地区的电子产业也极为不同。大洛杉矶的橙县拥有一个高科技集聚，它雇用的员从业人员数占整个县就业人口的比重高达10％，这也是美国最大的高科技集群之一①。但是这里的数据表明虽然两地都生产计算机设备，硅谷主要从事诸如设计之类的具有高附加值的活动，而橙县更多的是开展一些技能要求低且工资较低的常规性工作。

如果我们把这两个地区经济体看成一个整体，平均来说，洛杉矶人的工资是湾区普通从业人员的70％。这一整体差距比我们在贸易部门观察到的工资差距小一点，这是因为本地非贸易服务

---

① 作者的计算基于2010年加州经济发展部的数据，结合了包括计算机、电子、职业和技术咨询在内的制造业和服务业。

表 3.3　2010 年就业率最高的十个贸易部门的平均工资

大洛杉矶		旧金山湾区	
产　业	工资（美元）	产　业	工资（美元）
电影和视频制作	69 016	软件出版商	169 432
酒店和汽车旅馆	26 217	*定制计算机编程服务*	111 648
通用仓储	40 878	*电子零件和设备批发商*	139 661
计算机系统设计服务	90 874	*计算机系统设计服务*	111 312
女式服装批发商	50 931	*酒店和汽车旅馆*	*30 260*
定制计算机编程服务	*89 295*	物理、工程及生命科学（非生物技术）研发	133 834
货物运输	50 684	计算机及外围设备批发商	155 961
女式服装及婴儿服装缝纫承包商	18 548	数据处理、代管及相关服务	120 464
其他飞机零件及辅助设备	65 685	半导体及相关设施制造	131 059
电子零件和设备批发商	77 947	酿酒厂	54 954

资料来源：本表根据《县级企业模式》数据计算。

注：两个地区的特色部门均以斜体表示。工资指 2010 年的名义收入。

性部门的工资比专业化的贸易部门的工资更接近一些①。这更进一步说明经济体中贸易部门差别的重要性。1970 年，这样的差别很小，不足以起决定性作用。在随后的几十年里，贸易部门工资的重大分化造成地区平均工资的分化。

① 在地区经济体中，贸易部门和非贸易部门的工资通过经济学家所说的“人力资源外部性”而相互关联。即使在按照生活成本调整之后，一位在像旧金山一样富裕的都市地区的瑜伽老师还是比一位地处其核心贸易产业工资较低的城市的瑜伽老师挣的钱更多（Moretti，2012）。我们将在第四章对劳动力市场的分析中更详细地探讨这一点。

专业化与创新租金

另一个判定地区专业化模式的方法就是考察该地区的创新活动。富有高度创新性的产业付给从业人员的工资也高，其新颖的产品使这些产业能够根据产品的稀有性定价，这就是所谓的“经济租金”现象。拥有高创新性产业的地区因而比那些不具备创新性的地区表现更佳(Storper，2013)。

专利数据说明了两个地区产业的创新强度。专利是衡量创新的可靠但不完全的标准，它们不能直接说明某发明的市场价值；实际上，有些专利代表的创新价值无限，而有些专利却在很大程度上毫无价值①。虽然存在这些局限性，专利数据仍然给我们提供了新思想产生的书面记录。

图 3.1 显示，到 1990 年左右，洛杉矶的专利项目总数比旧金山多。20 世纪 90 年代初期后，湾区批准的专利数大幅增长。截止 2005 年，湾区获准的专利几乎是洛杉矶的三倍。1970 年，湾区每 10 万居民获得 40 项专利，到 2005 年，这一数字上升到 153。洛杉矶的可比数据是 1970 年的 30 项，到 2005 年却下降到 24 项。在人均专利数量上，洛杉矶获得的专利是湾区专利的 75%，但在 21 世纪，随着洛杉矶的专利数下降，猛跌到只是湾区的 15.6%，这种原本适度的差距扩大到令人吃惊的程度。

专利数量也许夸大了创新的差距，因为洛杉矶电影娱乐产业和其他一些创意产业的很多创新是无法获得专利的。但是湾区的特色产业之一的软件业也如此，因此湾区的优势也可能被低估了。

---

① 更进一步说，一些思想是无法获得专利权的：占美国专利 90%的实用专利包括新机器、编程或其他物质发明；但它们既没有包括新的植物种类的生产，也没有将诸如软件之类的设计和非物质的知识生产包括在内。

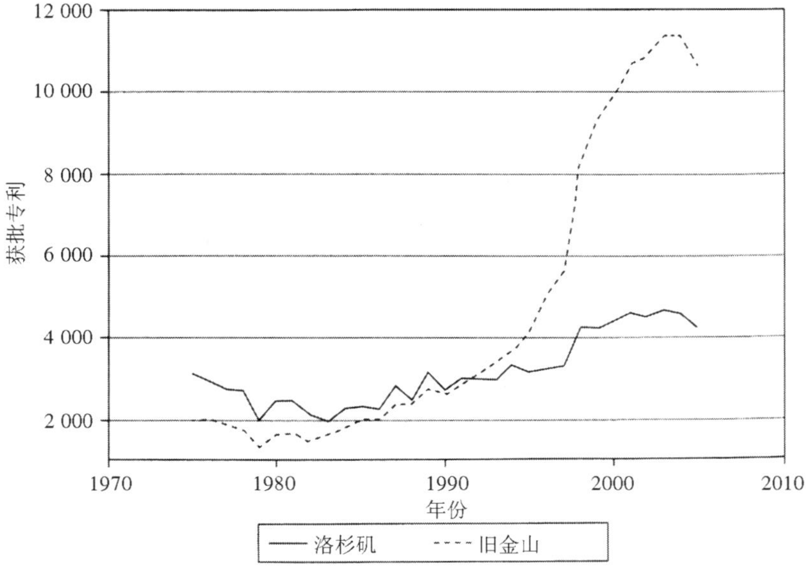

图 3.1 1975～2005 年获地区批准的美国专利商标局(USPTO)实用专利

然而有一点毋庸置疑，在具有商业价值的创新方面，湾区已经遥遥领先于大洛杉矶①。

看一看具体部门的专利情况，就能证实这种说法②。表 3.2 提供了两个 IT 产业获批专利的数目：计算机和通讯、电气和电子。直到 20 世纪中期和晚期，两个地区在每一个专利类目上专利数目大致相同。此后，湾区超过洛杉矶。2005 年，湾区在计算机和通讯业的专利是洛杉矶的四倍；在人均专利数量上，湾区的创造性则十倍于大洛杉矶。

① 另一方面，由于软件专利过于宽泛，后来一定数量的软件专利被撤销。

② 我们可以根据实用专利应用上写明的专利发明者的地址，以及该发明所属的宽泛的产业类别数据，将专利发明归属到特定地方的产业中去。以这种方式使用专利极具挑战性。首先，专利种类并非简单地与标准产业分类相一致。我们使用杰斐(1989)创设的方法，但也承认它的不足之处(Thompson and Fox-Kean，2005)。

地区的工作:以任务内容衡量的专业化

证实湾区开展的经济活动比洛杉矶更加复杂的另一个方法就是考察职业群体所体现的任务性质。自 20 世纪 30 年代起,美国劳工部就在《职业名称词典》(Dictionary of Occupational Titles, DOT)中对职业任务内容进行了描述和编纂分类①。后来研究者们又将这种任务信息概括成常规性和抽象思维性之类的高阶概念。当这些数据与描述产业、地区和全国职业群体的数据结合在一起,它们就揭示了劳动力需求的演变情况(Autor et al., 2003; Autor and Dorn, 2013)。常规性或非常规性活动,以及认知工作或体力劳动之间的区别非常有趣②。非常规性工作涉及不带有普遍规则的复杂环境,而常规性工作则在运用规则和协议指导下进行。体力劳动主要由身体完成,而认知工作则需要更多脑力。比如,股票经纪人要求很多非常规性的认知工作,具体而言就是通过与人打交道和定量分析来完成工作;同样,我们也从 DOT 中看到,这种特定职业中的常规性体力的劳动和认知的任务比例偏低。

在 20 世纪晚期和 21 世纪早期,富裕国家从事非常规性认知

---

① 有关 DOT 更加详尽的描述,请参见凯恩和特雷曼(1981)以及彼得森等人(Peterson et al., 2001)的论述。美国劳工统计局用 O * Net 取代 DOT;然而,O * Net 只涵盖了 2001 年以后的职业,因而很难考察我们研究阶段较早时期的情况。所以虽然 DOT 关于后千禧年职业分类的数据不充足,我们还是决定选择这个旧体系。

② 常规性和非常规性的区别主要来源于对于国际和劳动经济学的国家层面的研究,其他一些学者致力于探究职业变化以掌握都市尺度上的产业结构。相关研究有费泽(2003)、巴伯和马库斯(2007)以及巴科洛德等(Bacolod et al., 2009)的研究。虽然这些文章以不同方式建立了专业化的模式,但是它们与目前一些研究的共同理念是:职业是了解地区经济体产业组成的辅助方法。

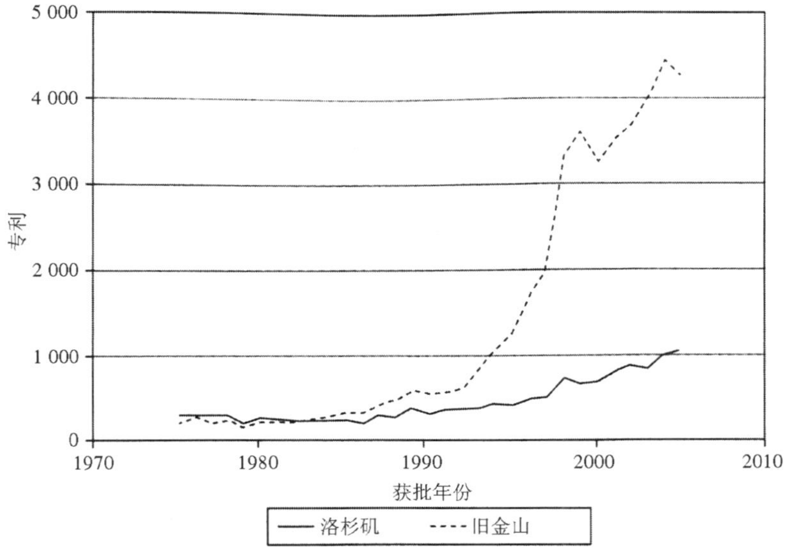

a）计算机与通信

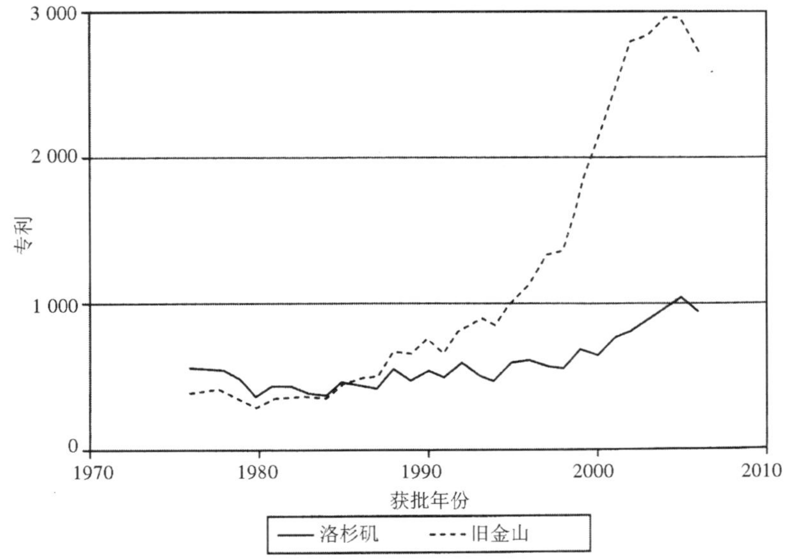

b）电气与电子

图 3.2　1975～2005 年两个产业里获地区批准的 USPTO 实用专利

资料来源：本表根据桑恩（Sonn）和斯多波 2008 年组织整理的美国国家经济研究局（National Bureau of Economic Research）专利数据计算。

工作要求高的职业的从业人员的工资溢价稳步上升(Autor et al., 2003; Goos and Manning, 2007)。因为这种工作很难在简单的规则下进行,它们要求从事该工作的人员具有相当高的受教育水平;同理,这种工作很难自动化,也不易被机器取代(Autor et al., 2003)[①]。它们也经常需要面对面的交流,因而外迁至海外是不太可能的(Storper and Venables, 2004; Kemeny and Rigby, 2003; Ebenstein et al., 2009; Blinder and Krueger, 2013)。非常规性体力劳动也会表现出某些同样的特点,如那些由经验丰富的商人完成的工作。这些职业不如非常规性认知工作报酬高,但是平均薪酬比常规性体力劳动高,特别是与这些工作要求的相对较低的正规教育水平比较。

无论是常规性体力劳动还是常规性认知工作,对教育和培训水平的要求都不高,而且这些工作容易集中在资本密集型产业,在这些产业里,机器更容易取代从业人员。另外,在很多这样的产业里,企业一般会大规模运行,生产能够低价运送到遥远市场的标准化产品。结果,这些经济活动常常在土地和/或从业人员价格相对低廉的地区开展,一般而言,它们不如那些具有高水平非常规性认知工作内容的产业易于产生集聚。把所有这些情况综合起来看,从事常规性职业的从业人员挣的工资比从事非常规性工作的从业人员少。

我们以奥特尔和多恩(2013)所采用的方法为基础,并从两个方面获取数据。为了把握职业非常规性程度标准,即测量一个特定职业对抽象任务要求的程度("抽象任务"是我们用来代替非常

① 在很多方面,非常规性体力工作也是一样的,由手艺人承担的各种活动,比如家具制作或编织。在一些情况下,这些活动也得到很好的报酬,因此人们对手艺活("制作者")的兴趣也日益增长。

规性认知任务的一个名词)，我们使用了1992年DOT修订版的数据。我们还使用人口普查局的人口数据，将职业非常规性程度标准这一数据与地区职业结构“快照”结合在一起①。这些数据使我们能够制定整个地区经济的非常规性以及当地特定(产业)集聚的综合衡量指标。表3.4对两个地区的几个专业化产业进行了比较②。较高值表示非常规性程度较高。从这个表中可以看出在这些产业内，旧金山的职业结构比洛杉矶表现出更大程度的非常规性思维特点③。在“计算机/数据处理服务”和“电气机械”行业的非常规性差距尤为突出，这两个行业恰是湾区的专业化产业。可以作个比较，在两个地区都不是专业化产业的“法律服务”和“保险”行业，非常规性的差别不太明显。请注意即使是两个地区的同一产业内部的同一种工作也是有差异的，这印证了我们早些时候提出的观点，即以非常细化的方式分解产业以观察经济体是至关重要的。

表3.4　2006～2008年两个地区中一些产业的非常规性认知任务强度

部门	非常规性		
	洛杉矶	旧金山	美国
计算机/数据处理服务	5.21	6.11	5.54
电气机械	3.63	4.70	3.64

① 人口普查数据是从十年一次人口调查和《美国社区调查》的公共数据中抽取的，在IPUMS中可以找到。按照劳动力市场的参与度，如按照常规的工作小时数，对个体从业人员进行加权。

② 与本章余下部分使用的大多数数据相比，这些数据汇总到一个更高的级别，但是对于可以得到的有关职业的数据而言它们却是最详细的数据。

③ 这种模式也适用于“电子机械”。旧金山“法律服务”业的就业模式看上去更加复杂，但是对于两者以及“保险”业，T检验表明，在每一个地区里，非常规性水平差异在统计上并不重要。

续　表

部门	非常规性		
	洛杉矶	旧金山	美国
法律服务	2.92	2.99	2.95
保险	3.66	3.67	3.72

资料来源：本表根据《美国社区调查》(*American Community Survey*)2005～2008年的样本中3%的IPUMS数据，同时运用个体水平样本加权计算。

注：非常规性较高值表示这种职业组合是产业中要求较高程度非常规性交流和分析方法的工作。此处报告的每一个结果所包含的小的线性化标准误差都在可接受范围内。T检验表明计算机/数据处理服务和电气机械业的平均任务值差异在统计学意义上处于5%的水平；对于其他两个部门，这种差别是微不足道的。

这样的非常规性任务水平在两个地区的整体经济中起支配作用吗？要回答这个问题，我们需要构建全区范围内的非常规性指数，而且必须将每个都市地区的所有产业都纳入考虑范围。方程式3.1是这样构建非常规性指数的：

$$NR_{jt}=\sum_{i}\overline{nr}_{jit}(e_{jit}/\sum_{i}e_{jit})\qquad(3.1)$$

方程式中地区指数为j，时间是t；nr指对一个地区的产业i中所有样本从业人员非常规认知活动的平均需要量；e则表示整个地区的就业人数。因此，NR指每个产业和地区的非常规性认知要求水平的加权和，而权重则是在整个地区经济体中每个产业的就业份额。因而NR表明每个地区工作组合相关联的总体复杂性。

表3.5表明如按非常规性衡量，在1970年，湾区和洛杉矶的复杂性相似①。两个地区的任务组合都比整个美国的任务组合非常规性程度更高；这说明从劳动力禀赋的角度看，两个地区都有着进入新经济的绝好机会。1980年到1990年期间，旧金山和洛杉矶的发展却产生了严重分化，虽然在绝对意义上洛杉矶也在进步，

① 用T检验表明统计意义上不易辨别的差别。

但是到1990年，它却下滑到美国平均水平之下，并且再也没有超过这一水平。同时，同整个国家一样，旧金山的复杂性远胜过洛杉矶，只是在21世纪初期互联网泡沫破灭时有所下降。自20世纪80年代以来，湾区的领先地位日益凸显。

表3.5　地区非常规性认知任务总体指数

地区	1970年	1980年	1990年	2000年	2006～2008年
洛杉矶	2.58	2.54	2.78	2.88	2.82
旧金山	2.61	2.68	3.11	3.57	3.47
美国	2.40	2.41	2.75	2.99	2.95

资料来源：本表计算基于1970年IPUMS中1%的都市样本，5%的1980年和2000年样本以及3%的2006～2008年的《美国社区调查》样本。

注：在每种情况下，都运用了个体水平加权来估量任务平均值。非常规性较高值表示这种职业组合是产业中要求较高程度非常规性的交流和分析方法的工作。此处报告的每一个结果所包含的小的线性化标准误差都在可接受范围内。

一个地区的非常规性认知工作的总体水平由两个方面构成，一是该地区在非常规性认知工作显得异常重要的产业上的专业化程度，如软件业对非常规性要求很高，而物流业则正好相反；二是该地区此产业中的企业是否处于这个产业中非常规性特征特别突出的部分。方程式3.2运用国家产业非常规性要求的平均水平及特定地区在每个产业中的就业比例作为权重来控制由于产业之间专业化模式而产生的差异，以便观察实际和预期水平之间是否存在差别。

$$\overline{NR}_{jt} = \sum_i \overline{nr}_{USAit}\left(e_{jit} / \sum_i e_{jit}\right) \qquad (3.2)$$

在图3.3中，1分表示非常规性任务水平与国家平均水平完全一致；较高值表明地区复杂性高于平均水平。1970年，根据两个地区专业化产业判断，它们都比人们预期的更复杂。洛杉矶预期值的偏差只是略低于湾区。1980年到1990年之间，相对于美国，洛杉矶的实际非常规性附加值开始稍有下降，在 20 世纪 90 年代更是急剧下降。到 90 年代末，洛杉矶的复杂性已经远低于我们对其产业结构的预期，而湾区却比人们预期的水平高出很多。

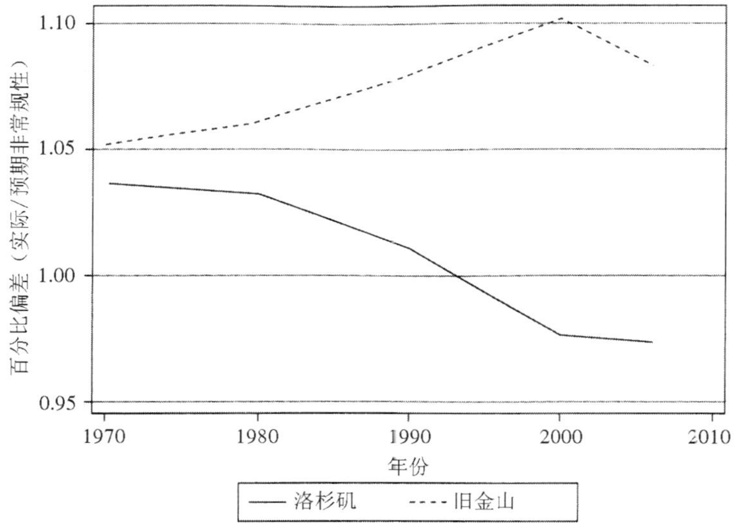

图 3.3　实际和预期非常规性之间的百分比偏差

因此，洛杉矶和旧金山不仅在各自经济体所拥有的产业的平均复杂水平上有差异，而且那些产业在两个经济体中的具体专业化上也有差异。但我们可以从另一个角度看，两个地区专业化特征差距的变化一目了然。

另一个专业化标准：技术关联性

我们已经在前面章节说过，使用标准产业分类的一个潜在的局限性就是它们可能将不同类或不相关的活动归并到一起，或者正好相反，它们可能遗漏经济活动之间的密切关系。我们已经通过分解成四位和六位 NAICS 产业的方法纠正了第一个潜在错误。

解决第二个问题的办法就是明确那些 NAICS 编码未确定的经济活动之间隐藏的关系（Powell et al. 2012；Frenken et al.，2007；Hidalgo et al.，2007）[①]。

一个方法就是将这些关系与产业背后的知识基础对应起来。当不同种类的专利倾向于在相同地区出现时，我们可以说它们具有共同的知识基础。O hUallachain（2012）考察了 1995 年和 1999 年之间美国城市 35 个专利群体的集中和协同定位模式，这些群体是根据技术相似性来界定的。旧金山成为美国最具创造性的一颗新星，在半导体设施（29%）、信息存储（33%）、计算机外设（25%）、计算机硬件和软件（25%）、生物技术（16%）以及原子核/X 射线（14%）等领域的专利份额上居于美国领先地位。湾区在电气照明、各种电气和电子产品、手术和医疗器械、电气设备、涂料、测试及电力系统等行业里也属于最具创造力的地区。相比之下，洛杉矶的创新活动则分散在很多不同领域，并且在任何一个领域里它都不具备优势：在 35 个子类别中的 26 个里面，洛杉矶跻身都市地区的前五名，但是仅仅只在“游乐设施”这一大类成为领头羊。实际上在所有专利中最高度相关的知识基础是电子技术，这证实了我们的观点，即电子技术是形成地区单一专业化集聚的一部分。大洛杉矶经济体并没有像旧金山那样把注意力集中在电子技术上。

里格比（2012）在 438 个专利类别中建立了知识相关性指数，在地区专利活动的基础上说明了地区技术的连贯性特征。不同类

① 经济体由相关联活动紧密结合的子空间构成的思想应归因于佩鲁（1950），而在投入—产出经济学上的技术性发展的思想则来源于列昂惕夫（1954），这种思想在实证区域经济学上已经运用数十年。“相关性”概念更加广泛，不仅仅包括产业之间的贸易，还包括可能将一些部门和其他部门的发展联系起来的技术上的同类活动及相似的技术种类。

别专利经常相互引用借鉴说明它们之间是紧密相关的。1975 年的相关指数值显示，洛杉矶与旧金山相比，其知识基础连贯性略强。然而到 2005 年，情况却正好相反：湾区在其知识空间比洛杉矶的专业化程度高得多。这样的证据表明旧金山的专利活动具有更高水平和更强的内部相关性，因而它不仅比洛杉矶的专业化水平更高而且更加聚焦。

结论：集中性和复杂性

起初洛杉矶和旧金山地区的经济体具有很多相似之处，并且两者都根源于技术密集型生产。1970 年，两个地区都有强大的贸易制造业集群，其中有航空航天、国防和电子产业，从总体上看，洛杉矶专业化程度更高。不论从相对角度还是绝对角度看，最大的贸易业集群都位于洛杉矶，包括航空航天、国防和娱乐部门。相对而言，湾区的就业大多集中在通信技术领域，并且湾区创新水平很高。然而在绝对意义上，这些部门的就业率大大低于洛杉矶的产业集聚。

在接下来的几十年里，两个地区贸易产业的专业化水平和贸易产业的种类出现严重分化。湾区发展成为一个更加专业化且专业化质量更高的地区经济体，主要集中在要求复杂任务的知识经济活动。冷战结束后，洛杉矶再也无法达到以前那种技术相关产业高度集中的水平。实际上，大洛杉矶经济体无法重新集中于任何一个部门，它像一幅点彩画，已然失去了焦点。同时，洛杉矶类似纺织业这样的低工资部门所占比重变大，并在与港口相关的物流和国际贸易方面开展比较大的中等工资、中等技能的经济活动。

我们也论证过，一些典型的分析方法会忽略很多差异。如果使用宽泛的部门分类(二位和三位 NAICS)和特有的多样性指标来研究两个地区经济体,这两个地区就可能会错误地表现出相似性,并且看上去与其他的主要都市地区别无二样。从分解的类别考虑,通过工资、专利、工作任务复杂性以及专利相关性等数据证实,我们可以确信两个地区在各自专业化水平和性质上都大相径庭。这些结果对很多关于地区经济体的论断,尤其是地区在不同产业部门的名次排列提出质疑。

有趣的是,洛杉矶的精英们并没有清楚地认识到他们在复杂性阶梯上到底下滑得有多远,他们也没有认识到在把握 20 世纪 80 年代兴起的关键的贸易知识经济的作用和活动方面自己表现得有多么差劲。我们采访过的一个商业领袖断言说在多样性和专利方面,橙县可以算得上是美国最重要的高科技集群[①]。基于专利考虑,这个言论无疑是不正确的。再者,与橙县领袖的看法截然不同的是,硅谷的企业家和精英人士及大多数这一领域的学术专家并不认为橙县可以在美国地区技术集群层级里名列前茅[②]。

大洛杉矶经济体差强人意的业绩也不能完全归咎于航空航天集群的衰落。评估这一点需要复杂的反事实分析,因为直接的劳动力需求的增减涉及本地居民工作岗位的增减,这可能会提高迁入移民的就业率,因此就业率变化将对人口产生影响。更进一步说,直接的就业机会的增减相应地引发本地服务业的升降(乘数效

---

① "米尔肯研究中心对高技术经济体进行了多样性测量,橙县总是名列第一或第二。我认为上一次记录时,我们是第二名,波士顿常常与我们不相上下……[我们]可能比其他县拥有更高的人均专利率,但是与湾区相比,我们却不具备它那样的对这些高技术活动的管理才能。"(Walrod, 2009)

② "[橙县]似乎有些封闭和分裂,它拥有各种不同的技术,发展情况良好的产业和公司。它不像这里[硅谷]……那样具有协作精神。"(Scalice, 2009)"南加州的公司总想各自为政……因此他们无法利用各种关系,也许是因为这些关系并不存在。"(Bergeron, 2009)

应)，而该产业的增长或衰退将影响人口迁入或迁出。

20 世纪 90 年代，航空航天业直接减少了 147 000 个就业岗位，其中 60%是迁出人口(Scott，2010b)。我们可以运用美国经济事务局和《县级企业模式》的数字评估人均效应。报告中大洛杉矶 2000 年实际个人收入为 4 960 亿美元。如果保留航空航天部门的所有工作岗位，这些岗位的年平均工资是 8.8 万美元，那么洛杉矶 2000 年的个人收入应该再增加 130 亿美元。另外，假设本地就业的乘数是 2，而每一份本地的服务性工作平均工资是 4 万美元，那么 2000 年洛杉矶地区个人收入就应该是 5 212.43 亿美元。该地区 2000 年的实际人口数是 16 426 322。如果把失去工作而迁出该地区的 60%的人口计算在内，2000 年的人口数应该更多，这一数字还会因为他们的家庭而增加(就业人数与总人口比大约是 1∶2)，而这样的家庭有 17.64 万。这个数字可能还应包括来自衍生的(乘数效应)工作岗位的人口(31.1 万)，其中 80%是迁入移民(因此 31.1 万个工作为总人口增加 24.88 万)，如果再将离开该地区的就职人员保留下来，与前面的人口数结合起来，我们将得到另外一个数字，即 2000 年人口数是 16 851 522。该地区的名义人均收入将可能是 30 931 美元，而报告中的数字是 30 214 美元。换言之，大洛杉矶 2000 年的个人收入比它没有遭受航空航天业衰落打击时低约 2.37%。这是一个沉重的打击，但是对于 20 世纪 90 年代产生的两个地区个人收入实际差别而言，这仍然只是其中很小的一部分。

因而洛杉矶并非只是遭受航空航天业的打击，它有着更广泛更深层次的问题。即使在控制了产业结构之后，考虑到它的专业化模式，洛杉矶的职业结构也比预期缺乏系统复杂性。按照这一标准，洛杉矶的表现不仅仅不如旧金山，也逊于整个美国。

以全球及国家标准衡量，洛杉矶和旧金山都属于一级城市地区。然而在过去的40年里，一个已经达到全球知识经济体的巅峰，而另一个却相去甚远，它既没有足以产生高水平工资和个人收入的先进性，又没有足够低廉的劳动力而与低收入发展俱乐部的地区的常规化经济活动竞争。

第四章　劳动力在分化中的作用：从业人员的质量还是工作的质量？

湾区和洛杉矶的地区平均工资差距从 1970 年的 5％上升到 2010 年的 35％(表 4.1)①。地区财富的数量常常引起人们对决定地区专业化和地区工资水平的劳动力质量的关注。我们在本章将要讨论的是，日益扩大的工资和收入差距主要应归因于劳动力的特征(教育和技能的供给)还是归因于这个地区可以获得的工作的特征(劳动力需求)，这两者的变化又是怎样随时间而相互关联的？

① 我们在第一章所报告的人均收入(PCPI)数据来源于美国经济分析局。我们选择这一数据的原因在于它给出了人均收入的年度测量值。在本章，我们使用了另外一个来源的不同数据——美国十年一次人口普查的公共宏观数据中的工资和薪水收入。我们之所以选择十年人口调查数据，主要是因为这一数据使我们把城市层面的数据进一步分解，这些结果可以帮助我们将影响整体情况的较深层的因素分离出来。人均收入与工资和薪水收入并不相同：在很大程度上前者是后者的函数，但是 PCPI 也包括了投资、股息、租赁财产以及政府转移带来的净收入。因此，虽然二者不尽相同，但在用每一种方法描述我们的两个案例研究的相关情况方面，这两种方法不会造成不同的结果。

最重要的是，我们要明确这些力量中的哪一种引起了两地的发展分化或者使两个地区的发展发生了转换。

我们先看一下供给方面，劳动技能的主要指标是受教育程度，教育是人力资本的一个合理但不完全的标志。很多研究结果证明，在许多国家和地区中，受教育程度高低与工资变化非常一致(Barro，1997；Benhabib and Spiegel，1994；Moretti，2004)。

在洛杉矶和旧金山地区以及整个美国，教育水平一直在上升(表4.2)①。1970年，洛杉矶的从业人员平均受教育程度比美国平均水平低1%，到2010年，这个数字变成2%。1970年，湾区的从业人员受教育程度比国家平均水平高2%，到2010年则高出8%。因此到我们研究结束的时候，湾区普通从业人员平均有两年大学教育经历。相比之下，洛杉矶的普通从业人员只有不到一年的大学学历。此外，一直以来，湾区至少拥有大学本科学位的从业人员比例更高。1970年，这个比例是19%，而2010年则是49%。在洛杉矶，拥有本科学历的从业人员1970年占14%，到2010年，这个数字是27%。

表4.1　活跃在劳动力市场的从业人员的平均工资

	1970年	1980年	1990年	2000年	2005～2010年
洛杉矶	7 326美元	13 703美元	25 770美元	31 713美元	40 708美元
旧金山	7 708	14 738	29 568	47 476	62 086

资料来源：本表计算基于从IPUMS人口调查中抽取的有关工资和薪水收入的数据：1%为1970年和20世纪80年代的都市样本，5%是1990年和2000年的样本，还有5%与2005～2010年《美国社区调查》样本相结合。除非作出特别说明，本章所有IPUMS数据都相同。

注：为了把所有从业人员计算在内，我们根据报告的工资收入估计一个从业人员的年工资、每周工作的小时数、当年的工作周数。我们将个体经营者以及16周岁以下和65周岁以上人员的数据排除在外。

① 表4.2中每一个跨部门的学生T统计检验证实两个地区的平均受教育水平在统计上具有重大差别。

表 4.2　活跃在劳动力市场的从业人员接受学校教育的平均年限

	1970 年	1980 年	1990 年	2000 年	2005～2010 年
洛杉矶	11.95	12.49	12.58	12.34	12.73
旧金山	12.38	13.26	13.57	13.69	14.02
美国	12.08	12.72	12.77	12.65	13.00

资料来源：本表计算基于 IPUMS 数据。

注：IPUMS 的教育水平数据不是仅仅简单地提供接受学校教育年限的数字，而是通过一个单一编码将某些年限进行分组，而另一些则采用它们原本的数字。我们将 EDUC 变量重新进行如下编码：EDUC 3～11 值加上 6；6.5 值的编码为 2；编码 1 代表 2.5值；而编码 0 就代表 0。这要求我们对教育范围低端的编码值做一些假设，例如，假设 5～8 级都同样用编码 2 代表。然而，这种编码分组最接近于以容许城市平均值的合理阐释的方式来测量接受学校教育年限。另外一点值得注意的是：基础教育数据编码时将四年大学教育作为最高编码，但是当一个地区中大部分大学毕业生还接受过额外几年学校教育时，结果就可能存在偏差。

如果要确定这些重要差异是工资差距的独立原因，它们的变化应该先于工资差距。湾区刚开始的时候在教育水平上只是略微领先，而 1970 年开始工资差距却越来越明显。这是不是意味着教育水平差距引起了上一章所论证的专业化和工作特征的差异？或者不同专业化的发展使得地区提供的工作类型越来越不一样，反过来这些不同类型的工作又吸引了不同特色的从业人员？这个先有鸡还是先有蛋的问题对于理解经济发展的分化起着非常关键的作用（Muth，1971；Combes et al.，2008）。在我们将所有线索连点成线，也就是在本章结论部分之前，我们还需要有一一探究很多分散的线索。

人口：性别、族裔、外籍

如果每个地区劳动力中日益扩大的人口种族、性别、年龄和国籍的差距与不同的教育水平和技能水平联系在一起，就可能造成工资差距（Glaeser and Mare，2001）。由于存在性别歧视，性别通过工作经验和教育水平上的性别差异间接地对平均工资产生影响(Blau and Kahn, 2000)。然而,洛杉矶和旧金山的劳动力中妇女所占份额却在同步发展,从1970年的38%上升到2010年约48%。族裔组成也可能对平均工资水平具有重要意义。族裔与群体之间不同的受教育程度密切相关,有时原因在于获得教育机会上的歧视或者移民群体的来源国的教育水平不同。直接的工资歧视就是不同群体从业人员同工不同酬的现象。

表4.3以美国人口普查和《美国社区调查》的数据为基础,描述了每个地区劳动力的族裔构成。虽然1970年两个地区的劳动力市场主要由视自身为白人的从业人员主导,但此后白人在劳动力市场所占比例一直在下降,从接近90%下降到低于60%。与此同时,两个地区确认的亚洲裔从业人员所占份额在增加,而黑人的比例在洛杉矶保持稳定状态,在旧金山则下降了一半。在洛杉矶,拉美裔从业人员所占份额增加了一倍多,从1980年的9%上升到2010年的20%左右。在旧金山,这段时期亚洲裔从业人员所占份额增加了五倍。几乎所有族裔构成差异基本上都是由湾区亚洲裔从业人员所占份额的差异引起的,确切地说,湾区亚洲裔从业人员所增加的份额基本等同于当地黑人和拉美裔从业人员损失的份额。拉美裔和黑人从业人员的平均教育水平低于全国平均水平①。这里必须注意的是,这些群体,包括白人、拉美裔、黑人和亚洲裔中的任何群体还存在亚群体,这些亚群体的区别在于受教育程度不同。

---

① 例如,根据作者基于IPUMS人口调查数据的计算,2005~2010年期间活跃在劳动力市场的拉美裔从业人员的平均受教育年限平均是11.4年,相比之下,美国从业人员的受教育年限平均是13年。

表 4.3　活跃在劳动力市场的从业人员的种族和族裔

	白人(%)	拉美裔(%)	黑人(%)	亚裔(%)
洛杉矶,1970 年	90	—	7	3
旧金山,1970 年	87	—	7	5
洛杉矶,1980 年	76	9	8	6
旧金山,1980 年	77	5	8	10
洛杉矶,1990 年	67	16	6.5	9.4
旧金山,1990 年	70	6	4	19
洛杉矶,2000 年	57	22	8.5	11
旧金山,2000 年	60	9	4	26
洛杉矶,2010 年	59	18	7.5	14
旧金山,2010 年	58	6	3	31

资料来源:本表基于 IPUMS 数据计算。

注:由于 1970 年十年人口普查中没有明确拉美裔这种类别,报告中未收录 1970 年拉美裔从业人员的数字。

这些都是关于全区劳动力市场的数字;因此,洛杉矶县的拉丁美洲人比整个大洛杉矶多;再者,这些数字都是针对活跃劳动力而不是整个地区人口的。拉美裔劳动力比整个地区人口中拉美人增加的速度慢,并且从历史上看,黑人的劳动力参与度比白人低。

每一个种族和族裔群体都既包括移民也包括本国从业人员,所以我们将在本章后面部分分别考察移民的情况。

教育对工资的贡献

教育对日益扩大的地区工资差距的贡献应该反映了地区之间教育水平差异及在既定教育水平下地区之间报酬水平的差异。表 4.4 对两个地区对应于每一级教育水平的工资进行了比较。洛杉矶教育水平高的从业人员曾经比他们的湾区同行挣的钱更多。

1970 年，至少受过四年大学教育的洛杉矶人比湾区同等教育程度从业人员的工资溢价高出 5%，但是从 1990 年开始，湾区熟练的从业人员的工资一直比洛杉矶更高。到 2005～2010 年间，湾区拥有大学文凭的从业人员比他们的洛杉矶同行的工资高约1/3①。洛杉矶唯一报酬更高的教育群体处于技能层级的最底层（但差距很小且在统计误差范围之内）。

表 4.4 活跃在劳动力市场的受教育程度不同的从业人员的工资

	1970 年	1980 年	1990 年	2000 年	2005～2010 年
洛杉矶，大学毕业生	11 705 美元	20 408 美元	40 317 美元	54 115 美元	68 730 美元
旧金山，大学毕业生	11 127	19 981	41 397	69 807	90 102
洛杉矶，受过一定大学教育者	7 631	14 128	25 690	31 959	37 936
旧金山，受过一定大学教育者	7 432	14 057	26 027	38 354	43 608
洛杉矶，高中毕业生	6 789	12 319	20 557	24 601	29 727
旧金山，高中毕业生	7 059	12 886	21 191	28 631	32 830
洛杉矶，受过一定高中教育者	5 762	9 782	14 177	16 050	19 690
旧金山，受过一定高中教育者	6 041	9 328	14 447	15 402	19 452

资料来源：本表基于 IPUMS 数据计算。

注：大学毕业生指至少接受了四年大学教育的从业人员。

换言之，工资差距与日渐扩大的教育水平差距有关，但是也与同等教育水平上的地区之间的工资差距有关。这是第一个线索：说明劳动力构成并不是造成工资差距的唯一原因。

① 为了表达方便，我们假定拥有至少四年大学学历的从业人员都已经获得本科文凭。

劳动力需求的作用:不同的职业,不同的工资?

当地区不同的贸易产业出现专门化时,它们对劳动力的要求也将是不一样的。比如,制造业和金融服务业会要求不同的劳动技能组合。为了了解洛杉矶和湾区是否也是如此,我们根据它们的职业对常规性和非常规性认知任务要求的程度,再次采用 DOT 和人口普查数据对从业人员进行分类,但是这一次我们对每一级别的教育水平的从业人员都进行了这样的分类(表 4.5)。

1970 年和 1980 年,在洛杉矶所有级别的教育水平上劳动力的非常规性任务水平高于旧金山(表 4.5)。到 1990 年湾区医持有大学文凭的从业人员增多而改变了这种情况;到 2000 年,在旧金山,至少拥有大学文凭的从业人员从事的更多是由非常规性任务组成的工作①。这是第二条线索:20 世纪 80 年代开始,具有相似的教育水平的从业人员在湾区比在洛杉矶挣的钱更多,这是因为他们比洛杉矶的同行完成了更具有非常规性的任务。按照这种解释,工资差异不仅仅是由劳动力的不同特色造成的,至少在一定程度上是由工作的不同特征造成的。

表 4.5　以教育水平衡量的非常规性认知任务强度

	1970 年	1980 年	1990 年	2000 年	2005～2010 年
洛杉矶,大学毕业生	4.94	4.40	4.76	4.85	4.74
旧金山,大学毕业生	4.72	4.36	4.88	5.42	5.24

① 在一些特定的职业中也是如此。在 2005～2010 年期间有很多例子:旧金山的财务经理比洛杉矶的财务经理收入高出 38%;湾区的软件工程师能另外多挣 32%的薪酬。

续 表

	1970 年	1980 年	1990 年	2000 年	2005～2010 年
洛杉矶,受过一定大学教育者	2.92	2.79	2.99	2.98	2.80
旧金山,受过一定大学教育者	2.72	2.68	2.92	3.09	2.77
洛杉矶,高中毕业生	2.28	2.21	2.15	2.13	2.14
旧金山,高中毕业生	2.21	2.15	2.08	2.17	2.08
洛杉矶,受过一定高中教育者	1.57	1.31	1.25	1.31	1.27
旧金山,受过一定高中教育者	1.53	1.23	1.16	1.20	1.21

资料来源:本表基于 IPUMS 样本和《职业名称词典》数据计算。

注:非常规性较高值表示这一教育水平类别的职业组合要求更高程度的非常规性的交流和分析工作。较完整的关于任务指数构建的描述请参见第三章。

如第二章所概括的,标准的城市经济学并不会轻易地接受这种解释。RSUE 预言任何需求的系统差别都应该通过迁移或者教育刺激劳动力供给的增长,从而导致一种强烈的趋势:即地区之间有相似教育水平的从业人员的工资呈收敛趋势。对这种矛盾的一个可能解释就是其他力量阻止或者减缓了能够促使都市地区之间工资均等的迁移过程,后面我们将很快再探讨到这个观点。还有一种可能是,我们对人力资本进行测量时,没有发现旧金山和洛杉矶从业人员之间存在更细微的技能差异,例如,两个拥有学士学位的个体可以运用不同的技能,结果一个比另一个生产效率更高。一个极端的例子便是马克·扎克伯格(脸书的创始人和执行总裁),他是一个大学辍学者,但是他与其他辍学者在很多方面都完全不同,这种差别在经济学上至关重要,但是却无法在人口普查里反映出来(除了他的工资报告,但是我们不能使用他的工资数据来解释他得到这份工资的原因)。两个有着相似教育水平的个体也可能具有不同的生产力,原因在于他们各自的努力程度(野心、职业伦理)、先天的才能、(在工作和生活中)获得的经验不同,以及他们正规的教育水平(如大学学士学位)成为掩盖不同的真实教育习得的“大帐篷”。

人们为什么选择他们所去的地方?分类和迁移的决定因素

假设在每一种可测量的教育类别上,旧金山都拥有生产力更高的从业人员(更多的扎克伯格),那么我们需要探究的就是,为什么高技能从业人员大多集中在旧金山而不是洛杉矶,尤其是两个地区在 20 世纪 70 年代的起点类似的情况下。是湾区的学校体系能够在每一级受教育层次培养出技能特别高超的个体吗?是地区文化的某些特定方面能够培育出受过更好培训的更积极的从业人员吗?这些可能性都存在,但是很多旧金山的从业人员都不是土生土长的本地人。是什么力量将扎克伯格们吸引到湾区而不是洛杉矶,或者是美国其他地区和美国以外的地区呢?马克·扎克伯格之所以将公司从马萨诸塞州的剑桥搬迁到硅谷,是因为硅谷拥有独一无二的密集的创新型互联网技术公司集群,同时它的风险资本融资和年轻技术人才的生态系统也是其他地方无可比拟的。湾区的这种生态系统吸引着来自世界各地的雄心勃勃的高技能信息技术专业人士;同样的道理,那些有志向的剧作家、演员、制片人和经纪人纷纷聚集到洛杉矶。这些生态系统促成不同的劳动力需求,因而也产生了相应的劳动力供给,因此两种各具特色的地区劳动力就这样形成了。

与这种将人按地区分类的需求主导的观点不同,很多城市经济学家持相反意见：人们选择地方并非主要出于寻找工作的目的，而是为了满足自己对该地方的很多偏好（Roback，1982；Rappaport，2007；Graves，1980；Patridge，2010）。他们寻求地区生活方式特点，或者“生活娱乐设施”，生活娱乐设施包括地方的物理、社会和文化等方面；这个词涵盖了很多人们需要花钱体验的东西，比如餐厅、娱乐和体育赛事，还有他们可以免费获得的地区特产，比如气候或风景。根据很多城市经济学家的看法，人们决定在哪里工作和生活的目的在于使生活娱乐设施带来的价值和货币收入结合，并达到最大化。较多的货币收入并非他们唯一的目标，因为一些地方提供的生活成本和生活娱乐设施可以提升人们在既定收入下获得的满足感。城市经济学家运用这种理论提出一个普遍的看法：自1950年起，很多从业人员从以前的东北部工业中心搬迁到南部和西部，主要原因不是他们的工作从北方转移到南方；相反，他们迁移的原因是为了更好地享受他们所看重的免费便利设施：空调的出现补偿了令人不舒适的炎热潮湿的夏季；而温暖、阳光灿烂的冬季更具吸引力（Graves，1980；Glaeser and Tobio，2008）。其他一些学者则考察了20世纪80年代和90年代那些荒废的中心城市的重生，认为城市的包容性、时髦的餐馆以及音乐节之类的文化设施已经将“创造性”人才吸引回来了（Florida，2002）。他们认为高技能的劳动者喜欢这些设施并且也享受得起这样的设施。按照这样的推理思路，湾区超越洛杉矶是因为它的便利设施吸引了更多这样的人才，那么这些人是否又带来了高科技产业呢？

这些论点引发了激烈的争论（参见，如Scott and Storper，2009；Kemeny and Stroper，2012；Partridge，2010；Gabriel and Rosenthal，2004）。但是对旧金山和洛杉矶进行比较的时候，这些

论断对解释两地的分化几乎毫无用处。两个地区都享有温和的冬季，气候宜人、阳光灿烂；它们都可以自豪地声称，本地人可以随时随地欣赏连绵的群山、浩瀚的太平洋及其他自然美景；两个地区都是高雅文化和大众文化的区域中心。假设人们的迁移主要是为了满足他们享受某些生活娱乐设施的愿望，而且大多数高技能劳动者都喜欢阳光充足的一月、艺术画廊、流行文化和歌剧院，那么问题是湾区和洛杉矶两个地区中的任何一方在这些方面都不具备压倒另一方的优势。

城市经济学家还强调怎样通过生活成本，尤其是住房成本差异调整工资而成为“实际”工资的重要性（Albouy，2008；Glaeser et al.，2005，2006；Saks，2008）。地方政府创设了土地使用规制（或多或少都有限制性的规制），可以影响住房供给，这决定了住房供给对应于需求到底会如何变化。例如，很多新移民选择在一个城市定居，在缺少限制性土地使用规制的情况下，住房建设为了适应需求增长将会增加供给。政策法规或者“邻避原则”（NIMBY）减少了住房供给的弹性；与增加足够的供给相反，日益增长的需求将抬高房价并迫使某些人离开这个地区。限制住房供给也迫使一些本地企业提高工资待遇以补偿从业人员较高的住房成本，或者使得这些企业为了降低支付从业人员的工资成本而搬离该地区；或者可能使得受限制地区的劳动者换上更小的或不太舒适的住房。从这个角度看，土地使用规定完全能够影响迁移，进而影响地区劳动力供给。

按照这样的推理，就湾区为什么拥有受教育程度更高、生产能力更强的劳动力这一点，我们可以做出如下假设：假定湾区地方政府颁布了有关土地使用的高度限制的法令条款。倘若没有这样的规定，不断增加的住房需求将导致建筑商不停地修建新的住房，但是在限制土地使用体制的背景下，需求带来的是现有住房单元的高价格。由于高昂的住房成本，较低收入的劳动者被挤出该地区，其结果是湾区的地区经济体越来越偏向于挣高工资并住在昂贵的住房里的具有高生产能力的劳动者，但是整个地区的人口水平增长速度放慢。相比之下，洛杉矶宽松的规定将允许建筑商修建更多住房，使房价维持在较低水平，反过来使更多受教育程度较低、工资较低的劳动者能够在该地区生活，因此人口增长更快。

这种描述表面上看具有一定的合理性，但是细究起来就会发现它的致命问题。图1.3显示这两个地区的人口增长都高于都市人口增长的全国平均水平。在我们研究期间，洛杉矶和旧金山的人口几乎翻了一番，虽然在绝对意义上，这意味着更多移民进入大洛杉矶，但是两地差别不大，并没有达到一个数量级的差别。实际上，作为高收入经济发展的范例，旧金山如此令人感兴趣的原因之一在于，它跟那些诸如纽约或伦敦之类的较旧的成功城市不一样，它的人口和收入水平都增长迅猛。

土地使用规制形式多样，从市议会规章制度到环境评估再到区域划分，甚至还有一些书本上没有提及的实践活动。虽然人们可能容易比较区位之间的一种既定种类的限制，但是规制机制的广度使得对市级或都市地区层面的土地限制性的比较具有很大的挑战性。城市经济学家运用了很多策略来解决这个问题。一些研究者认为，一个特定区位对单元住房生产的边际成本和当前市场可比较的住房单元的价格之间的差距说明了规制体制的严格程度（Glaeser et al.，2005，2006）。这种价格-成本度量标准中的成本包括土地价格、建筑劳动力、材料和其他相关要素，以此标准衡量，两个地区的几个主要城市，包括洛杉矶市、旧金山、奥克兰和圣何塞，在1998～1999年期间是美国管制最严格的城市[①]。在格莱泽(2005，2006)及其同事看来，这些城市的房价比它们不受限制时高出1/3到一半。比较一下，这一数字在其他如波士顿、纽约和华盛顿D.C.之类的主要城市仅仅只是约10%。但是不管怎样，依据这一计算方法，湾区并不比洛杉矶的土地限制更严格[②]。

我们可以直接通过测量限制性来支持这种说法。萨克斯(2008)将一些次级调查数据结合在一起，其中包括城市规划者、政府发展官员及其他人士对本地土地使用管理所发表的看法。这些数据是耗时几年时间采集到的原始数据，尽管数据主要集中在20世纪70年代中期和80年代早期，在理论上，这些数据是对我们研究的两个地区在足够早的时期对土地限制程度的差别引起了后来的经济分化的展示。

表4.6呈现了萨克斯给出的两个地区主要的亚地区的住房供给管制指标的结果，以及人口加权的地区平均水平。在每个地区的城市中，管制程度变化相当大。例如，旧金山和圣何塞限制性很强，而瓦列霍-菲尔费尔德-纳帕的管制则较弱(较高指数值表示较强的限制)。一些指标差异反映了物理和政治地理学。举个例子，旧金山是湾区限制最严格的城市，在大洛杉矶没有一个与旧金山同等规模的城市能够达到这样的限制程度。然而，在洛杉矶市却能找到很多较小的自治区域及街区(西好莱坞、贝弗利山、圣莫妮卡、亚格拉山、帕萨迪纳)，它们对土地使用的限制程度与旧金山市

① 请注意洛杉矶代表着其都市地区1/4的人口，而湾区三个最大的城市(旧金山，奥克兰和圣何塞)加在一起才占据该地区同样比例的人口，因而它们才能组成一个可合理比较的群体。

② 我们假定管制水平随时间的变化相对稳定。虽然我们将探寻一些其他的限制措施，这些措施表明从价格-成本比率中的得到的发现是持续不变的，但是我们并没有具体的信息来支持或反对这一假设。

并无二致，这是因为洛杉矶和它邻近的城市都无法与受限于三面环水的旧金山市的物理限制相提并论。然而，最重要的是旧金山地区和洛杉矶地区的加权和几乎完全相同。和前面所描述的价格-成本比率一样，按照这样的标准，两个地区都有着限制严格的房地产市场，从而抬高了房价①。

表 4.6　地区土地使用管制水平

都市地区	原始分数	加权分数	地区加权和
旧金山地区			
旧金山	2.1	0.632	
圣何塞	1.65	0.432	
奥克兰	0.1	0.036	
瓦列霍-菲尔费尔德-纳帕	−0.27	−0.022	
合计			1.078
洛杉矶地区			
洛杉矶-长滩	1.21	0.787	
里弗赛德-圣贝纳迪诺	1.73	0.235	
文图拉	1.15	0.053	
橙县	−0.32	−0.054	
合计			1.021

资料来源：本表基于萨克斯(2008)和 1980 年美国人口普查数据计算(后者用于人口加权)。

注：较高指标值表示更严格的限制。一些旧金山的都市地区并没有可获得的数据。表中的计算没有将这些区域包括在地区加权和里；然而，对这些区域进行了一些敏感度测试，目的在于考察如果它们的限制性程度很高，结果会不会有显著变化。由于这些区域并非人口高度密集的都市地区，所以即使其限制水平接近圣何塞的数据，它们也不会对结果产生重要影响。尽管计算在某种程度上放大了湾区的限制性水平，从这个指标看，这两个地区仍然最具可比性。

① 由于这一指标取决于很多调查结果，个体研究者报告的是明显感知到的限制性，而不是客观测量到的限制性，我们无法确定它们的可靠性。不过，这些结果与运用其他手段得到的结果不谋而合。

为了增强这种解释的可信度，我们考察了另外两个指标。第一个是沃顿住宅土地使用管制指标(WRLURI)(Gyourko et al., 2008)，这一指标测量了美国 2 600 个自治市不同的地方和州的管制要素。管制程度较高的城市其 WRLURI 分数较高。为了明确土地使用限制的区域值，我们创建了自治市 WRLURI 值的加权和，该值中的权重指自治市在地区人口中的份额。这个指标标准化后均值为 0，标准差为 1。洛杉矶的总 WRLURI 值是 1.22，而旧金山的是 0.83。按照这一标准，虽然以国家标准衡量，两个地区都属于高度管制地区，但是洛杉矶都市地区在某种程度上比湾区管制更严格。

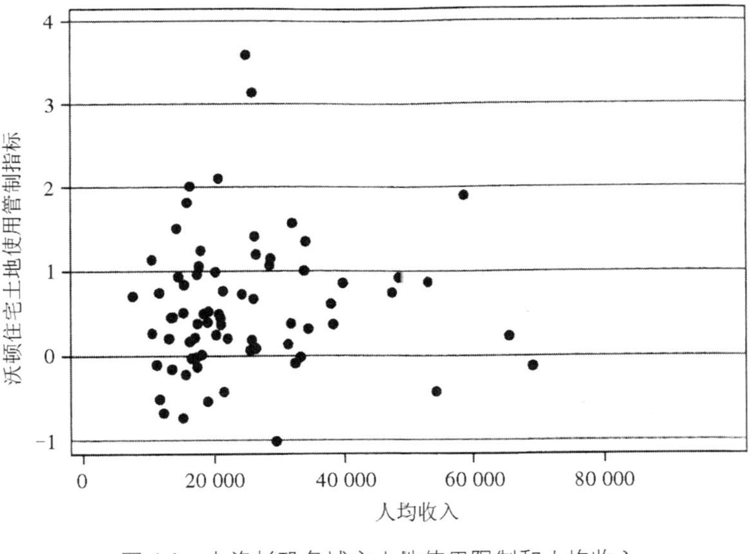

图 4.1 大洛杉矶各城市土地使用限制和人均收入

资料来源：来自沃顿住宅土地使用管制指标。

注：相关系数=0.044；$p=0.65$。

正如前文所言，在地区管制平均水平之下，个别城市会有不同的限制水平。为了说明这一点，图 4.1 绘制了洛杉矶地区各城市与人均收入相对应的 WRLURI 分数。图中缺乏清晰的线性模式，这说明更多的土地使用限制不一定会使一个城市排除低收入人口。举一个例子，以沃顿指标衡量，贝弗利山和柯汶纳(洛杉矶东部的一个中低收入郊区)的土地使用限制程度几乎相同，但是贝弗利山的平均收入水平是柯汶纳的三倍左右[①]。换言之，地方房价差异背后的主要驱动力存在于结构过程中，如按收入水平的人口分类(阶级分层)和邻近地带的环境质量、种族和是否临近就业(Combes et al., 2008)。但是所有这些地区层级的差异并未解释地区总体平均房价差异。

我们认为土地使用限制的最后一个指标是地区颁布的建筑许可数量。我们使用了 1980～2007 年之间的年度数据测量人均许可数字以控制人口规模的差异。建筑许可数量的增长可能反映了供需力量的组合作用；因此它们也是一种模糊的测量土地限制性的方法。尽管如此，假设一直以来每个地区的住房需求同样高，图 4.2 表明住房供给弹性区际差异很小。虽然颁布的人均许可数目随时间而波动，旧金山和洛杉矶地区的总趋势彼此非常接近，1982 年和 1991 年之间旧金山的限制看似更严格，然后 20 世纪 90 年代却变得更宽松一些，之后的 21 世纪的头十年里又再次变得严格了。

根据前面的证据，地区之间开发土地和房产的总体能力差异对两个地区的人口动态并不起重要作用。实际上，以土地使用假说的逻辑看，两个地区的高水平土地使用管制应该已经使得房价大幅上涨，从而在很大程度上限制了人口增长，但是两个地区都增

① 对于我们两个地区的城市而言，当相关系数是 0.04 时，人均收入和沃顿管制指标之间的关联在统计上是不重要的。

加了很多人口，只不过它们增加的人口平均技能水平相去甚远。

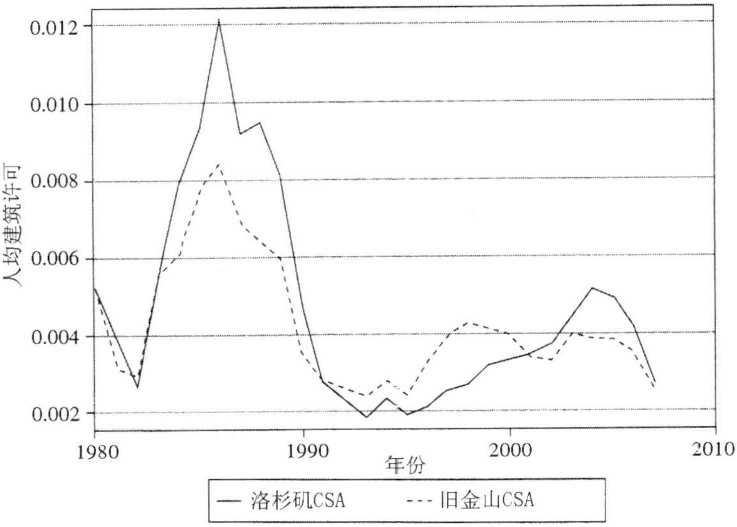

图 4.2　1980～2007 年人均建筑许可

资料来源：数据来源于《国家城市数据系统》(*The State of the Cities Data Systems*)(美国住房及城市发展部，2010)(U. S. Department of Housing and Urban Development, 2010)。

如果湾区没有因为更严格的管制或者住房供给增加不足而出现较高房价，那么我们就有理由相信房价的差距是高收入的结果，而不是它的原因(Carruthers and Mulligan, 2012; Moretti, 2013)。这并不意味着土地使用管制和住房供给在地区发展中毫无用处。毫无疑问，管制影响着旧金山和洛杉矶两个地区的住房成本大小，但是对两地工资差异或居民对住房的承受能力的影响却微乎其微。

外来移民对劳动力构成和工资的作用

外籍劳动者在大洛杉矶和旧金山劳动力中所占比重不断增

长，已经构成两地劳动力总体数量中相当大的一部分（表 4.7；Waldinger and Bozorgmehr，1996）。因此，我们需要探究每个地区外来移民构成是怎样影响本地工资的。

大洛杉矶的移民主要指受教育程度较低的拉丁美洲人，而湾区更多的是受教育程度较高的亚洲人（Saxenian，2002，2006）。洛杉矶的外籍劳动者中，很大一部分是墨西哥籍；到 2010 年，洛杉矶每五个外来劳动者中就有一名墨西哥籍从业人员。在洛杉矶的萨尔瓦多人和其他拉美移民人数也相对较多。1970 年，旧金山最大群体的移民来自中国。到 2010 年，湾区最多的移民来自墨西哥，稍多于来自中国和菲律宾的移民。虽然目前旧金山来自墨西哥的移民最多，但在全部移民人口中占比不足 7%，比洛杉矶少多了。表 4.8 表明这些差异如何与日益扩大的移民平均教育水平区际差距产生联系。

表 4.7　活跃在劳动力市场的移民从业人员比例

	1970 年（%）	1980 年（%）	1990 年（%）	2000 年（%）	2005～2010 年（%）
洛杉矶	11	20	32	40	38
旧金山	11	16	28	37	39

资料来源：本表运用 IPUMS 数据进行计算。

表 4.8　活跃在劳动力市场的移民受教育程度

	1970 年	1980 年	1990 年	2000 年	2005～2010 年
洛杉矶	10.6	10.5	10.7	10.9	11.6
旧金山	11.4	12.5	12.5	12.9	13.5

资料来源：本表运用 IPUMS 数据进行计算。

表 4.9　移民工资溢价

	1970 年	1980 年	1990 年	2000 年	2005～2010 年
以出生地衡量的旧金山地区工资溢价					
外籍从业人员工资溢价	6%	18%	27%	60%	65%
本地从业人员工资溢价	5%	5%	10%	45%	47%
拉美裔移民从业人员工资					
洛杉矶	5 085 美元	9 005 美元	14 493 美元	20 231 美元	26 465 美元
旧金山	5 960	11 102	17 383	24 252	31 669

资料来源：本表运用 IPUMS 数据进行计算。

注：地区工资溢价代表旧金山从业人员比洛杉矶从业人员所挣工资多出的百分比。

表 4.9 中，我们想要说明的是这些差距反过来体现在移民的工资里：正如他们在湾区的本地同行，湾区的外籍劳动者所获得的工资也比定居在洛杉矶的移民的工资高得多。旧金山和洛杉矶移民工资的差距增长幅度远远大于两地区本地从业人员工资差距的增长幅度，这与传统的说法一致。如果旧金山吸收了高技能劳动者，而洛杉矶的移民平均技能水平低于本地居民，那么外籍居民的区际工资差异比本地居民的工资差异更大。

那么现在的问题是：不同的移民流是造成不同的专业化和劳动力需求的原因，还是结果？我们再一次回到“先有鸡还是先有蛋”的问题。低技能移民大量涌入洛杉矶而高技能移民则蜂拥而至湾区，出现这一现象的原因是因为两个地区专业化不同吗？或者只是移民对工作机会演化的差异做出的反应？换句话说，大量低技能移民之所以选择洛杉矶是因为它已经位于经济发展的低端路径上了？那么高技能移民被吸引到旧金山是因为湾区创造了如此多的高技能、非常规性工作吗？

为了解开这个谜团，我们需要思考为什么这些地区会形成不同的移民流，并且为什么这些移民流还在不断得到强化？一个常见的解释是强调洛杉矶地区距离边界很近。洛杉矶距离圣思多罗入境口岸北面仅130英里，该口岸将圣地亚哥和提华纳隔开，而且它是美国最繁忙的陆地边界(Bureau of Transportation Statistics，2012)。因此，移民可能因为地理上的便利而选择在洛杉矶定居，但是移民不远万里到达边界，他们中很多人一旦穿越边界便会继续前行进而到达遥远的地方。比如，在美国一些远离边界的地区，包括芝加哥和纽约市在内，生活着大批拉丁美洲移民；2000～2010年期间，北卡罗来纳州、南卡罗来纳州、阿肯色州和亚拉巴马州的拉美裔人口(其中超过半数是外籍人口)增长最快。

在这样的情况下，湾区的拉美裔移民比他们在洛杉矶的同行挣的钱更多(表4.9)。湾区拉美裔移民的工资溢价远在洛杉矶拉美裔移民之上，并且这一数据如此之大、如此持久令人吃惊：1970年的17%；1980年的23%；1990年，2005～2010年期间的20%。考虑到这种持续不断产生的差异，拉美裔移民怎么可能会不再坚持多行360英里路而到达有希望挣到更高工资的旧金山呢？

如今，空间接近的重要程度，可以反映出过去距离对人们来说成本太高，这一论点适用于历史上墨西哥人在洛杉矶地区生活的现象。加州曾是墨西哥的一部分，直到1848年的美墨战争之后，加州才被割让给美国，在那个时期，旧金山和洛杉矶都有大量拉美人，形成墨西哥人及西班牙语混合社区。鉴于历史原因，旧金山和洛杉矶应该是墨西哥移民迁移的目的地，事实上，长期以来都应该如此。因此，牵涉到一个更相关的问题：用什么来解释近来低技能拉丁美洲移民大量涌入洛杉矶而不是旧金山？有迹象表明亚洲人因为湾区有更多的高技能工作机会而被吸引到那里，而拉丁美洲人被吸引到洛杉矶的原因则在于洛杉矶对低技能劳动力的大量需求。

更进一步说，一旦移民到达这两个地区，他们似乎会以不同方式使用和开发他们的技能。表 4.10 显示洛杉矶教育水平高的移民在 1970 年和 1980 年比在湾区的同行工资更高，但是到 1990 年，他们却落后了。接下来在至少受过一定程度大学教育的劳动者的报酬上产生了明显的不一致。拥有大学文凭的移民工资差距最大。2005～2010 年期间，这一类人中的洛杉矶移民所挣到的工资仅是旧金山同行的 3/4。在至少受过良好教育的移民中，我们研究期间这些移民在湾区挣到的工资一直较高。

表 4.10　不同受教育水平的移民从业人员的工资

	1970 年	1980 年	1990 年	2000 年	2005～2010 年
洛杉矶，大学毕业生	10 153 美元	17 981 美元	33 503 美元	45 561 美元	61 171 美元
旧金山，大学毕业生	9 313	17 773	37 081	64 433	87 026
洛杉矶，受过一定大学教育者	7 114	12 441	21 695	28 105	35 477
旧金山，受过一定大学教育者	6 913	12 807	23 107	33 890	41 289
洛杉矶，高中毕业生	6 233	10 904	16 396	21 649	27 319
旧金山，高中毕业生	6 393	11 351	17 726	24 853	30 238
洛杉矶，受过一定高中教育者	5 908	8 713	12 853	17 650	22 079
旧金山，受过一定高中教育者	6 029	9 584	14 343	19 198	23 850

资料来源：本表基于 IPUMS 数据计算。

注：大学毕业生指至少受过四年大学教育的从业人员。

我们如何解释为什么具有相同教育水平的移民在两个地区，

尤其是在过去的20年，所获得的工资会如此不同？一种可能就是教育水平无法反映更多劳动者细微的差别（动机、努力程度或者在职经验）。以这样的思考方式来看，洛杉矶拥有大学文凭的移民跟湾区比较，技能更低、野心不足、不够勤奋。于是，对于所有拥有大学文凭的移民提出了新问题：为什么具有系统性较高人力资本的人们（扎克伯格们！）会选择湾区而不选择洛杉矶？再一次，这些迹象指向专业化差距和将不同种类移民引向两个地区的劳动力需求（Saxenian，2006）。向湾区迁移的较高水平的高技能移民，特别是在科学、技术、工程和数学等职业的高技能移民，可能会对从事这些职业的本地从业人员产生积极影响。佩里（2014）及同事估计这样的外籍从业人员每增长一个百分点，本地受过大学教育的从业人员就会增加七到八个百分点。

具有相似教育水平或国籍的从业人员完成的工作并不相同，这一证据支持上面的解释。在湾区，所有教育水平上的移民执行非常规性任务的比例高于洛杉矶。尽管我们无法测量，但是在两个地区可能存在在工作岗位上“干中学”（learning-by-doing）过程的差异。这些经验效应扩大了初始差异从而导致湾区移民和他们的洛杉矶同行收入之间的分裂不断加剧（De la Roca and Puga，2012；Burdett and Coles，2010）。总而言之，把所有线索汇集到一起后，我们看到的情况是移民虽然是产生工资差距的原因，但并非独立的原因，在很大程度上，移民是对不同劳动力需求的一种回应。

最后一种看法是，两个地区的移民不仅仅是一般的从业人员，他们中还有很重要的一部分是企业家。我们会在第七章分析企业家精神，在这里我们注意到的只是两个地区都拥有很多移民企业家。他们中有的是的经济体中非贸易部门的低收入族群创业者；

有的是贸易部门的高价值创业者(比如在硅谷的企业家)。人均收入数字反映的是所有已经申报的收入来源,而两个地区还可能存在很多种类的未申报收入,但是没有理由怀疑还有任何对地方的偏爱可能改变前面数据所反映的对技能的迥然相异的回报的情况。

今日贫穷,明日会成为更好的机会机器吗?

经济体在时间长河里前行,发展带来的好处不会转瞬即逝,而是一部涵括不同世代和地区的漫长的电影。丹麦是一个富裕的国家,人口增长缓慢,它的高生活水平代代相传,而且每一代人口均等;中国曾经是一个贫穷的国家,它正在将成千上万的人融入发展中,并帮助他们获得到更高的收入。因此中国的任务不仅仅只是增加工作数量,还需要提高人口素质,并随着时间流逝使得素质业已提高的人口群体越来越大。基于这一点,值得我们考虑的是,大洛杉矶的人口规模是湾区的两倍;在 20 世纪的大部分时间里,洛杉矶比湾区吸纳了更多新人口,同时它帮助新迁入的人们提高技能水平和他们的实际收入。

与湾区相比,即使洛杉矶曾经是一个更大的机会机器,但毫无疑问它绝对不是一个更好的机会机器。近几十年里,湾区对低技能移民的融合质量更佳。在表 4.11 中,我们可以通过考察新近各种技能范围移民的工资来确认这一点,表中的"近期"可界定为每一波数据搜集前五年期间到达的人。1970 年,定居在洛杉矶并具有高中文凭及受过一定大学教育的近期移民比湾区的同行挣得更多。但是 1970 年之后,旧金山整个教育频谱上的近期移民皆比洛杉矶同行挣到更高的工资。因此,在他们初到美国的几年里,无论他们原来的技能水平如何，总的来说，湾区的从业人员表现得更好[①]。

表 4.11　不同教育程度的近期移民的工资

	1970 年	1980 年	1990 年	2000 年	2005～2010 年
洛杉矶，大学毕业生	6 506 美元	12 954 美元	23 292 美元	34 596 美元	41 493 美元
旧金山，大学毕业生	6 966	13 839	28 254	58 221	60 295
洛杉矶，受过一定大学教育者	5 066	8 488	14 510	19 495	19 763
旧金山，受过一定大学教育者	4 607	9 859	16 007	27 507	24 640
洛杉矶，高中毕业生	4 658	8 296	11 545	15 620	16 774
旧金山，高中毕业生	4 440	9 297	12 208	18 834	18 394
洛杉矶，受过一定高中教育者	4 732	6 259	8 904	12 128	14 430
旧金山，受过一定高中教育者	5 299	6 689	10 498	12 775	14 983

资料来源：本表基于 IPUMS 数据计算。

注：大学毕业生指至少接受过大学四年教育的从业人员。

表 4.12　不同教育程度的非近期移民的工资

	1970 年	1980 年	1990 年	2000 年	2005～2010 年
洛杉矶，大学毕业生	11 690 美元	19 963 美元	35 915 美元	47 310 美元	56 625 美元
旧金山，大学毕业生	10 282	18 913	39 284	66 230	83 595
洛杉矶，受过一定大学教育者	7 513	13 520	23 180	28 980	32 446

① 即便如我们在第一章所报告的，去掉种族的影响，切迪（2014）及其同事也表明两个地区的代际收入流动性并没有差别。

续 表

	1970 年	1980 年	1990 年	2000 年	2005～2010 年
旧金山，受过一定大学教育者	7 358	13 513	24 538	34 763	37 133
洛杉矶，高中毕业生	6 570	11 710	17 890	22 502	25 561
旧金山，高中毕业生	6 776	11 938	19 233	26 227	29 306
洛杉矶，受过一定高中教育者	6 151	9 782	14 512	18 624	21 096
旧金山，受过一定高中教育者	6 208	10 715	15 735	21 095	26 779

资料来源：本表基于 IPUMS 数据计算。

注：大学毕业生指至少接受过大学四年教育的从业人员。

不幸的是，我们缺乏两个地区二代移民经济收入的详细数据，但是切迪(2014)及其同事证明两个地区的代际收入流动基本相等。另外，我们可以测量已经在美国居住了较长时期的第一代移民的工资。表 4.12 估量了已经在美国居住五年以上的移民的平均工资。在 1970 年和 1980 年，更高技能的非近期移民在洛杉矶挣到的工资比旧金山略高。但从 1990 年左右开始，在美国居住至少五年的任何技能水平的移民在湾区的预期平均收入比居住在洛杉矶的同等教育水平者更高。总之，就从业人员而言，近年来对于最高技能劳动者的预期工资差距尤其大。因此，虽然大洛杉矶给绝对数量的移民提供了机会，但很多年来旧金山也吸纳了相对于总体人口来说大体相似比重的移民，而且它提供了更高质量的机会，从业人员得到了更高的工资和实际收入。

移民效应是暂时的吗？

在洛杉矶，来自于拉丁美洲的移民数量似乎在 1990 年和

2000 年之间达到巅峰(Myers et al., 2010)。虽然美国和很多南方城市的移民人数仍然在上升,但是早在此之前大批移民便开始涌向洛杉矶、旧金山和纽约之类的门户城市(Painter and Yu, 2009)。移民人数在这些门户城市达到顶峰然后再继续在别的地方增长,这一点并不令人惊奇。洛杉矶 2009 年的年度移民人数比 1980 年低 20%,而同一时期美国总体移民人数却增加了 82%,加州增加了 20%。表 4.13 显示,与旧金山相比,20 世纪 80 年代,洛杉矶的移民潮上升更快,而后在 20 世纪 90 年代却急剧下降。

表 4.13 移民时间和移民高峰

	近期移民在所有移民中的比例 1980～1990 年(%)	近期移民在所有移民中的比例 1990～2000 年(%)	近期移民在 1990 年人口中的比例(%)	近期移民在 2000 年人口中的比例(%)
洛杉矶	29.7	17.5	8.1	5.4
旧金山	26.0	22.5	4.2	6.1
纽约市	24.0	21.7	4.7	5.3

资料来源:佩因特和俞,2009 年。(Painter and Yu,2009)

迈尔斯(2010)和同事指出,由于移民高峰过去,加州移民的年龄和来源结构正在快速变化:加州的移民日渐老龄化,越来越多的移民来自说英语的国家,而且他们自有住房水平和收入也在逐日上升。相比之下,南部、西南部和东部沿海地带的各主要新移民州和城市的移民人数仍然在上升,而这些地方的移民综合指标却落后于加州。来自于拉丁美洲的移民潮高峰和下降能在什么程度上影响我们对洛杉矶和旧金山的经济分化的解释?随着移民的步伐放缓,不管是在洛杉矶还是旧金山,来自拉丁美洲的教育水平低的人口带来的对工资的向下效应也将降低。这无法解释收入分化,因为洛杉矶较早时期的移民高峰本应该帮助洛杉矶赶上旧金山,很大比重的移民有更多时间获得技能并使之成为综合技能。没有理由相信，是因为洛杉矶较早的低技能移民高潮，使之向下发展，并且跟旧金山的差距越来越大。

地区工资溢出

理论上说，还存在工资分化的另一个可能方面。地区经济体中核心贸易专业化部门的高工资可能影响其他贸易部门从业人员的工资；这是切尼兹（1961）的研究主题之一，我们已在第二章讨论过。巴尔季克（2012：56）明确说明了美国都市地区的这种情况：

> 当本地额外1%的人口获得大学教育，该经济体中人均平均收入的上升会比所预期的那些教育水平提高的人口对直接收入的影响高出两倍。这究竟是怎么回事？在企业内，从业人员的技能会有积极的溢出。我的工友较强的技能使得我的雇主更容易引进新技术，从而提高我的工资。在所有企业中，从业人员的技能可因为集聚经济而产生积极的溢出。在一个地方集群里，企业因为窃取其他企业从业人员的创意或者得益于熟练供应商网络而提高本企业从业人员的工资。

在贸易产业工资和本地服务部门工资之间也会发生溢出现象，这一现象被称为“巴拉萨-萨缪尔森效应”（1964）。通俗地讲，它回答了以下的问题：为什么在纽约理个发比在上海贵得多（假设纽约和上海的发型师理发手艺一样好）？可接受的答案是纽约的专业化贸易产业的平均工资和生产能力比上海的贸易部门高。随后，通过各种复杂机制设置两个经济体之间的兑换率，纽约当地的服务性部门的名义工资也高于上海。一些经济学家认为巴拉萨-萨缪尔森效应是通过贸易部门较高工资的连锁效应及每个人都要面对的土地和产品价格而在地区层级上起作用的（Moretti，2012）。本章所提出的证据与这样的解释是一致的，通过本地区较大且较高工资的核心部门的溢出效应，湾区经济体的整体工资正与日俱增，而洛杉矶却未能做到这点。

结论：专业化和劳动力需求造成工资分化

在这一章，正如一个侦探运用取证方法调查案件一样，我们调查了洛杉矶和旧金山都市地区的劳动力市场的差别是如何引起工资分化的。我们利用城市经济学、劳动经济学、区域科学及其他领域的各种假说追踪线索，大部分证据指向一个结论：劳动力需求差异和专业化引起两个都市地区从业人员的机会分化，继而形成每个地区的移民动态图。在此过程中，需求变化是过去的“鸡”，而供给变化则是现在的“蛋”。

随着 20 世纪 80 年代以后洛杉矶的高科技产业下滑，硅谷应运而生，一跃而成新经济的中心，湾区的教育回报率领先于洛杉矶，随时间变化这种差距逐渐扩大。这一解释符合大部分地区样本提供的证据；积极的劳动力需求的冲击不仅仅带来向内人口迁移，而且冲击的一些部分也会转化成长期的较高就业率和长期的工资增长（Bartik，2012：553）。两个经济体中相似教育水平的从业人员现在得到的报酬如此不同，主要原因在于湾区抓住了新经济的机遇。更进一步说，为什么在供给积极而富有成效的从业人员方面，湾区与其他地区的差距日益扩大？唯一合理的解释就是，这些人看到湾区新经济提供了很多机会，因而迁往那个地方。就湾区和洛杉矶的咖啡馆、阳光和房地产的质量和数量的差别而言，它们的影响力远远未达到能够形成不同移民模式的程度。虽然整体移民流构成的差异与工资差异一致，但是它们不能被当作是分化背后独立的驱动力。还有，旧金山通过积极转换其生产力基础，从而形成积极的创造地区劳动力的滚雪球过程，但它并非唯一的案例。波士顿、纽约、西雅图、明尼阿波利斯和华盛顿 D.C.都是类似的案例。

最后，还可能存在一个重要的分化源头，而这个源头是我们无法直接测量的：每一个地区劳动力市场的经验和学习过程（De la Roca and Puga，2012）。从技术角度讲，虽然在实证分析中，我们控制可观察到的生产能力的个体水平差别，包括民族、年龄、性别、移民身份、教育等等的差别，但是每个地区劳动力市场的经验可能会帮助起初水平相似的人们渐渐获得不同的真正技能，并使得工资差距越来越大。

如果将所有线索集中起来，我们可以看到，湾区和洛杉矶现在给大量从业人员群体提供了不同的发展机会。这让我们回想起本书开篇提到的一个观点：人们所处之地至关重要。一个经济体中贸易产业专业化的质量对人们的生活机遇及个人发展将产生持久的影响（Sampson，2012；Moretti，2012）。

第五章　经济专业化：通向变革之路

湾区和洛杉矶之间出现分化并非两个地区的产业、企业和企业家有意而为之。它们曾面临旧经济重组的挑战，也曾得益于新经济带来的新机遇，但是它们却采取了完全不一样的行动。它们的成功和失败扩大了两个地区之间的收入差距，这一点在两个地区各自擅长的领域以及专业化的性质中尽显无遗。

接下来，我们提供了娱乐、航空、信息技术、物流和生物技术的比较案例分析。我们的目的是寻找这些部门发展的重要转折点，并论述每个地区经济体是如何应对这些转折的。就信息技术产业而言，在该产业的前身如何影响其技能和组织实践方面，两地存在差异：洛杉矶信息技术产业的前身是航空航天业，湾区该产业的前身是通信业。在生物技术上，湾区兴起一种科技型资本主义的新形式，洛杉矶却没有；当洛杉矶的娱乐产业为应对外来冲击而重塑自己时，一种项目式的网络资本主义新形式出现了。在物流方面，洛杉矶建立了有效的公共政策联盟，并且巩固了它作为西海岸主要的国际交通枢纽的地位。

西海岸的高科技

20 世纪 90 年代,美国国防部在冷战结束之后缩减军需,从而导致洛杉矶航空航天产业业务急剧下降,伴随而至的是大洛杉矶在都市地区排行榜上的名次迅速下滑。表 3.2 表明 1970 年南加州的航空航天集群雇用了 10 万名从业人员,占地区劳动力近 3.5%,到 2010 年,雇用从业人员人数下降到不足 5 万人,只占地区劳动力 0.9%。更广义的航空航天集群说明,在 1970 年跟该产业紧密相关的部门或经济活动雇用了大约 35 万名从业人员,约占地区劳动力 8%,而 1990 年这一数字下降到 27.1 万。然而,到 2011 年,这个数字被削减到只有 8.84 万(下降了 68%),损失的 14.2 万大多是高薪工作。1990 年,航空航天业裁员的 25%是工程师或科学家(Thomas and Ong, 2002)。

虽然五角大楼采购的集中特点使得航空航天产业存在内在不稳定性,但是自 1990 年以来的衰落比过去更加持久,而且也更加深刻,现在看起来这是永久的衰落(Dardia et al., 1996; LAEDC, 2012)。冷战结束时,从 1988 年到 1996 年,国防开支从 3 340 亿美元下降到 2 400 亿美元。2011 年,国家航空航天部门工作岗位在南加州的份额(包括圣地亚哥县)从 25%下降到 14%,这是因为该产业在地理上的重组更有利于华盛顿州、得克萨斯州、亚利桑那州、佐治亚州、俄亥俄州和伊利诺斯州。舍涅(1996)及同事发现在加州失业的航空航天部门从业人员中的 63%在他们获得的下一份工作中挣到更高的工资;9%的航空航天从业人员离开加州,在别的地方找到工作。2010 年,这个地区还拥有几个大型军事装备项目,如波音的 C17 飞机(于 2015 年终止)、F35 联合攻击机机身制造以及 F-18,这些项目生产价值的 40%位于大洛杉矶。现在仍然有为其他地区的军用和民用飞机和导弹制造提供配套的大型零部件产业,以及依赖于该地区技术能力建设的日益增长的无人机产业,这些产业有希望创造就业机会(Kleinhenz et al., 2012)。2011 年,洛杉矶县的普通航空航天从业人员还能挣到 8.8 万美元的工资,大约是整个县从业人员平均工资的一倍。但是航空航天业衰落在洛杉矶人均收入问题中的直接作用常常被夸大了。第三章表明如果洛杉矶没有经历 20 世纪 90 年代航空航天业衰落的打击,该地区的人均收入应比实际数字高 2.37%,但是我们现在要论证的是,航空航天业的衰落只是洛杉矶在更大范围上失败的一个征兆:洛杉矶在开展新经济所要求的高端组织实践上失败了。直到 20 世纪 90 年代的冲击之前,大洛杉矶地区的航空航天企业还在积极进取,把握技术和商业市场机遇。在引发计算机革命,尤其是在运用于导弹、航空制导系统和通信等技术方面,洛杉矶县的航空航天集群曾是具有领先优势的创新者。

20 世纪 90 年代究竟发生了什么变化,使得洛杉矶未能成功地适应新形势?要回答这个问题,我们需要回到南加州高科技的根源问题上。

航空航天的根源:洛杉矶高科技动力源泉

洛杉矶的军事装备产业源自于飞机制造业,这是一个精密机械工程部门。从莱特兄弟在俄亥俄州的发明中获得灵感的格伦·马丁于 1909 年在圣安娜设计并制造了自己的飞机(Simonson, 1968)。马丁一鼓作气建立了自己的公司格伦·马丁公司。1915 年,马丁的公司聘用了来自东海岸的年轻工程师唐纳德·道格拉斯;后来马丁的公司与莱特兄弟的公司合并,创设了总部设在俄亥俄州的公司;道格拉斯稍后回到洛杉矶建立了以自己名字命名的公司。1916 年,两位飞机爱好者、北加州人洛克希德兄弟前往洛杉矶,并于 1926 年在好莱坞成立了洛克希德飞机制造公司(Cunningham, 1951)。他们聘用了另一位东海岸工程师杰克·诺斯罗普,此人后来运用自己的单体横造法引发了飞机框架设计的革命(Simonson, 1968; Bloch, 1983)。

这个地区的一些社会名流们认识到飞机制造业的潜力。在世纪之交,哈里·钱德勒——创办《洛杉矶时报》(*Los Angeles Times*)家族的成员之一——是组织建设圣佩德罗港口以及欧文斯河水渠(这条水渠将水从加利福尼亚州中部引入洛杉矶市)的关键人物,他对圣费尔南多山谷的发展也起到重要作用。一战后,钱德勒和他的支持者们开始不遗余力地将飞机制造业引入洛杉矶,他做了很多工作,包括在本地区为飞机制造商营造良好的氛围,为道格拉斯飞机制造公司集资,这为我们今日所说的风险资本融资提供了一个早期范例(A. Scott, 1993; Lotchin,1992)。钱德勒财团也资助了跨大陆航空公司(TWA)的前身西部航空快运。洛杉矶商会迫使该市修建了"超级机场",包括一个飞机场和生产设施在内,这就是现在的洛杉矶国际机场(LAX)。时至今日,LAX 仍然与飞机制造业的工程和制造带相毗邻,这一地带包括从埃尔塞贡多到洛杉矶县南海滩的一些城市。1927 年,另一位公民领袖出现了,他就是罗伯特·密立根,罗伯特得到古根汉姆基金会的赞助,创建了加州理工学院古根汉姆航空实验室,这个实验室后来发展成为位于帕萨迪纳的喷气推进实验室。密立根坚信洛杉矶会成为飞机制造业的中心,他聘请西奥多·冯·卡门到加利福尼亚理工学院任职,冯·卡门在这里开始了致力于火箭和火箭助推起飞研究工作。1944 年,冯·卡门受命为美国陆军航空队写作了"通向新地平线”报告，在报告中他倡导保持“科学工作者对空军问题的永久兴趣”(Rae，1968：1196)。冯·卡门的报告奠定了1946年道格拉斯飞机制造公司支持创立的空军RAND项目的基础，1948年又衍生为独立的非营利性公司，该公司位于圣莫妮卡，与美国空军签署合同并致力于技术和战略研究(Kucera，1974)。

致使洛杉矶县成为世界航空航天集群领头羊的决定性转折点包括两次飞机设计的技术突破：1933年洛克希德推出的L－10伊莱克特拉型运动机；以及1935年的道格拉斯DC－3运输机(A. Scott，1993；Scott and Storper，1987)，这两种飞机在性能和速度上都大大优于当时的飞机，商用飞机市场也做出积极响应。1933年洛克希德的飞机占整个市场飞机销售量的10.6％，而道格拉斯的则占1.2％；到1937年，洛克希德占32.8％，而道格拉斯占到59％。二战期间飞机需求量大幅增长时，洛杉矶成为美国陆军部的主要供应者。洛杉矶飞机制造业的就业人数从1939年的15 000名从业人员上升到1943年的190 700名(A. Scott，1993)。二战结束时，飞机制造业遭受了众多外部冲击中的第一次冲击。在国家层面，政府取消了价值210亿美元的合同(Leslie，1993)。到1948年，地区飞机制造业就业人数已经减少到44 600名，比战争高峰时期下降了76.6％(A.Scott，1993)。然而，这种衰落很快就被冷战的开始打断，原因在于20世纪50年代原子弹投射能力的主要支柱还是轰炸机，朝鲜战争也产生了对战斗机的新需求。

20世纪50年代初期，国防技术经历了一场革命。1953年，华盛顿的国防部门得出的结论是导弹将是未来的技术，因为那时兴起的热核武器重量很轻，用导弹传输即可，无需轰炸机。国防部长查尔斯·威尔逊设立了“茶壶委员会”(Teapot Committee)，其任务就是报告生产洲际弹道导弹的可行性。面对这样的机遇，洛杉矶飞机制造业完成了从机身制造到导弹及其制导系统的第一次技术转换。

从航空到航天有两种技术转换:从机身到导弹制造以及从航空通信到导弹制导。休斯飞机制造公司雇用了西蒙·拉莫和迪恩·伍尔德里奇,他们两人在公司内部构建了先进的电子能力,因此休斯公司渐渐成为技术型大学毕业生的最大聚集地,那个时期的休斯是除新泽西州贝尔电话实验室之外,博士人数最多的工业机构。到20世纪50年代末,加州20%的电子业务由休斯单独完成(A. Scott, 1993)。拉莫和伍尔德里奇离开休斯后创建了拉莫-伍尔德里奇公司(后来成为汤普森-拉莫-伍尔德里奇公司,TRW),为ICBM项目提供系统工程和技术指导。随后他们开发了提坦,也就是阿特拉斯助推制导系统,以及索尔中程导弹。设立在圣莫妮卡的RAND主导冷战的战略设计,这体现在阿特拉斯、提坦、索尔和朱庇特项目的扩张上,这些项目大多属于设立在洛杉矶的公司。这些导弹的制导系统需要半导体,这一产业的工程师们将他们的技术转换成定制芯片技术。1960年,洛杉矶的企业运用内部设计制造出复杂的芯片,生产的半导体比湾区更多(Klepper, 2010; Kolko, 2002)。

航空和航天业遍布大洛杉矶地区[①]。人们对航天的兴趣越来越浓厚,航天文化风靡整个南加州,正如后来信息技术成为湾区领导人考虑的一个普遍元素,也是湾区经济的重要部分,南加州的航

---

① 航空航天业遍布大洛杉矶地区,其核心位于洛杉矶沿海,从圣莫妮卡到帕洛斯弗迪斯之间的各县,包括托伦斯、霍桑、英格尔伍德、卡尔佛市、埃尔塞贡多、曼哈顿海滩、赫莫萨海滩、雷东多海滩以及长滩。但是它也包括了该地区一些偏远的地方,比如圣费尔南多山谷(洛克希德位于范奈斯和伯班克)、伍德兰山和卡诺加公园、圣盖博和波莫纳峡谷(Aerojet在阿组萨、波莫纳的美国北部)、羚羊谷(靠近爱德华空军基地);洛杉矶以航空航天为主导的传统制造业地带(唐尼的北美航空公司),以及休斯和其他公司在橙县的富勒顿和阿纳海姆建立的分工厂。航空航天业的最高管理层驻留在帕洛斯弗迪斯,其中少数管理者驻留在上圣莫妮卡,后来又集中在长滩的富人区。

空航天产业也衍生出大量创新活动，这些创新并非航空和导弹业原计划的组成部分，但在整个地区经济中却很普遍（Klepper and Sleeper，2005）。例如，ICBMs 需要卫星，但是卫星制造出来后却用于其他目的，与此相似，西部电气公司研发半导体的目的是解决美国通信系统的交换问题，但是半导体后来却用于计算（Flanigan，2009）。洛杉矶地区还为 NASA 研发航天探测器，探测器需要先进的通信系统以将探测到的信息传输给地面。为了提高这些传输信号的质量，工程师们创造出蜂窝电话和无线通信。那些引用率极高的作者在很大程度上忽略了这样的动态发展和复杂性，他们认为 20 世纪 40 年代的国防产业结构缺乏组织应变力，或者国防产业的技术产出只局限于国防部授命生产的产品上（参见 Kaldor，1982；Markusen et al.，1991）。

湾区高科技之根源：通信

硅谷电子产业起源于 20 世纪之交的无线电爱好者们（Sturgeopn，2000；Lecuyer，2006；Rao and Scaruffi，2011）。1908 年，西里尔·埃尔维尔，一位毕业于斯坦福大学的狂热的无线电爱好者，获得了弧式发送器的美国专利权，这一发送器是在丹麦发明的。仅在马可尼在英国进行第一次无线传输之后十年，埃尔维尔的弧式传送器就超越了当时的无线电技术，它可以远距离发送更清晰的信号。埃尔维尔的公司联邦电报公司部分创建资金来源于斯坦福大学，它比其他无线电生产商抢先一步成为美国海军在二战期间的主要供应商，为海军提供船对船和船对陆地通信系统（Sturgeon，2000；Lecuyer，2006）。

1906 年，李·德·福雷斯特在芝加哥发明电子管，引爆“电子时代”。四年之后,他去了旧金山,并在那里继续研发技术。他的发明克服了弧式传送器在范围和质量上的很多问题。20 世纪 30 年代期间,埃特尔-麦卡洛和利顿工业公司成为新兴功率管的主要生产商,这种功率管就是后来的微波管。这些电子元件除了用于无线电通信领域,还为雷达系统奠定了基础(Lecuyer, 2006)。弗雷德里克·特曼是孕育硅谷的关键行动者,他是老查尔斯·利顿的密友,两人一起在斯坦福大学开发了一个电子管工程的项目。特曼聘请利顿在大学教授电子管制造课程,而利顿捐赠了 1 100 美元给斯坦福的电子工程系以支持这个项目。特曼还资助自己的两个学生戴维·帕卡德和威廉·休利特创建他们自己的公司。

作为一位教授和电子工程系系主任,特曼在斯坦福期间率先倡导了学术界的三项重要变革。首先,他鼓励斯坦福大学建立斯坦福大学研究所(现在更名为 SRI International),旨在“从实际利益出发探索科学,这可能同大学的传统角色不完全相符合”(Saxenian, 1994:23)。其实,1945 年 8 月,洛克希德公司的莫里斯·内勒斯、莫兰·A.维塞尔、厄内斯特·L.布莱克就在洛杉矶首次尝试建议创设名为太平洋研究基金会的研究所,但是这一想法未能付诸实践;同年,当时伊利诺斯理工学院校长亨利·T.希尔德写了一份报告,试图建议在西海岸建立一所与斯坦福大学紧密联系的研究所,最初的拨款是 50 万美元(合现在的 1500 万美元),但是这个想法仍然未能实施。特曼在斯坦福进行了第三次尝试,最终成功创立了 SRI。

特曼的第二个革新之举便是动员斯坦福大学通过“荣誉合作项目”,向当地公司开放课堂。特曼的第三个创举是推动斯坦福工业园区成立,这是全国第一个大学工业园区,它成为研究者们创立企业的有组织的孵化器。社会学家沃尔特·鲍威尔和约翰·帕吉特称特曼为“强有力的行动者”：他通过自己的行动改变了一个组织领域，并带来超越他的意图的良好效果(Powell and Sandholtz, 2012; Padgett and Ansell, 1993)。

在硅谷案例中，还有其他一些强有力的行动者。1948 年，新泽西的贝尔实验室的三名科学家，其中有威廉·肖克利，发明了半导体电子信号的第一个小装置晶体管。晶体管是以导线为基础的微型电路，它开始在很多产品中代替电子管，但是它的目标不仅仅如此，而是获得更小巧更大功力的大半导体特性；到 1954 年，很显然下一种形式的晶体管将以新型电阻材料(如锗或硅)为基础，而且电路应该嵌入装置里面。1955 年，肖克利回到帕洛阿尔托，组建了肖克利晶体管公司，据说他这样做的目的是希望距离居住在门洛帕克的年迈的母亲更近一点。这是近期经济发展地理学上出现未曾预料的结果的最有力的例证之一，肖克利的公司吸引了很多天才工程师。然而，肖克利公司的八名工程师，即所谓的“八叛徒”却对肖克利的管理风格不再抱有任何幻想，加之忍受不了肖克利乖戾的性格(他常常当众发火)，于 1957 年离开肖克利，创建了仙童半导体公司。起初，这八名叛离者迫切地想要一起找到一份工作并留在湾区。正当他们苦于无法为自己这个团队找到一位雇主时，却有幸得到纽约银行家阿瑟·洛克的帮助，洛克帮助他们联系上来自罗彻斯特的投资家谢尔曼·费尔柴尔德，八人借助这一机会创建了自己的公司(Lecuyer, 2006)。这开启了硅谷随后高水平跳槽制度化之先河，这种方式激励了知识流通，因此也被看成是硅谷的力量之源(Fallick et al., 2006)。

仙童用这种方式改变了湾区的半导体产业，公司在两个方面对这个地区产生重要影响。首先，就像几十年前洛杉矶的洛克希德和道格拉斯一样，仙童进行了突破性创新。直到这个时候晶体管一直都是用锗这种材料制造的，但是硅成分具有更好的抗高温性能，仙童率先在平面制造过程中采用硅原料，并创造了集成电路。其次，仙童衍生出 24 个子公司，其中最大的有英特尔、国家半导体公司和超微半导体公司（AMD）①。这也催生了硅谷两个相生相伴的特征：衍生公司和劳动力流动。

由于硅谷的衍生公司增长迅速，它从洛杉矶和其他美国高科技集群中脱颖而出。1957～1986 年间，全美国半导体产业有 91 家子公司，其中 79 家位于硅谷（Klepper，2009）。2010 年，圣何塞-阳光谷地区在 IT 业人均创业上名列美国大都市地区榜首，其实早在 1990 年，它就已经获得这样的地位了。相比之下，橙县在 1990 年名列第五，但是到 2010 年，它甚至难以跻身前二十名（Stangler，2013）。

直到 20 世纪 70 年代，湾区和洛杉矶（乃至全国）的半导体主要客户皆是国防部。国防部的需求是不稳定的，并被证明是 20 世纪 60 年代军备需求减少期间产业崩溃的缘由，这种衰减以那时的国防部长罗伯特·麦克纳马拉的名字命名为“麦克纳马拉萧条”（McNamara Depression）（Kucera，1974）。早至 60 年代，硅谷的企业就积极寻求商业客户，这与它们在洛杉矶县的老同行形成鲜明的对比。60 年代初期，仙童主要是一个正在寻找市场的半导体公司，而洛杉矶的半导体制造商们所从事的工作主要为工程导航和通信系统制造定制芯片。与他们的洛杉矶同行不同，硅谷的公司积极行动，力求降低半导体价格，并使之商业化，让它们更适合

---

① 仙童半导体公司最初从位于纽约的仙童相机公司获得投资。谢尔曼·费尔柴尔德提供了这笔钱，他的条件是，如果公司盈利了，他能以每人 300 000 美元的价格购买八名创始成员的资产净值。在三年之内，他买下了全部创始成员的所有产权，这使得很多工程师离开公司自创企业（Kenney an Florida，2000b；Klepper and Sleeper，2005）。

不同的终端用户。

20 世纪 70 年代伊始湾区信息技术霸主地位的巩固

1971 年，Intel 发明微处理器，迎来私人用户消费得起的微型计算机时代。这促进了硅谷下一次从芯片到计算机的技术转换，计算机的体积随着个人计算机的出现进一步缩小。最早的个人计算机可以追溯到阿尔托，阿尔托是施乐公司帕洛阿尔托研究中心（PARC）创造的不针对市场生产的产品，IBM 生产的商业化 IBM 个人计算机紧随其后。施乐是苹果电脑的早期投资方，先锋阿尔托影响了苹果 Macintosh 的设计方向。

IBM 个人计算机掀起了计算机革命，1981 年，公司成立仅仅三年内就销售了 100 万台个人计算机。IBM 的几项决策对计算机产业产生了深远影响。首先，在经历了反托拉斯诉讼案之后，IBM 决定使用现成的组件制造计算机。IBM 还向它的产品的竞争者们公开产品规格，使它们能够复制和模仿自己的机器。总的来说，广泛可用的通用零件和机器设计催生了新兴的个人计算机克隆产业。这样一来，很多在硅谷设立的公司，包括惠普、太阳微系统在内，纷纷进入 PC 产业，同样，一些该地区以外的生产商，其中有康懋达、康博、戴尔、IBM 和好利也进入该产业（Saxenian，2000）。

与计算机一起到来的当然还有对操作系统和软件的爆炸性需求。软件产业会在什么地方集聚这一点还不明显，而洛杉矶拥有早期软件业。20 世纪 60 年代末期，设立在洛杉矶的计算机科技公司是美国最大的软件公司，也是纽约证券交易所的上市公司。IBM 也从一个年轻的西雅图程序设计师蒂姆・帕特森那里为自家的 86 - DOS 个人计算机购买了一个操作系统。1981 年，比尔・

盖茨购买了 86 - DOS 的所有权并聘用帕特森,帕特森将 86 - DOS 发展成 MS - DOS,后来成为 IBM 个人计算机的操作系统。20 世纪 90 年代早期,IBM 是全美软件公司的领头羊,它的总部设在纽约北部。位于西雅图的微软拥有产业标准操作系统,以此为基础开发软件。虽然这些主要企业分布在其他地方,硅谷仍然是美国最大的软件集群所在地。湾区的软件供应结构无可比拟,因此大型公司往往从硅谷寻找它们的软件开发的灵感,然后在此基础上进行自己的常规研发工作。

风险资本的涌现

随着新思想的出现,产业系统常常遭遇发展的瓶颈,原因是新思想所需要的服务和投入并不存在,于是,新思想促使新兴企业创业以满足这些需求。这并不局限于直接生产,有时候新兴企业不断发展,需要新型组织和行动者来促进新兴生产体系的运行(Ferrary and Granovetter, 2009; Samila and Sorensen, 2011; Kenney and Patton, 2005)。这些组织汇集不同种类的人力、财力、技术和管理资源及技能,历经反复的试验和错误。这种资源和技能的新型结合常常由新型中介或中间人聚拢在一起(Feldman and Zoller, 2012)。在硅谷,风险投资家是主要中间人;而在好莱坞,就像我们很快就将看到的一样,中间人是经纪人、专业律师及一些独立投资人。1995 年,美国风险总投资量的 23%是在硅谷进行的;到 2013 年,这个份额大约是 40%。在洛杉矶,20 世纪 90 年代初期,这一份额大约是 5%,2013 年大约为 6%。

一般认为最早的四家风险投资公司是 J.H.惠特尼、美国研究与开发公司、产业资本公司和太平洋海岸公司。前两者来自于东海岸，而后两者则位于湾区。20 世纪 30 年代以来，惠特尼公司的创建人一直在诸如电影、橙汁生产和食品加工等领域投资。1946 年，乔治・道瑞尔特在马萨诸塞州创办了美国研发公司（ARDC），他的成功来源于 1958 年对波士顿的数字设备公司（DEC）的投资。ARDC 是第一家机构型风险资本公司，它不是由富裕的私人投资人赞助的。道瑞尔特继续进行很多投资活动，其中包括创建法国顶级商业学校欧洲工商管理学院（INSEAD）。仙童创办之初，得到私人投资者（谢尔曼・费尔柴尔德）的支持，而后在 1959 年再次获得文洛克公司的投资，文洛克公司也是由富有的个人创办的（最初以洛克菲勒兄弟及其公司为名）。20 世纪 60 年代，其他企业则得到来自东海岸的投资人的资助，其中包括威廉・德雷柏和苏特・希尔。

因此，硅谷就像一块磁铁，把早期风险资本家从别的地方吸引过来，然后衍生和模仿过程变得越来越本地化。那些早期投资高科技的成功，比如道瑞尔特对 DEC 的投资、文洛克对仙童的投资，生动地说明半导体产业的出现带来了各种机会。然而，模仿却越发本地化了。仙童扮演着风险资本培养器的角色，1972 年，仙童前雇员尤金・克雷纳和唐・瓦伦丁一起在沙丘路创建了克雷纳柏金斯及资产管理服务公司，后来演变为红杉资本（Castilla，2003）。红杉转而成为苹果公司和雅达利公司的早期投资方。最初的需求吸引风险资本家来到硅谷；而风投资本家们最初的成功增强了他们对技术产业的兴趣；技术产业的内部知识促进了本地衍生公司的发展，衍生公司的成功反过来又带来更多对硅谷的模仿和地理集中，尤其是门洛帕克的地域集中（Zook，2002），但是洛杉矶从未经历过这样的过程。20 世纪 50 年代末期和 60 年代初期，洛杉矶生气勃勃的技术产业是由不需要外部资本的大公司构成的。

互联网的崛起

20 世纪 60 年代初期，麻省理工学院的莱昂纳多·克莱因洛克、（洛杉矶）RAND 公司的工程师保罗·巴兰，以及联合王国国家物理实验室的唐纳德·戴维斯共同向美国国防部提出通信网络的基本设想，即建立阿帕网。这个设想就是创建一个分布式通信系统，这样即便系统的个别节点遭到攻击，整个网络也不会瘫痪。克莱因洛克负责网络的关键技术组成部分的开发，这一部分就是数据包交换（在网络中信息通过分割成不同的数据包和以节点为中心分流而转移）。20 世纪 60 年代中期，克莱因洛克前往加州大学洛杉矶分校，最初的网络得以建立，并连接起三所大学（加州大学洛杉矶分校、加州大学圣芭芭拉分校和犹他大学），一家咨询公司（BBN）以及斯坦福研究所。1969 年，克莱因洛克安放在加州大学洛杉矶分校的计算机成为首个互联网传输的主机（Mowery and Simcoe，2002）。在开发一系列更广泛的互联网实践方面，洛杉矶一跃而成互联网的早期领袖。正如莫厄里和西姆科（Mowery and Simcoe，2002：1374）所言：

> 互联网的扩散依赖于一套灵活并且反应灵敏的治理制度的设立。大多数这样的制度都可以追溯到一个名为“请求注解”（RFC）的文件提交过程，这是在 1969 年一名叫斯蒂芬·克罗克的加州大学洛杉矶分校计算机科学专业毕业生发起的。“请求注解”的使用迅速普及，后来另一名加州大学洛杉矶分校的毕业生乔恩·波斯泰尔担任这些系列文件的编辑，他在此颇具影响力的职位上任职多年。

然而之后的互联网协议的发展阶段却离洛杉矶而去。1972年互联网络协议(TCP/IP)开发成功,这使得信息广为传播。那时候已经有技术先进的可以发送信息的欧洲网络,以及国防网络和美国国家科学基金会网络。当美国的网络变得更大时,它们的通信量会以指数级增长,这时就需要服务器的技术来破解不断涌现的瓶颈,以TCP/IP和以太网为代表的开放平台解决了瓶颈问题。几个新加入互联网行业的网络公司思科、海湾网络和3Com大力开拓基于这个开放的网络体系结构的产品销售业务,这些公司都建在旧金山湾区。而后在20世纪80年代末期和90年代初期,互联网只限于非商业领域和公共用户使用的规定松动了。在那个时候,效力于位于日内瓦的欧洲核子研究组织(CERN)的英国工程师蒂姆·伯纳斯-李将超文本系统、域名系统及传输控制协议——三者皆已存在——结合起来创建了他所谓的万维网。伯纳斯-李写出一种标记语言,设计制作出被称作超文本标记语言或HTML的网页,同时还设计出最早的网页浏览器和服务器软件。那些专门从事大规模数据处理和数据交换的公司已经设立在硅谷,因此这些突破性创新对硅谷的公司,尤其是雅虎和网景更有利。

然而,另一个瓶颈是如何让互联网用户高效快捷地在网上寻找到他们需要的东西。早期的搜索引擎如Excite,AltaVista和HotBot都推进了网页搜索,但是没有一家公司盈利。1996年,斯坦福的两名博士生拉里·佩奇和谢尔盖·布林率先推出一款新型搜索工具,他们后来将其称为谷歌。其他很多搜索工具按照搜索关键词在页面上出现的频度给网页排序,与它们不同的是,谷歌通过测量一个既定网页链接的数量和质量来决定相关度。

信息技术：为何不是洛杉矶？

在发展过程中不断创造，并解决问题，兼收并蓄，采别处之长并将之置入商业化的体系，硅谷的故事令人惊叹，也是近半个世纪以来最具有代表性的经济发展故事。常言道"胜利者书写历史"，在这个案例中，似乎意味着硅谷的发展路径是必然的。然而，正如我们对洛杉矶高科技的考察说明的，该地区的企业是半导体产业的早期领袖。在某种程度上，早期波士顿地区在半导体和计算机产业也具有领袖地位（Saxenian，1994），在互联网产业上，一些欧洲企业和研究组织也是这样的。

回顾过去，可以看到洛杉矶目前在信息技术上的低微地位，与它从飞机制造向航天业过渡过程中开发的组织实践不无关系，而这又是以 1955 年采用的"武器系统"采购理念为基础的。通过这种方法，主要的或"最好的"承包商不仅开发和制造飞机机身，而且也融合了导航和其他系统，并组装和测试整个系统（Harlan，1956）。武器系统，反过来，又与"并行控制"的采购系统形影相随，这种采购系统同时完成武器系统各部分的采购，从而需要集中管理和咨询。这样并行且完整的系统合同有极其丰厚的利润，驱使该地区其他主要的飞机制造商，如道格拉斯和休斯，进入导弹制造以及电子业，进行多元化生产（Peck and Scherer，1962）。

1955 年伊始，大洛杉矶高科技综合体的组织结构以及该地区企业行为趋向于大规模的垂直一体化研究、研发和生产，渐渐远离形成于航天业阶段的开放而高度多样化的承包和外包网络。这种组织形式和实践的变化极有利于洛杉矶经济体，但同时也为洛杉矶在 20 世纪 70 年代难以进入信息技术经济体埋下伏笔。这并非传统意义上的垂直一体化，而是按级别组织和集中计划的系统，其中位于顶层的主要承包商控制任何一个项目和相关的主要合同，分包商则以高度结构化的方式为主要承包商工作。然而，这种组织形式与硅谷截然不同，后者是一种灵活开放的企业之间的网络和中间人的组织形式，具有已在硅谷兴起的企业之间高水平的流动性（Kenney and Florida，2000a；Fallick et al.，2006）。

常有人说美国的政府开支，更具体而言是冷战科学和采购，在很大程度上促成它的高科技经济体（O'Mara，2005；Markusen，1991）。但是，在唐纳德·道格拉斯的突破性创新和拉莫赫和伍尔里奇、霍华德·休斯及杰克·诺斯洛普展开有利于产业建设的行动之后，军事采购推动了洛杉矶业已存在的产业发展。同样地，因为打破了冷战军事采购的组织实践这一习惯并“走向民用”，硅谷借此应运而生。

嬉皮士的影响：地区文化和各种关系的作用

迄今为止，我们已经看到硅谷和洛杉矶在信息技术时代大为不同的发展历史，这是因为硅谷有强有力的行动者、一些有利的事件、日益发展的集聚经济的“雪球”效应，唯独没有现有航空产业对资源的垄断。但湾区在信息技术上的成功，还有更多可以言说的：信息技术产业的开拓性人物利用了社会网络，并因此树立了洛杉矶所不具备的世界观。

2005 年，在去世前不久，乔布斯受邀在斯坦福大学的毕业典礼上演讲，在演讲快结束时，他这样说道：

> 我年轻的时候，有一本了不起的刊物，叫《全球概览》

(*The Whole Earth Catalog*)。这是我们那代人的宝书之一。这本杂志是一个叫斯图尔特·布兰德的人创办的，他当时就住在离这里不远的门洛帕克市，他用富有诗意的笔触将杂志办得生机勃勃。那是在20世纪60年代末期，还没有个人电脑和台式印刷系统，所以杂志完全依靠打字机、剪刀和宝丽来照相机办成。这有点像平装书版的谷歌，但却比谷歌提前35年面世，它是那么富有理想，里面充溢着奇妙的思想，也提供了简洁的工具。(Jobs, 2005)

《全球概览》是20世纪60年代末期和70年代初期的一份连载刊物，对于湾区的反主流文化十分重要(Turner, 2006)。为了更好更自由的生活，它倡导一种“适用”技术，并通过技术和工具解决社会问题。一些追随者也通过它提倡的高效而生态的生活，而不是铺张的物质生活来进行社会批判(Roszak, 1969)。这与美国之前追求纯净的审美，有时候甚至追求勤俭朴素的审美的一些运动相契合。

硅谷形成初期的另一个重要人物杰伦·拉尼尔也强调湾区反主流文化对硅谷科技文化的影响：“不能用简单的原因解释为什么技术文化会是今天这个样子。然而，苹果公司例证了一种未得到足够关注的影响力：反主流文化精神与技术文化的结合。”(Lanier, 2013: 205)拉尼尔继续说道：

很难评估这场运动在硅谷的影响究竟有多大……在硅谷的历史上，全球商业网络咨询公司是一个重要的、具有极高影响力的机构。它向几乎每一家公司、每一个人提议，不管你是谁，都应该以己之力做点什么。斯图尔特·布兰德创造了“个人电脑”一词并提出“信息渴望自由”的思想，他是这家公司的创办人之一。

那时候，这场运动非常重要，以至于加利福尼亚州在其最高行政部门建立了适用技术办公室，地点就设在州长办公室里。

这一非主流文化“对于20世纪80年代帕洛阿尔托的怀疑派而言是一个沉重的负担”，这些人是硅谷更传统的工程界领袖(Lanier，2013:205；cf. Turner，2006)。但是尽管存在怀疑派，在如布兰德和乔布斯之类的人物之间的社会网络促进了文化和技术这两个世界的融合。这种融合形成硅谷的核心力量之一，也是乔布斯敏锐地将美、技术性能和精英商业化结合在一起以引领大众商业化时所奉行的准则。在湾区，反主流文化对主流文化、乌托邦思想、精英主义和技术官僚的种种批判独特地结合在一起，构成硅谷的核心力量，预示着IT时代的时代精神。实际上，旧金山湾区技术领袖的最新浪潮——旧金山的“应用程序(app)制造商”——就如他们20世纪80年代的前辈一样，正从生活和工作中非主流的、不墨守成规的文化中获得灵感(Foege，2013a，2013b)。正如2013年一位学者对这种环境的描述所言：“青春、向上的梦想、对生活风格的强调胜过其他身份地位、对工业带来的社会等级划分的蔑视、善行和温暖的牵挂带来的社会效益……令人吃惊的是，让人意识到都市科技生活竟然是对60年代精神的传承”，而那种精神在旧金山是如此强烈(Heller，2013a：67)。别的地方也存在反主流文化圈，湾区并不是这场适用技术运动的唯一(但可能是最猛烈的)战场，但是在这里，关系基础架构却允许这些世界相互对话并产生新的行动形式和创新。正如马克·皮萨诺对我们说的：“在南加州这样的地方，斯蒂芬·乔布斯不可能成长。”(Pisano，2009)

我们刚刚描绘了湾区独有的社会和商业网络，这种网络在洛杉矶并不存在。关系网络——在第八章我们将其称为地区的关系基础架构——会对经济发展的路径产生广泛的影响。

IT时代的南加州：一个跟随者

在绝对意义上，大洛杉矶是美国第四大高科技地区(雇用人口为15.3万，而湾区为25.5万)，但是大洛杉矶的地区就业量中IT业所占比例(2.5%)小于湾区(10%)、华盛顿D. C.(8%)、西雅图(7%)和其他几个地区。这个地区拥有三个主要的高科技集群(A. Scott, 1993)。洛杉矶县的南部海湾区(从洛杉矶到橙县边界)还保留有大型国防电子和通信科技产业。橙县中心地带靠南(以欧文为中心)还有一个大型高科技集群，主要包括计算机部件制造、医疗器械和其他融合电子和复杂设备的制造活动。在洛杉矶县，也有一个最近致力于应用开发和网络媒体内容发布的IT集群，地点集中在圣莫妮卡和威尼斯。在美国超过3 000个县中，洛杉矶县高科技就业量排名第七(但是人口数量排名第一)。但是橙县与西雅图和华盛顿D. C.周围各县相比，高科技就业量的百分比较低。

大洛杉矶IT业的平均工资比湾区低很多(表5.1)。表5.1所呈现的部分差异反映出经济体中IT区域下面的43个不同的产业分组群体，每一组别里的工资水平都不同。但是即使在这些小的产业分组内，洛杉矶的工资仍然低于湾区。湾区IT业工资较高的原因在于，它更多定位于高工资分组，同时它在同一分组内将较高工资结合在一起，这表明湾区在技术阶梯上处在高于橙县的位置，这正好验证了第三章所说的两个地区非常规性工作的不同比例的数据。

为什么南洛杉矶县和橙县的电子部门在IT产业工资和非常规化程度阶梯上的位置不如它们的湾区同行高？事实上，一个原因可能是它们的航天传统造成的。奥登（1996）及同事发现专门从事导弹系统的企业难以将它们的产品向民用生产制作转换，也就是说，它们的技术很难转为民用。（因为采购制度而形成的）高昂的组织管理费用形式和保密要求使得寻求向民用市场转换时遭遇重大组织障碍。更进一步说，当航空航天业依然繁荣之际，直到20世纪80年代后期，商用电子和医疗设备产业无法从洛杉矶获得劳动力，它们只能吸收新的劳动力，而大多数顶尖工程师和企业人才都被吸引到更激动人心、薪酬更高的IT集聚企业，这些企业多位于硅谷、波士顿和奥斯丁。然而，这些都不足以解释为什么在质量和价格阶梯上，洛杉矶只能占据远远低于硅谷的产品和技术市场。

表5.1　2010年信息技术部门的平均工资

	平均工资：大洛杉矶（美元）	平均工资：湾区（美元）
所有IT集聚 信息技术集聚（43个6位码部门）	86 169	128 216
一些6位码部门		
软件出版商（511210）	128 583	169 432
定制计算机程序服务（541511）	89 295	111 648
计算机系统设计服务（541512）	90 874	111 312
计算机设备及软件批发商（423430）	80 416	155 961

资料来源：本表基于《县级企业模式》数据计算。
注：工资是以2010年名义美元表示的平均数。

后来，在20世界90年代初期，航空航天业削减了超过10万名工程师，这创造了新的潜在劳动力供给，但是正如我们前面所提到的，这些失业的工程师中的大部分人无法适应以市场为主导的IT产业。托马斯和翁（2002）以访谈为基础，经过调研之后得出结论：雇主中的流行观点是这些被淘汰的工程师们并不适合商业市场中运行的电子企业的技术和组织需求。

在洛杉矶县核心地带的圣莫妮卡/威尼斯地区一个名为硅滩的地方出现过高科技集聚。MySpace（我的空间）于2003年创立，它与Friendster（交友网）共同成为社交网络的早期领军网络，为用户提供机会与朋友联络、发布音乐和视频。2005年，当MySpace被News Corp（新闻集团）收购时，它的一些创始成员决定留在洛杉矶并创建其他企业。联合创始人克里斯·德沃夫和乔西·伯曼成为引路人，MySpace从前的经营者创建了至少六家新创公司[①]。自2010年以来，一些科技巨头在邻近地带建立办公室，包括脸书、谷歌、微软、Netflix和Youtube，而亚马逊也准备在洛杉矶创办一个主要的办公室[②]。这其中大部分只是产业增长的正常过程，当这些重要企业成为跨地区公司时，就如世界上多数主要城市一样，洛杉矶也正在成为这些公司分部所在的城市。硅滩的发展动力的另一部分可以追溯到互联网和娱乐业联姻。例如，Netflix拥有大量消费者想要的编程类型数据，最近Netflix公司已经转向公司自己的编程。因为洛杉矶是内容制作之都（参见下面的娱乐产业案例），一些技术公司正在靠近娱乐产业的地方选址布局，虽然光是内容无法解释这些企业出现在该地区的缘由[③]。今天，硅滩可以自豪地声称它拥有近800家技术创业公司、50个加速器和孵化器

---

① http://www.nytimes.com/interactive/2013/09/08/technology/myspace-offshoots.html? ref=technology

② http://www.laobserved.com/biz/2013/07/report_amazon_near_d.php

③ http://venice.patch.com/groups/business-news/p/silicon-beach-google-venice-los-angeles-opening-reception

以及 59 只风险投资基金。2013 年，威尼斯的公司 Snapchat 成为几家像脸书那样的主要公司竞相并购的对象，在 2014 年以 160 亿美元售出。

因此，即使把大洛杉矶所有三个技术集群放在一起，这个地区仍然没有一个能够在提升其经济地位时起决定性作用的技术产业。正如前文所陈述的，湾区规模只相当于大洛杉矶的一半，但是对新创业公司的风险资本融资却是大洛杉矶的 5.5 倍，并且具有 10 倍的密集性。2012 年名列美国前十名的风险资本投资均在旧金山湾区（81.95 亿美元）完成，其次是波士顿（21.53 亿美元）、纽约（19.53 亿美元）及南加州（16.68 亿美元）。换言之，在美国高科技的几座山峰中，硅滩只是一座小山头（Kolko，2002）。

两个地区的 IT 故事：保守转换 vs 新兴组织形式

自萨克森宁的开创性著作（1983）问世以来，硅谷的起源和成功业已成为颇具活力的学术和公开辩论的主题。克莱伯（2009）提出一个极具煽动性的观点，即硅谷比我们习惯上认为的更像底特律。在他看来，硅谷就是“旧底特律集团的翻版”，原因在于两个地区都以一连串充满活力的反应让较老的公司衍生新公司扩充而成。这与鲍威尔及同事（Powell et al.，2012；Powell and Sandholtz，2012）之流的经济社会学家的观点大相径庭，他们认为湾区的成功在于，每当面临主要的技术和市场机遇时，它就会发明新的组织形式。从另一个角度看，主流说法是硅谷的崛起与“伟大人物”（或者是我们所谓的“强有力的行动”）不无关系：乔布斯那样的个体企业家和特曼那样的公民和知识社群领袖施行的英雄式的、具有改革作用的战略措施。最后，长久以来在民间或学术界还流行着一种观点，即将硅谷的创建归功于五角大楼，它挑选这个地区及其企业为胜利者。

对于两个地区高科技的比较分析使我们得以充分阐释这场论争。大洛杉矶的高科技部门除了对联邦政府采购的依赖之外，在其他所有方面都比北面的同行弱：衍生公司较少、新型组织形式较少、内部劳动力流动性较弱、科学家与商界人士联系较弱、缺乏强有力的行动者。洛杉矶早期参与互联网创建，但并没有使其发展为地区集群，在某种程度上就是因为它过早介入这一行业：互联网成熟了，它的商业化取决于软件和服务器之间的纽带，等到HTML出现时，一大批湾区的技术人员、风险资本家和学生已准备好向它进军。

关于硅谷起源的论争，我们提及的各种力量实际上是相互关联的，但是起决定作用的刺激因素是湾区新型组织形式及各种类型行动者的出现，还有大洛杉矶的组织惰性。两个地区都拥有技术，但是与洛杉矶相比，湾区的技术转换能力更强，也有更多的因技术转换重组而开展的新的实践活动。

一个更新的技术产业，生物技术产业的故事证实了这种分析。

生物技术：湾区创造了资本主义新形式

生物技术就是利用细胞和基因，操纵生产新的产品和有机体。虽然生物技术被大量运用于健康和医药产业，但它的产品运用远远超出这些领域，最引人注目的是该产业创造的农业产品。生物技术产业是研究驱动型产业，植根于分子生物学、细胞生物学、病毒学和生物化学工程等学术部门。药品研发过程非常耗时，而且一种新药引入市场花费不菲，且极具风险。除了漫长的研究过程，一种生物技术产品在上市前必须经过一系列的测试和临床试验，整个过程通常持续 5～12 年(Casper，2009；Kenney，1986；Powell et al.，2012)。这意味着如果很多刚起步的新公司能够坚持下去，那么在盈利前的相当长一段时间内，它们会处于亏损状态(Dibner，1999)。这两个特点为作为基础科学研究家园的大学和投资新产品的风险资本家留下一片特殊领地。

如果我们可以穿越时光回到 1980 年，就会发现一位敏锐的观察家可能早就预言到洛杉矶会成为全球生物技术产业的中心。20 世纪 80 年代，洛杉矶曾经拥有最好的生物技术研究机构，直到今天为止，它仍然是世界上最大的生物技术公司所在地，这就是位于洛杉矶郊区千橡市的安进公司(Amgen)。这个地区的早期科技突破使之成为生物技术产业的诞生地。然而，30 年后，旧金山拥有的生物技术公司的数目却是目前洛杉矶的七倍多，而且在专利数目和风险资本两方面，洛杉矶在湾区面前也只能自叹弗如(Casper，2009)。

生物技术的先驱：洛杉矶和旧金山的生物技术起源

在生物技术产业发展早期，湾区和南加州均是生物技术重要突破所在地。1976 年，两位供职于好莱坞希望之城医院的洛杉矶科学家阿特·里格斯和板仓敬一首先论证了 DNA 合成技术(Casper，2009)。与此同时，由旧金山的赫伯特·科恩在加利福尼亚大学、斯坦利·波伊尔在斯坦福大学领衔的研究，最终形成科恩-波伊尔小组的 DNA 重组专利，并在 1980 年获得批准。这项研究包括两部分：科恩分离和克隆基因并将其重新置入其他细胞的研究工作和波伊尔内切酶并实现 DNA 切割的研究工作。

安进公司的付坤林于1985年完成一项更为重大的发现:对一种能产生红血球的激素红细胞生成素进行排序并克隆。因为这个发现,一种能够提高人体红血球水平的药物阿法依伯汀问世,这对贫血和化疗具有重大意义;另一种增强白血球流通的药物非格斯汀也被研制出来。1986年,加利福尼亚理工学院的莱诺伊·胡德、米歇尔·亨克皮勒和劳埃德·史密斯发明了全自动基因测序仪。两个地区的旗舰企业、湾区的基因泰克和南加州的安进公司的兴起,早早促进了本地区生物技术产业的发展。基因泰克创建于1976年,1980年成为首家公开募股(IPO)的生物技术公司。风险资本家罗伯特·斯旺逊和斯坦福大学教授赫伯特·波伊尔在1976年创办了这家公司,公司推动了一些主要的科学发现,如合成胰岛素。20世纪70年代,劝说科学家离开报酬丰厚的终身职位而到私人企业任职并非易事,为了解决这个问题,一种新型组织形式出现了,在这种组织里,教授们可以受聘于公司的科学顾问委员会,他们可以担任公司顾问、专门人才招聘官,同时也成为公司在这个领域的信息来源。一些科学家的实验室兼作这些羽翼未丰的公司的研究空间,这样便产生了新型的"两栖科学家"(Powell et al., 2012)。由于传统的产业投资人,如一些大型公司,最初在投资生物技术公司时非常小心谨慎,一些风险资本公司得以介入其中。大学和风险资本家共同创建了一种新型组织形式,也就是鲍威尔(2012)及同事所谓的科技型公司,或者像肯尼(1986)那样把它们标记为"大学-产业"综合体及"科技型资本主义"。基因泰克示范了这种混合结构,公司激励年轻的科学家们把他们的作品发表在学术期刊上。基因泰克的高级管理人员从IT业得到启发,在旧金山湾区创建了23家生物技术公司。这些新兴企业之间的流动在湾区创立了强大的生物技术网络。在两个地区的发明者中,湾区有 2 700 名，或者说 56%的发明者，某一时期曾经同在一家公司共事，但是在洛杉矶，却只有 56 名，或者说 2%的专利生物技术科学家有过这样的经历(Casper, 2009)。

安进公司也起源于学术团体，但是它的发展路径却与基因泰克完全相左。安进出自硅谷风险资本家比尔·鲍斯之手，鲍斯当时的想法是创建一个拥有全明星科学顾问委员会的生物技术公司。鲍斯邀请一位斯坦福的遗传学学者罗伯特·舒米科组建顾问委员会，舒米科拒绝了他的邀请，但同时向他推荐加利福尼亚大学的一位分子生物学家温斯顿·塞尔色。塞尔色将公司地址选定在千橡市，一个离加州理工学院、加利福尼亚大学和加州大学圣芭芭拉分校大体等距离的地方，这样可以从三所大学吸引到顾问委员会的成员(Powell, 2012)。这个地点非常关键：公司位于远离学术团体、投资人网络或其他技术型公司的郊区。

由于资金短缺，公司于 1983 年首次公开募股。那时候很多其他生物技术公司都是由学者经营的，为了确保公司不重蹈覆辙，安进公司从位于芝加哥的雅培产业引进了一个管理团队，3M 公司前雇员乔治·拉斯曼成为公司的执行总裁。安进公司早期的成功很大一部分应该归因于它拥有经验丰富的管理团队而非经验不足的学者，他们知道怎样经营公司。这个管理团队在筹集资本和营销产品方面做得非常成功。大洛杉矶大约 1/3 的生物技术专利属于安进，公司因员工队伍稳定而闻名，很多高级管理人员选择留在这里和公司并肩奋斗，追求自己的事业。然而，这种传统的公司模式还有另外一种作用：安进只衍生出五家子公司。

相比之下，基因泰克却成为科技型资本主义新形式的典范，启动了扩展区域网络和集聚过程的进程——这是湾区另一种复杂的组织生态(Casper, 2007, 2012)。1976～2005 年期间，湾区创建了 214 家生物技术公司，而大洛杉矶只创建了 55 家；旧金山的这些生物技术公司中有 64 家进行了新股发行，洛杉矶却只有 3 家。两个地区的专利水平也始终存在巨大差异：到 2000 年，湾区 4 500 位投资人已经提交了 9 913 项专利；在洛杉矶，1 500 位投资人提交了 4 182 项专利。1970～2000 年期间，加州大学旧金山分校提交了近 500 项生物技术相关专利，斯坦福和伯克利大学则分别提交了 300 多项。与之相比，洛杉矶表现最好的加州大学洛杉矶分校提交了大约 200 项，其次，加州理工学院提交了大约 150 项，而加州大学欧文分校和南加州大学则分别提交了大约 100 项。依据很多衡量研究成果的标准，加州理工学院被认为是世界顶级的理工院校，但是加州理工学院直到 1995 年才设立技术转让办公室。虽然加州大学洛杉矶分校的计算机科学系也参与创建互联网，但是即便在因为学科和学校规模而受到控制的科技和工程方面，加州大学洛杉矶分校的教授们的发明专利和创办公司水平都远远不如加州大学伯克利分校和斯坦福大学的同行（Casper，2009）。1976～2005 年之间，湾区的生物技术公司获得风险资本家 83.3 亿美元的投资，但是洛杉矶的公司只获得 5.51 亿美元的风险资本。同样，在此期间，湾区的公司从首次公开募股筹集资金 29 亿美元；南加州的公司仅仅只募集到 5 400 万美元。

为什么两个地区在加入新经济时，它们各自的大学和企业的表现如此不同？卡斯帕（2009）认为，这种不同并不是科技能力和创新性的区际差异造成的，而是由地区不同的组织环境造成的。湾区对创业创新有更多要求，湾区拥有生机勃勃的关系网络——由投资人、企业家和科学家组成的“看不见的大学”——这些网络将科学家和创业环境连接起来，他们顺应了湾区对创业创新的要求（Lazega，2001）。

湾区的生物技术公司的管理者们总有某一个时刻在并肩奋斗，并组成看不见的大学，但是洛杉矶却并不具备类似情况。这些网络的缺失导致洛杉矶的人才和企业家向北流失到湾区或向南流失到圣地亚哥。用2009年创建于圣莫妮卡的一家私营企业孵化器“洛杉矶发射台”的创始人的话来说，孵化器的出现缘于“在看到洛杉矶的公司纷纷接受北加利福尼亚的风险资本，然后重新安置自己的团队的时候，我们感到无比困惑。”与此相似，另外一家位于卡尔佛市（在洛杉矶西部）的私营孵化器“动力生物科学”的创建者说：“建立孵化器是因为我们困惑于洛杉矶的发明流向建设得更好的旧金山和圣地亚哥生物技术中心，加州大学洛杉矶分校和加州理工学院的教职工应该团结一致，为创业学者及他们的新思想创建一个家园。”

生物技术的兴起有点类似于为两个地区组织能力和关系基础架构而进行的一场自然实验。早期，两个地区均有来自于前沿研发的突破性发明；两个地区都拥有具备先发优势的企业。然而从那时开始，这些具备先发优势的企业开始反映各自地区经济体的不同特征，这也带来了迥然相异的结果。20世纪90年代，洛杉矶是信息技术的后发地区，其中航天/国防部门的突然崩溃是重要因素——虽然，如我们所论证的，并非决定性因素；与信息技术不同的是，生物技术的发展说明，洛杉矶虽然具有最初的优良禀赋和突破，但它的问题在于过时的组织实践和薄弱的关系基础架构。生物技术产业这一情况同样也证实了一点：洛杉矶的大学孤立于商业化世界是一个历史传统遗留问题。

为好莱坞喝彩

南加州在制造娱乐产品，即电影、电视和音乐方面独领风骚。

在美国，洛杉矶作为一个国际商品运输中心，居于领导地位，它拥有北美洲最大的港口-物流综合体。为什么洛杉矶这些成功的故事未能使其在收入方面与湾区相媲美？我们就从好莱坞开始分析吧。

制造包括电视、电影、唱片和动画在内的影视娱乐的产业统称为"娱乐产业"。好莱坞临近洛杉矶市（位于洛杉矶市区东北角），20世纪初期，娱乐产业在此形成最初的地理中心。今天，娱乐产业遍布洛杉矶县，主要分布在好莱坞的邻近地带：西好莱坞、贝弗利山、世纪城、西洛杉矶、卡尔佛城、环球影城、伯班克、北好莱坞和范奈斯，但是一般仍然把"好莱坞"用作娱乐产业的代名词[①]。除了娱乐之外，洛杉矶还与纽约一起成为延伸至各领域的"创意艺术"产业经济体的中心，其中有时尚、艺术家、艺术画廊、家具设计、建筑和装饰等领域，洛杉矶目前正在开发一个世界级的博物馆和

---

① 为了追踪地方产业随时间的变化，我们采用大家普遍接受的好莱坞定义，包含一些覆盖至1997年活动类别的SIC编码，以及可以得到的自1998年以来产业变化的NAICS编码。1998年这两个主要的产业分类体系之间的转换使我们很难描述影视娱乐业在时间上的连贯性；由于这种转换，无法追踪到1997年之后重要的产业分组"电影制作相关服务"（SIC7819）。

影视娱乐产业的产业分组

NAICS	类别	年代
512110	电影和视频制作	1998～2006
512191	视频生产及后期服务	1998～2006
512199	其他影视产业	1998～2006
SIC	类别	年代
7812	电影和录像带制作	1988～1996
7813	电影和录像带制作	1968～1987
7814	电影和录像带制作	1968～1987
7819	电影制作相关服务（视频生产及后期服务）	1974～1996

艺术品保护部门(Currid，2006；Currid-Halkett，2007；Molotch，2002)。通过娱乐产业的互动，纽约和洛杉矶极可能成为西方世界流行文化或“街头”文化最重要的生产基地，在遍及各地的广告、音乐视频和青年文化中洛杉矶的形象无所不在。

洛杉矶电影制作就业量在全国就业总量的份额从1990年的48.8%上升到2006年的58.7%。而洛杉矶电影发行就业量占全国就业总量的24%，后期制作占46%，录音占30%，娱乐服务占47%。在更宽泛的创意艺术部门，1990年到2006年期间，洛杉矶在全国总就业量中的份额从11.7%提高到15.6%。仅洛杉矶就支付了美国创意艺术部门26.4%的工资，而整个洛杉矶的工资在全国工资总数中的份额只有3.7%(Bureau of Labor Statistics，2014)。这个部门在洛杉矶县的工资总额中占比高达10%，远高于1990年的6.7%。在电影和视频行业，洛杉矶县占全国工资总额的73%，其中47.9%集中在发行业，51%集中在后期制作，70.6%属于其他后期制作服务，38.8%属于管理者(这只是他们总收入的53%)。这是世界上集聚程度最高的产业，而洛杉矶县正是它的核心地点。

好莱坞的娱乐产业展现了所有成功的特征，这些特征是我们前文描述湾区的信息产业和生物技术时所提到的。从20世纪20年代直到40年代末期，好莱坞组织了世界上最高效且最强大的电影娱乐生产体系，即广为人知的“片厂制”。片厂制将大规模生产方式运用到电影制作上。这些制片厂是生产大量影片的大型垂直一体化企业，企业使用内部工作人员、设备及与公司签署长期雇用合同的明星。那些日子好莱坞塑造了这样一种形象：所有人，包括电工、木匠和明星，星期一到星期五早晨8点准时出现在片场，大家努力工作，把产品制造出来(Storper and

Christopherson，1987）。那时制作的影片大同小异，主题雷同，都是企业的御用剧作家为现有的与公司签有长期合同的明星量身定制且反复使用的主题。大规模生产体系之所以成为可能，原因在于这些工作室拥有该产业的零售端——电影院。在大多数美国城市，单独一个制片厂拥有大多数当地影院，产生一种在地理上分割的地方垄断，确保观众只观看本制片厂的影片，其他制片厂的影片则被排除在外。

好莱坞：超越时代的新经济

20 世纪 40 年代末期，所有这一切开始改变。1948 年，美国最高法院颁布最高决议，要求制片厂放弃它们的连锁影院。这一举措有效打破了主要制片厂电影发行的地方垄断，使得这一产业更具有竞争性。20 世纪 50 年代，电影产业受到来自电视节目竞争的威胁。1970 年，投资财团迫使三大商业电视网络购买外公司的节目而不能仅仅只限于自己公司内部生产的内容。

20 世纪 50 年代伊始，好莱坞通过灵活建立网络关系的方法，使娱乐业成为基于项目的产业，以应对这些技术和市场变化，这因而也预示着硅谷的组织生态。制片厂的雇员人数剧减，出现了很多独立供应商；而这一产业的很多工作人员摇身一变，成为自由经纪人；产品也越来越富有创新性（卖座大片、电视、差异性细分市场、新的摄影技术和美学模式等）（Christopherson and Storper，1988；Scott，A.，2005）。

很多电影拍摄场地已经不局限于洛杉矶，这是因为更轻巧的手持设备的发明以及人们越来越喜欢更真实的场景。另外，美国各州、市以及世界各地不断增加的补助金也吸引着制片厂（Elmer and Gasher, 2005)。虽然洛杉矶在电影拍摄中的份额减少了,但是它仍然加强了在这一产业中的就业量和工资份额。电影的前期制作和后期制作仍然大量集中在好莱坞,而且电影制作最主要的技术"线上"工作人员仍然来源于大洛杉矶。近期崛起的电视"黄金时代"及伴生的"半独立"电影产业部门为好莱坞带来主要的增加就业的机会。生产内容——从剧本创作到交易再到执行——还是集聚在洛杉矶(A. Scott, 1999, 2002, 2004)。

好莱坞通过生产新型产品,即通过创新应对外部变化,从而使得好莱坞集群日益繁荣。它在生产工作中使用新的组织形式,利用创意人才、企业和中介构成的强大网络来做到这一点。从我们前文所描述的始于 20 世纪 50 年代的好莱坞的组织革命看,好莱坞经济俨然是超越时代的新经济。

就像任何一个创新型集聚一样,好莱坞也经历了大起大落的过程,这也是工会、制片厂、通信公司,还有现在的信息技术部门之间围绕激励机制和创意控制而展开的持续不断的斗争主题(Hill, 2004; Littleton, 2007; Christopherson, 2006)。但是就像美国电影协会主席和执行总裁史蒂夫·多德在最近的美国编剧协会的持续大罢工之后所言,"一次又一次,艺术家、技术人员与创新者和企业家合作,拥抱新技术,再创文明的商业模式,重新给我们的产业注入新的活力"(AMPTP, 2011)。

但是,尽管好莱坞集群及其自我形象重塑的过程达到前所未有的水平,洛杉矶的娱乐产业仍然未大到足以维持这个地区的人均收入地位。在表 3.2 中,我们计算出在 2010 年,好莱坞的就业量占整个大洛杉矶地区的 2.5%。美国劳工统计局采用的另一种计算方法将独立承包商或项目兼职从业人员包括在内,因此娱乐业在地区总就业量中的就业份额更高一些。以此计算,它占洛杉矶县就业量的比例在 3.9%到 5.2%之间。与整个县相比，好莱坞是高工资产业。实际上，娱乐业的平均工资比全县所有产业的平均工资高 75%，比娱乐业的延伸产业创意艺术产业高 34.9%。在表 3.3 中，我们报告的大洛杉矶娱乐业的平均工资为每年 6.9 万美元，但是要再次说明的是，洛杉矶县是娱乐业的高工资核心区域，比大洛杉矶的其他地方拥有更多高工资职业（例如，制片人和导演平均收入是 13 万美元，作家 11.6 万美元，影视编辑 9.8 万美元）。2010 年，洛杉矶县平均小时工资为 25.30 美元，而娱乐业的是 42.11 美元，洛杉矶娱乐业工资比全国该产业的平均水平高 58%（Dolfman et al.，2007）。

鉴于高工资以及该地区娱乐业的高度集中这些特性，我们很容易以同样的方式思考洛杉矶的娱乐产业和湾区的信息技术产业：它们都是地区繁荣和经济发展的引擎。在一定程度上，如果将好莱坞对艺术、设计、金融和地方消费市场的难以估测的溢出效应考虑在内，这一点不容置疑。尽管如此，娱乐产业和艺术产业能肩负的重担仅此而已。对于洛杉矶而言，娱乐产业的工资很高，但是与那些已经报告的湾区的信息技术产业的工资相比，娱乐产业的工资仍然低 30%到 50%（参见表 3.3）。这种情况解释了为什么好莱坞的扩张及持续的全球领导地位不足以维持洛杉矶人均收入地位。

人们普遍认为，所谓的创意艺术产业是今天城市繁荣的关键所在（Markusen and Schrock，2006；Otis College of Art and Design，2013）。在创意艺术上，没有哪个地方能像洛杉矶那样取得如此令人炫目的成功。如果艺术无法提升洛杉矶的财富水平，那么在任何一个地方，它们至多只能给地区收入做出微薄的贡献。对于 21 世纪的发达经济体而言，创意艺术还算不上其中一个足够大的部分，从而能够促进一个大的地区的普遍繁荣①。

自相矛盾的成功：洛杉矶的港口和物流产业

过去的 30 年，大洛杉矶已经成为全球贸易和转运中心。洛杉矶国际机场是世界上最大的货运机场之一，这个地区还在圣佩德罗海湾建有海运港口综合体，这是美国最大的、也是世界前五名之一的集装箱装卸港口。我们这里所说的港口包括两个并行的深水海运交通枢纽：其中之一隶属于洛杉矶市，另一个属于长滩市。当我们说明经济影响力或估测港口规模或绩效的时候，应该将二者放在一起考虑②。

---

① 从高工资的支出角度来讲，这个产业在地区本土市场也具有乘数效应；除了高于平均水平的工资，这一产业的收入结构也极不均衡，类似于纽约的金融产业，少部分行业精英在分红时享受极高的收入。这些富有的消费者刺激了大型奢侈品部门的增长，比如高端的室内装修、零售区和餐厅等，在很大程度上，纽约的金融家或者湾区的技术专家能够做到这一点。

② **NAICS 和 SIC 编码的港口-物流部门定义**

NAICS	类　别
481112	计划内空运
481212	计划外包机货运
482111	长途铁路货运
482112	短途铁路货运
483111	深海货运
483113	海洋与大湖货运
483211	内陆水运
484110	一般卡车货运，本地
484121	一般卡车货运，长途
484122	零散卡车货运
484220	本地特殊卡车货运
484230	长途特殊卡车货运
488310	港口运营
488320	海洋货物处理
488330	运输导航服务

NAICS	类　别
488510	货物运输安排
488991	包装和装箱
493110	常规仓储
493120	冰冻仓储
493130	农产品仓储
493190	其他仓储
541614	处理、发行和物流咨询服务

SIC	类　别
4512	计划内空运
4522	计划外空运
4011	铁路运输
4013	铁路中转和短途运输
4412	深海外运
4424	深海内运
4499	水运输服务(驳运)
4212	本地卡车运输(一般货物)
4213	外地卡车运输(整车)
4213	外地卡车运输(零散)
4212	本地卡车运输(特殊货物)
4213	外地卡车运输(特殊货物)
4491	海上货物处理(码头业务)
4491	海上货物处理(非码头业务)
4492	拖船服务
4731	货运安排(费率审计、私人邮件、关税顾问除外)
4783	打包与装箱
4225	一般仓储(除个人仓储和微型仓库外)
4222	冷冻仓储
4221	农产品仓储
4226	特种仓储(外贸区仓储除外)
8742	管理咨询服务
4741	火车皮出租
4785	机动车硬件检查与称重
4789	运输服务,NEC
4231	货运终端维修设施
4499	水运服务(驳运)

20 世纪 90 年代，洛杉矶的海运业总就业量与湾区相差无几，当时湾区拥有奥克兰和旧金山港口，图 5.1 已做说明。洛杉矶地区后来成为总吨位第三大港口地区(排在前两位的是南路易斯安那和休斯敦港口)(U.S. Department of Transportation, 2011)，集装箱运输总量则排名第一。再者，与路易斯安那和得克萨斯的港口相比，加州的两个港口综合体是就业密集型港口，这是因为这两个港口有更多的汽车和集装箱货物需要装卸，而休斯敦和新奥尔良则有更多大宗货品(Merk, 2013)。1970 年，物流业在两个地区的就业份额不大且具有可比性；从 20 世纪 80 年代末期开始，洛杉矶物流业的就业份额开始增加，到 2006 年，大洛杉矶的物流业占地区就业总量 2.3%，这比湾区物流业所占地区就业总量的份额翻了一番还不止。

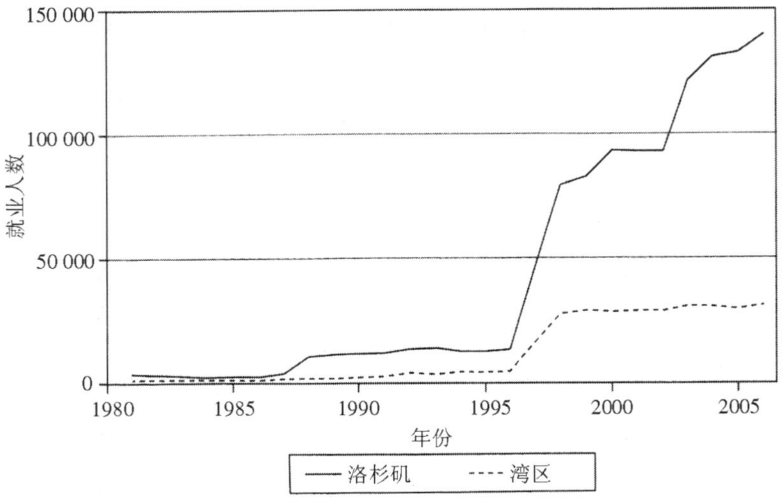

图 5.1　1980～2006 年洛杉矶和湾区的贸易和物流产业就业人数

资料来源：本表基于《县级企业模式》数据计算。

长久以来，两个地区的工资水平在发展轨迹上大致重叠，虽然

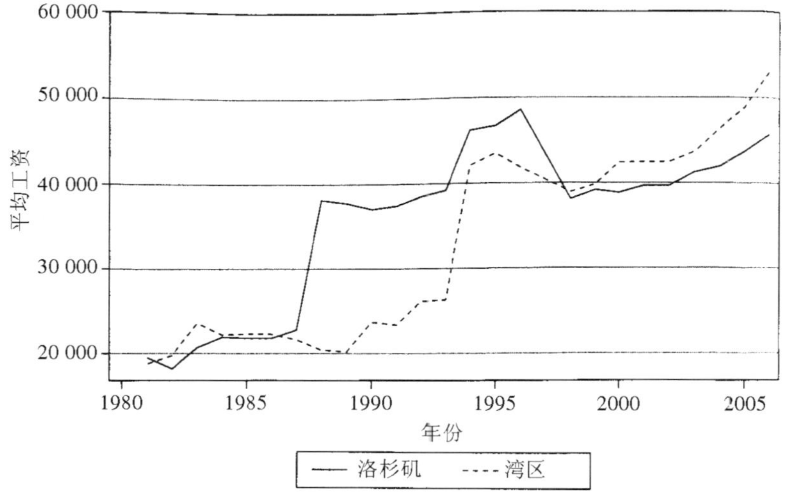

图 5.2 1980～2006 年洛杉矶和湾区的贸易和物流产业平均工资
资料来源：本表基于《县级企业模式》数据计算。

从 20 世纪 90 年代中期开始，湾区规模小得多的物流业的工资水平超过了洛杉矶（图 5.2）。

成功的地区战略

洛杉矶的物流产业发展良好，它的成功可归因于其深思熟虑的行动。湾区的旧金山和奥克兰港口具有天然封闭港湾的优势，而洛杉矶和长滩港则只有位于海洋上的开阔海湾，这便要求后者创建人工深水港口；然而，与湾区相比，洛杉矶距离美国其他地方更近，货物可以用船只运送至整个大洲而无需穿越内华达山脉，而在湾区，货物只能卸载在港口。

1956 年，奥克兰港是美国第一个装卸集装箱货运的港口，洛杉矶县颁布的公共政策考虑周全，凭借这一点，它迅速赶超湾区。位于圣佩德罗的双子港斥资购买最先进的设施，并进入始于 20 世纪 60 年代的集装箱时代。到 1983 年，它们已经将主要通道疏浚到 45 英尺，1986 年开设中号集装箱传送装置，1994 年到 2000 年期间疏通 300/400 码头，并在长滩的 T 码头设置了巨型码头。

最重要的是，在 1981 年，货物从船只卸载，由卡车运往洛杉矶市区后，再被装载到铁路运输系统或者运送到仓库并配送到内陆地区时，会造成港口周边的拥堵，洛杉矶和长滩港意识到这一问题可能是扩充集装箱运输的主要瓶颈，于是两个港口与加州运输部接洽，寻求资金支持，想办法减少拥堵。这反过来又要求加利福尼亚州指定南加州政府联盟（SCAG）负责对该地区的都市进行规划，使之有资格获得加州交通基金。达到这一目标后，SCAG 创设港口咨询委员会，召集很多不同的参与者，一起寻求解决港口和洛杉矶市中心铁路转运点之间拥堵问题的方法。委员会包括很多参与方，他们给人留下了深刻印象：两个港口、来自各市、县的地方当选官员、美国海军、美国陆军工兵部队、铁路公司（在美国是私营公司）、货运行业以及洛杉矶县交通委员会。这些机构提出的建议是，在港口和市区铁路转运点之间建设一条专门的高速铁路联络线，这就是著名的阿拉米达走廊。阿拉米达走廊交通运输管理机构（ACTA）成立于 1989 年，这是各港口所有者（洛杉矶和长滩各市）的联合权力权威机构，董事会共有 14 名成员，其中 6 名是走廊所经过的都会区。工程于 1998 年开始，2002 年在预算内按时完成，总投入 24 亿美元（Cambridge Systematics，2009）。超过半个多世纪的高效、协调一致的公共行动将洛杉矶打造成为一个了不起的港口城市（Erie，2004）。

龙头港口城市的经济效应

表 5.2 显示港口物流业大部分职业岗位的工资刚达到或低于

地区平均水平。

大洛杉矶的港口-物流业的成功增长，颇为自相矛盾地成为该地区人均收入排名下降的原因。正如 SCAG 的执行董事提到的，“物流业并非创造高薪工作的产业。这里没有高薪工作”(Ikhrata, 2011)。运输业和物流业工资相对较低原因有二。首先，大型企业(航运公司)的从业人员大多数是从低薪国家招聘的，他们的船只在加利福尼亚的港口停靠。港口-物流业的岸上从业人员主要从事集装箱装卸和拆箱工作，他们遭受的日益增加的压力主要来自自动化，从业人员只要接受过一般教育即可。其次，货运部门是需要从业人员最多的地方，他们将集装箱从港口运往洛杉矶内地的仓库或者直接运送到铁路货运系统的转接点。近年来货运和卸货部分已经重组，货运外包给一些小的独立经营户，其中 80%～90%的经营户雇用 1～20 名雇员。这些小公司基本上雇用移民劳动力，这些人中参加工会的人很少，这与过去大不一样了，那时候强大的美国卡车司机工会代表大型货运公司的从业人员利益(Bonacich and Wilson, 2008)。大型物流公司和船商与小业主经营者谈判、讨价还价，而小公司反过来又压低从业人员的工资。

表 5.2 2006 年洛杉矶的贸易和物流产业分组的就业和工资份额

物流产业分组	份额(%)	雇员	平均工资(美元)
货运(货车，航空及海洋)	41	57 828	41 124
仓储/仓库/包装	29	40 191	39 363
咨询和导航服务	18	24 752	49 216
港口作业和货物装卸	12	17 173	70 248

资料来源：本表根据《县级企业模式》数据计算。

当然，一个庞大的港口-物流综合体的经济效益不会仅局限于直接工资(Hazeendonck, 2001)。交通运输业的大部分经济效益并非区域性的;廉价的海运方式为各地消费者提供更便宜的进口商品或者品种更为丰富的商品,也使得国内产业能够获得价格低廉的国外进口货品。在本地,港口可以促进该地区的相关活动。港口相关产业包括海上贸易所必需的服务(港口需求型产业),因港口存在而被吸引并集聚于本地的企业(港口吸引型产业),以及通过港口出口商品而扩张市场的企业(港口引导型产业)(Yochum and Agarwal, 1987)。“港口需求型产业”包括交通运输服务和港口服务(如码头运营、装卸业务和拖航业务);“港口吸引型产业”指出口商品的企业或者进口产品和原材料的企业(如精炼厂、钢铁厂);“港口引导型产业”是一种流动性更强的企业。例如,在港口活动和从事海上业务的企业之间存在功能性联系,如船舶融资、海洋运输保险、海商法和海事安全咨询等。但是这些产业中的企业更多地按照世界城市的等级而非港口城市的地理位置而布局,如巴黎和马德里之类的非港口城市具有相对强大的地位(Jacobs, DuCruet, et al., 2010; Jacobs, Koster, et al., 2011)。在过去几十年里,大多数港口活动已然消失殆尽的伦敦,却拥有领先于世界的发达的海洋业务的产业集群。大洛杉矶在港口城市中的海洋业务地位低下,这反映了它起步晚的状态,同时也反映了老牌港口城市的锁定优势会长期存在(Verhetsel and Sel, 2009)。虽然在绝对意义上,洛杉矶获批海运相关专利数在美国城市中排名第二(占美国此类专利总数 2.1%,仅次于占比 3.9%的休斯敦),但是它的海运业专利强度水平并不高,而湾区的港口综合体规模仅仅只是洛杉矶的 1/4,其获批专利数占比却达到 2%(Merk, 2013: 29)。

跟亚特兰大和达拉斯之类的都市地区不一样,尽管旧金山湾区和大洛杉矶都拥有大型飞机场,但它们不能算是专门从事航空运输的城市，它们的航空运输区位商（NAICS）大约是 1（与此相比，达拉斯的区位商超过 3）。洛杉矶是美国第五大航空货运代理中心，按吨位计算，位列世界第十四名。其货物一半来自于客机货舱。美国劳工统计局没有发布有关航空货运业具体的就业和工资数据，但是提供了吨位数，据此我们可以推测洛杉矶专注于航空运输业中的航空货运部分（Button et al.，1999）。由于数据没有公开，评估这个部门的直接或间接的工资影响同样困难，但是对航空货运部门主要职业的调查显示洛杉矶这一行业的年平均工资是6.3万美元，相比之下，整个县的平均工资大约是 4.9 万美元（Mercury Corporation，2014）。因此，航空运输产业下面的航空货运部门可能对洛杉矶人均收入状况起到一定的积极作用，但是由于这一部门只是该地区经济体中很小的一部分，而且洛杉矶经济体并不专门从事航空运输，所以航空货运业不可能发挥整体的积极作用。

物流：南部得不偿失的胜利

洛杉矶的商界和政界领导人对贸易和物流产业的发展寄予厚望，他们积极创建基础设施和技术设施，以吸引来自全美国并经由环太平洋区流动的货物。这些投资要求地方、地区、州和国家层级的众多公共机构的高水平协作。到 2006 年，这个地区已经建立起一个庞大的产业，其从业人员人数达到 13 万，规模等同于娱乐产业。但是洛杉矶的领导人将他们的精力集中于发展中等工资和低工资产业，无形中造成该地区人均收入排名下滑（小型航空货运部门除外）。第七章将详细说明，大洛杉矶过度关注港口发展的政治导致它排挤了那些本能够引领经济走向高端发展路径的生产活动的政策。这种排挤始于20世纪80年代，当时的洛杉矶领导人夸大港口对于提高地区生活水平的潜在益处，混淆了数量增长与就业质量两个概念。这种状况持续到20世纪90年代，当每一种试图应对洛杉矶的工业危机和社会危机的努力都遭遇失败的时候，制定政策的主要精力便投入到阿拉米达走廊项目上。

直到今天，这种状况还在继续。港口消极的外部影响——主要以污染、土地使用效果和交通拥堵的形式存在——在很大程度上需要政策关注。洛杉矶在减少与港口活动相关的空气污染的措施方面居于领先地位。这些努力值得赞赏，因为它们的确改善了环境，还改善了港口相邻地区的环境（实际上，洛杉矶被认为是这些领域的创新领头羊）。然而，它们消耗了大量有限的政策关注，地区领导人本可以将这些注意力投入到发展方面。矛盾的是，因为湾区的港口产业小得多，对外部环境的影响也低得多，这个地区的领导人就更多地关注其他任务。从中可以看到一种更加残酷的矛盾是，由于港口产业的货运部分成为不稳定的新就业形式（临时合同、外包等等），它造成了洛杉矶的负面经济外部影响，也占据了政策关注，而湾区的领导人则无须过多关注这个问题。“失败”的地区在很多方面实际上是赢家：这是对得不偿失的胜利的最准确的定义。

组织变化的关键作用

在很多常见的关于两个地区命运的陈述中，往往把湾区的成功归因于优秀的劳动力贮备、创新型企业的生态，以及如斯蒂夫·乔布斯和弗雷德雷克·特曼一样的英雄人物的深思熟虑的视野。这些因素固然很重要，但是很多幸运的机会和无意之间的结果所起的作用同样不可小觑。在讲到洛杉矶的命运时则正好相反：运气不佳和来自华盛顿（航天）和墨西哥（移民）的外部冲击令该地区举步维艰。本章详细的案例分析所表明的是，正如旧金山的成功不能完全归因于良好基础一样，洛杉矶的衰退也并非只是运气不佳造成的。

当曾经的历史走向不同方向的时候，存在很多转折点。我们梳理了下面一些关键的转折点：

- 哈里·钱德勒和道格拉斯在南加州的航空工业融资
- 公民领袖携手学术领袖创建了位于洛杉矶的 RAND
- 20 世纪 30 年代和 40 年代，利顿和休利特在湾区无线通信产业的“小打小闹”使之在 20 世纪 50 年代和 60 年代为航空航天业提供高端精品服务
- 在洛杉矶创建 SRI 的提议流产，而 1946 年这一提议却在湾区获得成功
- 1955 年，在南加州航天业出现并行工程体系
- 20 世纪 50 年代和 60 年代，好莱坞创建基于项目的组织结构
- 20 世纪 60 年代末，仙童脱离与国防相关的半导体产业
- 20 世纪 80 年代，斯蒂夫·乔布斯从《全球概览》获得灵感，开始了“美丽的”信息技术应用
- 20 世纪 80 年代和 90 年代，洛杉矶实施阿拉米达走廊项目
- 21 世纪初，安进公司在生物技术产业秉行单打独斗的自我发展战略

对于本章所描述的这些转折的应对：湾区信息技术产业抓住先发优势，而洛杉矶从航空航天业向信息技术产业转型失败；与洛杉矶比较，湾区对生物技术进行了更良好的培育；好莱坞的地区溢出十分有限，大洛杉矶的精英们过多关注港口产业，为了更好地阐释两个地区经济体的重大分化，我们需要先对这些现象进行解释。因此，在阐释本章所呈现的丰富的定性信息时，有一点是至关重要的：避免混淆所发生的事情和这些事情为什么会发生的倾向。经济发展并不是独立的因素和原因的确定结果，而是各种资源和众多事件结合并决定选择什么样的发展道路（Alchian，1950；Dosi et al.，1988；Dosi，1982；Nelson and Winter，1973，1982）。这就是为什么我们以回溯方式考察两个地区主要的贸易部门，然后再考察故事是怎样展现的。两个地区现有的资源和它们的实践共同影响着两个地区各自面对挑战和机遇的应对方式，也影响着两个地区领导人制定政策的优先次序，这些因素最终带来专业化的变化。下面的章节将详细分析这些影响经济发展的力量。

第六章 经济发展政策：它们在经济分化中的作用

政治家宣称他们总是以经济发展(ED)为己任，但这只是在地方层面上如此。美国许多城市为经济发展机构的预算投入是每年每位居民7～16美元(约30～60亿美元)。但这仅仅只是冰山一角，在美国，政府为吸引地方企业，每年至少要在税收激励上花费200亿美元，在发展地方劳动力方面则花费更多(Bartik, 2012)。除了这些地方政策，美国联邦政府亦深度介入很多在地方和地区层级实施的经济发展政策。2004年，堪萨斯美联储银行估计联邦政府的项目中有180多项都以经济发展为目标(Dranbenstott, 2005)。加利福尼亚州设有就业发展部门，并为部门负责人设立了商业和经济发展办公室。

与这种情况恰好相反的是，我们的受访者及大量学术文献却表现出对这一理念的怀疑：地方或地区层级上慎重的正式政策可能对湾区和大洛杉矶的发展和收入差距产生重大影响。他们尤其怀疑在“商业气候”名义之下制定的一些措施(Kolko et al., 2013)。迈克尔·胡是洛杉矶市议会前议员,曾经接受过城市规划教育,他坦言:“成功的政府倡议只是次级或三级因素,并非如企业家之间的互动或者发明者和其他创新者的激励之类的因素一般直接”(Woo, 2009)。马克·皮萨诺长期担任南加州政府协会董事长,他告诉我们,“每当我看着湾区的时候……就会产生很大的压力,这种压力驱使我前往市议会,质问现在市议会将采取怎样的措施在洛杉矶创建硅谷”(Pisano, 2009)。迈克尔·胡还做了如下评论:

> 就市级政府、县级政府这样的非教育机构而言,我认为不管是在湾区还是在南加州,它们在地区经济发展中并没有起太大的作用……南加州的娱乐产业未受到政府的影响……我还认为硅谷劳动力的开发与教育、对企业家和公司之间合作的激励跟地方政府没有关系(Woo, 2009)。

湾区委员会的肖恩·伦道夫指出,重要的经济发展行动常常通过私人产业领导集团——湾区委员会,并在政府外部产生,这样的组织将该地区的领导人集聚在一起,调整政策重点(Randolph, 2009)。

在评定材料证据中,存在三种可能性:一、因正式的ED政策不同而对分化产生巨大影响;二、政策对分化没有丝毫作用,因为它们本身就没有区别;或者三、即使这些政策非常不一样,它们也不会对分化产生任何影响。使情况更复杂的是,虽然政策对分化没有重大影响,但是却的确对经济发展产生了积极或消极的作用;这适用于反事实的世界,在这里,如果未实施这样的政策,这些地区今天也许更富裕或者更贫穷,尽管它们之间也存在如今天一样的差距。大多数关于政策的学术证据都是关于后面这个问题，而不是关于收入分化的（参见 Blakely and Bradshaw，2002；World Bank，2002）。我们因此不得不仔细地将这种文献细化成更小的部分。

本章可以说是另外一个侦探故事。我们将搜寻经济发展政策及其影响的线索，然后将它们连接成网。

“这不是我们的错”：国家政策及地区遭受的外部冲击

许多影响地区经济发展的正式的 ED 政策都不是地方和地区政策。国家政府具有广泛权力，可以影响许多地区的经济发展。民族国家拥有对贸易、移民和货币政策的最高权力，并且也能够在其领土内运用财政政策刺激增长，运用广泛的权力规范工资和劳动行为。所有这些政策会产生地区差异效应，这是因为每一种企业和产业根据自己的劳动力需求、对贸易的敏感性及可能的增长潜力，以特定的方式对政策做出回应。更进一步说，国家政策，尤其是那些与交通基础设施相关的政策会影响经济活动在国家内的分布。国家研发政策，包括国家资助的主要设施的位置（如军事基地和研究实验室），也会影响地区发展。

支持和不支持某些产业的国家公共采购政策因那些产业不均衡的地理分布会产生不同效果。很多这样的政策是由一些未被冠以“经济发展”头衔的机构施行的。正如前面一章所描述的，20 世纪 70 年代，洛杉矶是美国航空航天产业中心。这个私人产业的很大一部分产品受托于联邦政府并以军事设备形式销售给联邦政府的。对于 20 世纪 80 年代末期大洛杉矶的航空航天综合体的增长来说，联邦政府采购功不可没；而后它调转方向，引发产业整合，削减很多武器项目，将这一产业的大部分工作重新部署到其他州，以响应华盛顿制定的政治协议。洛杉矶经济体遭受的这一外部打击比同一时期旧金山湾区所遭受的任何打击都要严重。这与20世纪90年代两个地区收入产生巨大分化的时段正好一致。

20世纪90年代，洛杉矶人均收入因为政策改变而遭受的打击有多大？在第三章，我们说明了一点：2000年，大洛杉矶的人均收入比20世纪90年代没有失去航空航天就业岗位及其乘数效应的人均收入低2.4%，大约是人均收入实际差距的1/8。因此，对于洛杉矶在美国城市地区排名下滑，联邦政府政策和航空航天重组起了重要作用，但绝非主导作用。

明确地方与地区经济发展政策：一个艰巨的挑战

要把握我们研究的两个地区以经济发展政策名义而进行的一切活动是一个严峻的挑战。地方和地区经济发展政策和措施常常由各种五花八门的政府管辖机构施行，这些机构在施行政策和措施的过程中得到无数属于私营经济的转包商和非政府组织的帮助。被冠以“经济发展”名目的政策和措施种类繁多。政治家们常常混淆就业变化和“创造净就业机会”以及培训项目中的应征者和“训练有素的工作者”等概念，并制造出铺天盖地的关于政策和措施的有利之处的论调。这些数据夸大了这些好处，却低估了直接成本和间接机会成本，因此无法解释政策违反常理但又强有力的间接效应(Flyvbjerg et al., 2003; Flyvbjerg, 1998)。当地的规划师和行政管理者、共同体或利益群体通常会附和有关地方经济发展的政策，特别是建设项目的宣传(Flyvbjerg, 2005)。

里斯和罗森菲尔德(2004)在1994～2001年期间展开调查，在此基础上整理记录了美国采用的地方和地区经济发展政策的主要类型。这些政策包括管制政策(商业地点的一条龙审批流程、强制性就业要求、需要培训或联系、增长管理、规划用地和诸如产业开发区之类的特别开发区等);基础设施投资包括艺术和文化设施、交通和中心城开发、土地使用政策(其中有地区开发、分区制和工业园区)。关系到吸引、帮助和留住企业等最重要的政策包括税收激励、企业孵化器和各种各样的劳动力培训保险和津贴,以及土地售后回租和特定的新基础设施等公共投资(特别是体育馆或主要针对现有新企业的土地开发)。令人吃惊的是,竟然没有可靠的数据库来说明这些美国各州、县、市及特区所采取的措施的性质、范围或者成本。

政治科学家依据他们提出的政策问题对美国国会的行动进行编录,汇集的数据可表明立法部门的“政策议程”(Jones and Baumgartner, 2005)。对一个都市地区而言,这样的任务是很繁重的,这是因为一个都市地区包含很多执法和立法机构(县和市)。具体而言,大洛杉矶由 5 个县级政府和 184 个市级政府组成,旧金山湾区则包含 10 个县级政府和 105 个市级政府。市和县也有立法部门,分别是市议会和县议会,行政功能一般涉及市长和县行政主管,他们直接监管各种各样的行政机构。2005 年,一份给洛杉矶审计长的报告明确了七个不同的独立部门,这些部门在城市经济发展行动中起直接作用,它们是:社会发展部门、社会发展机构、水电部门、港口部门、房屋管理局、洛杉矶国际机场和经济发展市长办公室(Cosio et al., 2005)。

除此之外,各市、县可能偶尔建立不直接接受行政部门监管但又对经济发展产生重大影响的垂直机构。这些机构包括公共服务,例如洛杉矶水电部、南加州市政水管区,或者湾区的东湾市政公用事业区；有时候也包括一些拥有和运营港口、机场和交通系统的特别权威机构。在每一个地区中，特别权威机构构建、拥有并运营一些铁路交通系统（湾区快运、南加州交通局），而主要机场的所有权和运营权则属于市政府，就如名声不相上下的洛杉矶和长滩港口。因此，市和县很重要，但未必是政策实施的唯一重要的中心。粗略统计一下，加利福尼亚州共有超过 7 000 多个地方政府实体。

我们的研究团队按照政策议程编码，遵循琼斯和鲍姆加特纳（Jones and Baumgartner，2005）研发的方法论，尝试建立一个洛杉矶和湾区经济发展政策的详细目录。我们发现大洛杉矶和湾区的主要城市经济发展部门并没有留下它们行动的历史记录。我们还发现市议会对于它们所认为的“经济发展”的立法议程并未采用清晰而连贯的记录，有时候它们过度限制（没有标记一些可能影响经济发展的行动），但大多时候，因为政治营销的需要，却把一些毫无关联或琐屑的行动标记为经济发展。因此目前看来几乎不可能确定哪些是市、县级政府专门针对经济发展而制定的公共政策。

无法可靠地记录这个耗资巨大的公共政策领域，从而无法评估这些政策的效果，这一点无不令人担忧。在下文，我们将对从一些间接渠道搜集到的证据进行推理。我们将集中讨论几种政策：通过发展劳动力而创造就业机会（劳动力供给政策）、税收政策、经济开发区及集群政策，这些政策旨在发展企业从而影响劳动力需求；还有可能影响总的地区活动水平的巨型项目。然后我们将分析地区总体公共开支模式，以明确在可能影响创造就业机会或劳动力发展的公共开支的优先顺序上是否存在总体差异。

劳动力供给：劳动力发展政策

巴尔季克（2012：547）认为，“我们应该把所有那些寻求影响当地劳动力需求或供给的质量和数量，从而提高当地人均收入的政策定义为‘地方经济发展政策’”。具体而言，如果政策只是增加就业岗位数量，扩大劳动力规模，或者甚至提高技能，这些政策就不能说是成功的。例如，如果新工作的工资低于现有劳动力的工资，那么创造就业机会就会降低人均收入。同样，人口缩减可能提高当地的人均收入。大多数地方经济发展政策都有一个明确的目标：创造本地就业机会。提高工作岗位数量的手段对地方就业率的确有长期作用，但是并不如政治家所宣称的那般简单直接。迁入移民满足了劳动力需求增长中的 4/5，当地就业-人口比率增长仅满足余下 1/5 的劳动力需求增长。当地劳动力需求每增长 1%，对当地居民的长期就业刺激是 0.2%。因为只有一半人口活跃在劳动力市场，所以地方劳动力需求每增加 1%，对于人均收入的总体影响是 0.4%（Bartik，2012；Partridge and Rickman，2006）。更进一步说，这种影响在经济发展俱乐部之间是不同的。莫雷蒂（2010）表明高科技产业每增加 1 个工作岗位，地方就业乘数是 5，相比之下，老的制造产业的地方就业乘数仅仅为 2。由于高科技产业多位于美国生活成本高的城市（大多是沿海城市），而低科技产业常位于南部和西部山区，提高总就业量的政策在这两种经济发展俱乐部会产生不同的效果。与沿海城市相比，阳光地带城市的移民更多，因而就业增长更明显（Patridge and Rickman，2006）。相反，与南部城市不同，沿海高科技俱乐部的劳动力需求增长更多是由就业-人口上的增长来满足的①。

另外一种地方经济发展政策试图通过教育、人口与工作相匹

① 加州的情况就是如此，过去几十年来加州的失业率整体上高于美国平均水平，原因在于尽管加州创造了很多就业机会，但它同时也吸引着很多移民迁入。

配、职业培训来提高本地劳动力的参与度(Hollenbeck and Huang, 2006)。当这种政策设计周全、实施得当的时候,它们是能够创造就业机会的,关于这一点,可以找到大量有力的证据(Bartik and Erickcek, 2010)。然而,这种政策与人均收入的关系却常常模糊不清。从长期来看,这些政策所涉及的人中大约50%会留在他们早期童年时代生活过的都市地区,大约60%会留在童年生活过的州,更低比例的人会留在童年生活过的街区,因此,增加劳动力供给数量或提高劳动力供给质量的政策作为"共同体"或"邻里"开发政策效果不佳,而作为地区发展政策效果就好得多。

大约有一半左右受过培训的人口会留在这个地区。他们中平均1/3的人口继承现有劳动力成员的工作,这就是常见的"接班"(Bartik, 2005)。这意味着如果成功地培训了人口,大约35%的受训者将留在该地区并提高该地区的就业率。可能还会产生另外的积极效果,这就是我们在第四章已经说明过的地区工资溢出。因增加工作岗位数量或者提高劳动力技能而产生的溢出会增加劳动力需求(从而加强非贸易商品和服务的劳动力市场),也可以有助于该地区企业在生产过程中使用更多技术从业人员,全面提高生产力。但是目前我们还无法精确估测这样的积极溢出(Moretti, 2004, 2012; Dickens et al., 2006)。

对本地收入最有积极作用的政策是那些为特定部门而发展本地劳动力供给的政策(Bartik, 2012: 558);它们属于集群政策中的劳动力开发方面的政策,也就是常说的定向人力开发(Holzer et al., 1992)。扩大制造业和个性化职业培训之类的政策使业已增长的地方收入净现值与政策成本之比维持在30以内,而普遍性的企业减税的比率仅为0.5(也就是说它们的成本比价值更高),即使是设计最佳的(产业定位)企业税收激励政策的乘数也仅仅只是

3。在美国和加州的人力政策中，最近才有这样的产业定位项目，且数量极少(Clagett，2006)。例如，地区产业集群机会Ⅱ(RICOⅡ)法案鼓励地区经济网络、人力开发人员与产业之间建立产业部门伙伴关系，这种关系反过来又会发展地区战略以支持和促进定向的产业集群。在撰写本文时，主要的政策措施也仅仅只是一项150万美元资金的电动汽车产业人力开发项目。

加州提供劳动力培训的机构形成一个分散而复杂的庞大体系。它们中大多数并不针对特定的经济部门进行培训，而是只对特定人群进行培训。人力促进基金的目标人群是长期失业的退伍老兵、残疾人、低收入从业人员、待业青年及刑满释放人员，这样的项目反过来由各种政府机构和非政府组织实施。这些组织和机构的名字带有一定的暗示：洛杉矶就业队、洛杉矶劳动力投资委员会、洛杉矶县劳动力开发部、湾区劳动力基金合作会、橙县劳动力投资委员会、橙县社区投资部[①]。因此这一体系并不面对产业定位的劳动力开发，而学术研究却发现针对产业的劳动力培训才是最有前途的。鉴于这种体系缺乏重点、极其复杂、流动比例高，因此难以衡量其效果而且会造成很大浪费(Henken，2014)。

地区针对重点产业进行劳动力培训的计划如何呢？历史上，在好莱坞劳动力培训方面，地方政府的作用是微弱乏力的；相反，大洛杉矶的一些大学设立了电影电视学院，吸引了来自全国各地的未来的产业从业人员；更重要的是，好莱坞还从全国乃至世界各地引进人才，这些人都是经验丰富的技术人员。硅谷的情况也大体相同，20世纪50年代和60年代，当计算机产业刚刚兴起之际，

① 大部分这样的地方机构获得由加利福尼亚州经济开发部执行《劳动力投资法案》而立项的项目资助，或者得到来自联邦政府的就业培训管理项目的资助。

大多数湾区的大学甚至还没有计算机科学的项目（Scott and Storper，1987）。其中一些大学拥有与通信和无线电制导产业相关的电气工程教职人员。在两个地区，主要的贸易专业化产业的重点劳动力不是由刻意的劳动力发展战略创造的，在很大程度上，正规培训是集群发展引发的结果而非集群发展的独立原因。

劳动力需求：吸引企业的税收和土地使用政策

一些对企业有吸引力的政策激励企业在一些特定的地方布局。20 世纪 20 年代以来，南方各州积极采用这样的政策以促进工业化，包括免税、财政补贴、营销策略，以及对公费场所和基础设施的改善，以吸引本州之外的其他企业前来落户（Bartik，1991，2005；Donahue，1997；Eisinger，1988）。地方政府花费在经济发展上的大多数资金都投入到这样的招商计划中（Markusen and Clasmeier，2008），比如世纪之交的密歇根州仍然将其经济发展资金的 3/4 投入到工业招商(Bartik，2005)。

商业税的竞争是美国各州经济发展政策的关键要素(Bartik，2003；Fisher and Peters，1998)。很多政治家认为这是吸引那些倾向于重新布局的企业的行之有效的方法[①]。然而，波特、里夫金和坎特(2013)表示，对于迁移企业来说，税率(企业和个人收入税率)还不如潜在的工资水平重要，而且对这样的税率很敏感的企业实际上都属于窄小的流动性高的经济部门，也就是常规化的生产

① 大量有关税收和发展的国际文献并未发现在税收水平与产量、收入增长水平之间存在显著的逆相关；相反，一些文献发现征税种类曾经产生既定水平的国家收益，从而决定税收是否给经济体带来中长期的“额外损失”(Linder，2004)。这也是为什么 20 世纪时，像瑞典这样的国家在高税收水平下还能够保持高经济增长，而一些税收水平低的国家经济业绩却相对较差。

领域(Funderbrug et al., 2013)。他们注意到诸如加利福尼亚州之类的高税收州比那些低税收州更能吸引到某些种类的工作,一般而言是高工资高技术的工作。

加州的地方经济发展政策以吸引企业为导向,但是它们要吸引的并不是那些具有地区经济体中贸易核心功能的企业(Neiman et al., 2000)。相反,各市运用地方土地使用政策吸引能够创造销售税的企业,这些企业大多是零售企业。加州各地方政府之所以要吸引能够创造销售税的企业,原因在于一项极其有效的选民投票法规(1979 年通过的第 13 号提案)限制了地方政府提高财产税率。为了证实这一点,我们计算了过去 20 年里两个地区所有县的地方房产税率及在销售税率中所占部分。湾区的地区平均值从 20 世纪 90 年代的 1.07%上升到 2011～2012 年的 1.13%;大洛杉矶的数据从 1.06%上升到 1.11%,非常接近第 13 号提案中 1%的税率目标。

作为提高税收的方法,加州各地方政府开始支持可以创造销售税收的零售业发展,这是因为第 13 号提案中 1%的目标并没有限制销售税(Chapman, 1998; Barbour, 2007; Neiman et al., 2000)。2009 年,加州公共政策研究所调查了南加州 88 个城市和湾区 53 个城市的经济发展市政部门(Neiman and krimm, 2009)。在被调查的 258 个部门中,63%的部门将提高地方税基当作一个非常重要的目标,只有 18%的部门表示它们认为降低失业率非常重要。仅仅 8%的城市表示培养和培育新企业是他们经济发展的头等大事。在对于调查的反馈上,湾区和洛杉矶没有什么重大差别。加州各城市的政策议程并不十分关注能否创造就业机会。

一般而言,地方政府可以通过提高人口密度来增加房产税收,但是在洛杉矶这种做法只能限于市中心，因为现有居民反对提高人口密度。2011年结束的全州性的城市重建计划促进了市中区密集的城区再开发。密集的城市土地使用，就如市中心重建一样，跟信息技术、生物技术、娱乐和物流这些产业没有太大关系；它可能有助于金融和生产性服务产业的发展（比如纽约）。旧金山和洛杉矶的市中心重建也许对于保留金融业有一定效果，但是没有一个都市地区会专门从事金融，当然纽约和芝加哥另当别论。而且洛杉矶很多金融产业并未处于洛杉矶市区，而是分布在世纪城、贝弗利山中心地带、伍德兰山和欧文等地。

调查显示大型（跨地区）企业在选址时很少考虑地方房产税。这是因为关心房产税的企业一般从事土地密集型的活动，并只考虑土地价格低的地点；而考虑布局在湾区或洛杉矶核心地带的企业则是为了接近高质量的劳动力、市场、信息和供应链。这样的企业更关注劳动力成本、劳动技能、便捷的交通网络以及能源获得和能源成本（Area Development Online，2009）。由于土地价格而造成大规模专业化差异更容易在总体土地价格很低的地区（如弗雷斯诺、凤凰城和拉斯维加斯）和像湾区和洛杉矶这样的土地价格昂贵的地区之间产生。这是我们在第二章明确说明过的经济发展俱乐部现象。

湾区平均每单位土地的绝对较高水平的房产税自然而然形成湾区较高的平均土地价格，这在一定程度上又成为湾区成功的间接原因，这一点可能吗？第一章和第四章，我们曾经讨论过的一些经济理论认为高土地价格“选择”高技能个体，而这些个体反过来又形成这个经济体中的专业化。在那些章节中，我们论证了这一因果关系正好相反。事实上，大洛杉矶比湾区土地资源更丰富（因为洛杉矶中间没有海湾）。但是1982～1997年期间，湾区和南加州完全按照同样的比例(27.6%)扩大了各自的已建区域(Fulton et al., 2001),尽管湾区的环保人士名声在外,但这与已经呈现的证据是一致的,即一般的地区土地使用制度无明显不同。

总而言之,很难发现税收和土地使用政策对形成湾区和洛杉矶之间的收入分化具有重要影响。

劳动力需求:基于地理区位的招商

20 世纪 80 年代,作为一种经济发展工具,在美国及其他国家兴起了特别就业中心,这一新生事物在美式英语中一般被叫做企业振兴区(empowerment zone,20 世纪 90 年代也被称为开发区),2000 年后被称为新市场保税区(New Markets Tax Credit, NMTC)(Rubin and Wilder, 1989)。这样的地带一般为位于指定地区的企业提供较低的税收和费用、一定的退税以及合理的规定(Elvery, 2009; Freedman, 2012; Peters and Fisher, 2002)。一些人认为这些特别地带能够引发创业潮,从而促进就业率增长并减少经济业绩不好的社区的地方居民的贫困现象,这种论调为它们的存在找到了合理理由。这些政策结合了"基于地方"(基于一个具体的地理区域)和"基于人"(给予有潜在流动性的个人)的特点(Barca et al., 2012)。

加州的企业振兴区计划创立于 1986 年并于 2013 年结束。这是加州最大型的单个经济发展项目,为位于加州 42 个振兴区之一的企业提供了税收抵免条件以及其他一些激励措施。当时大洛杉矶有 9 个振兴区,湾区则有 4 个。2009 年,洛杉矶企业振兴区就业人口大约是 70 万,湾区则是 50 万左右。纽马克和科尔克(Neumark and Kolko, 2010)对加州企业振兴区展开深入全面的研究，分析了 1992～2004 年期间的情况，他们发现，与振兴区之外的参照组的表现相比，企业振兴区对于当地企业创立或就业率增长没有产生影响。

也许因为劳动力的流动性以及振兴区创造的技术可能转移到其他产业或邻近地带，所有基于本地而制定的政策本可以对整体的地区经济产生积极的作用，但实际上并没有。一项研究发现一些证据可以证实这种溢出效应（Hanson and Rohlin, 2013），但是大多数研究比较了更多的企业振兴区样本，却并未发现它们能产生积极的地区就业或收入效应（Boarnet and Bogart, 1996; Neumark and Kolko, 2010; Papke, 1994; Peters and Fisher, 2002）。一项研究发现，20 世纪 90 年代联邦政府授权开发区（其中之一位于大洛杉矶）使得就业率在基线上提升了约 15%，但是这种效应不是因为授权开发区自身的原因，更多是因为联邦政府为改进那些地区的公共服务而给予的联邦补充拨款，这一效应是由传统的联邦拨款刺激而非商业税收激励带来的（Busso et al., 2010）。无论如何，企业振兴区没有产生高薪就业。因此，在对地区之间差异具有重要作用的政策中，我们无疑可以将企业振兴区这样的地方发展政策排除在外。

劳动力需求：集群政策

另一种促进经济发展的方法包括产业开发，尤其是努力开发地区经济体中的理想产业。美国的一些州运用了特定产业税收鼓励，如针对“绿色产业”或出口导向型产业的税收减免。很多研究发现这些定向税收鼓励比普遍减免企业税率效果更好（Bartik and Erickcek, 2010）。然而，在我们考察过程中，加州并没有广泛采用这样的税收减免政策。

近年来最著名的特定产业发展政策的版本就是风靡一时的发展“集群”这一做法。全世界的流行政策是将大量精力用于反向工程其生态体系组成部分，力争让本地区成为下一个硅谷。集群政策尝试了很多不同机制：鼓励企业落户、为特定部门开发劳动力、支持能够在特定地区促进企业家精神和企业兴建的研发和创新体系、通过公共采购和私人税收减免刺激对目标产业产品的需求。一份重要的实证性学术文献认为集群政策在刺激普遍的就业率或产业地理集中方面是不起作用的(Duranton，2010，2011；Nathan and Overman，2013；Martin et al.，2011；df. Bresnahan and Gambardella，2004)。另一份文献得出的结论是在提高地方创新水平上，这样的政策是失败的(Falck et al.，2010)。

长期以来，经济地理学家们持有的观点是具有先发优势的集群常常出现在突破性创新发生的地方，最有力的例子莫过于仙童改良之后的芯片或道格拉斯改良之后的飞机(Scott and Storper，1987)。在这一观点上，他们越来越得到经济学家的支持(Chatterji et al.，2013；Kerr，2010)。目前无法找到证据证明集群政策决定了这些突破性创新或创建产业的企业家所出现的具体地点。

其他学者认为现有的集群政策已经限制了成功，原因在于它们过多关注“硬”因素(企业补贴)而忽略了开发成功集群中的“较软”元素，如新的组织形式、企业家网络、前瞻性世界观(Storper and Salais，1997；Rodriguez-Pose and Storper，2005；Rodriguez，2013)。按照这种观点，集群不仅仅在有突破性创新的地方出现，也兴起于存在那些突破性创新能够得到运用和发展的组织条件的地方。

20 世纪 20 年代，洛杉矶航空航天集聚（the DC－3）由于突破性创新而兴起，而后自 40 年代起，联邦资金强化了这种集聚。20 世纪 90 年代，当航空航天集聚遭受联邦资金削减和航空航天公司重组的外部打击之际，洛杉矶开始着手于很多基于地理区位的商业开发项目。这个地区的社会冲突加剧了它的灾难。1992 年，一位名为罗德尼·金的美籍非裔被洛杉矶警察痛打的照片四处传播，而涉事警察被无罪释放引发了一场暴动，造成极大的生命和财产损失。

为应对洛杉矶罗德尼·金事件的冲击和不断增长的贫困和低收入人口，在洛杉矶市长办公室及洛杉矶市议会的要求下成立了一个名为“重建洛杉矶”的临时组织。这个组织的董事会由公民领袖和企业领袖组成，他们保证充足的财政捐款以支持组织的研究工作及实施活动。“重建洛杉矶”强调产业集群的发展，类似于同一阶段南加州政府联盟（SCAG）所采用的战略。1994 年，“重建洛杉矶”仅仅在开始之后两年便被叫停，并且被普遍认定为一次失败的举措。正如凯文·斯塔 2004 年在接受《金融时报》（*Financial Times*）的采访时所说，“虽然洛杉矶的重量级人物努力了，但却未能通过一个多头领导的‘重建洛杉矶’委员会实现经济复苏”（Parkes，2004：13）。担任委员会联合主席的皮特·尤伯罗斯“对洛杉矶的公司在承担市中心区的工作时过于拖沓感到特别沮丧”（Kasindorf，2003:3A），他最终选择离开委员会。迈克尔·胡认为重建洛杉矶的经历甚为典型，他说：“长久以来，洛杉矶的历史上遍布弃而不用的战略发展努力的残骸。”（Woo，2009）

好莱坞集群也一直是重要政策关注的对象。在洛杉矶有无数政策为实景拍摄提供税额优惠，也有各种方法为那些想在加州或洛杉矶选景拍摄的制片厂解决它们所面临的监管问题。毫无疑间，这些政策减少了可能离开这个地区和加州而前往其他地方拍摄的制片厂的数量。但是在我们研究期间，洛杉矶在实景拍摄中所占份额日渐下滑，尽管它在该产业的工资和总就业量中所占份额持续上升，这两种趋势可以回溯到 20 世纪 80 年代（Chistopherson and Storper，1988）。当我们提及好莱坞集群时，我们并不是指实景拍摄，而是指成为大多数在该地区之外拍摄电影的高薪劳动之源的地区劳动力储备，这是因为这些公司的地理集中形成高度流动性的网络组织生态。

湾区在 20 世纪 70 年代左右兴起的信息技术产业以及湾区在生物技术上的领先地位是否应该归因于集群政策？硅谷得益于重要的联邦研究资金（正如洛杉矶的半导体和计算机产业）。标志着硅谷领袖地位的主要事件是突破性创新（仙童）；强有力的行动者（特曼、肖克利）；以及衍生公司的开始和由肖克利"惨败"而引起的人员流动。这些在第五章中有所描述，但是其中没有一项可以算作是集群政策的功劳。

后来，一些组织和联盟纷纷成立，目的是讨论对策并解决问题，从而支持信息技术集群增长，"硅谷联合企业"和"湾区委员会经济论坛"便是其中两个。虽然它们并非硅谷的创建者，但是却能够使得硅谷引发的分化持续下去。第七章将说明湾区的研究机构和地方政府对生物技术产业的政策支持做出的积极反应，其中引人注目的就是湾区抓住了加州的 QB3 主动权（美国数量生物医学研究院），这是由伯克利、加州大学戴维斯分校和圣克鲁兹分校组成的生物医学学会。它们在旧金山米慎湾创建站点，以加强在生物、医学和合成生物系统研究的协作，并与湾区的私营业主及风险资本界建立密切联系。这些政策是在第五章所描述过的湾区现有组织生态的基础上制定的。洛杉矶却缺乏这样的协同行动，这将可能加深两个地区之间的分化。

最近，美国联邦政府紧随国际政策趋势，通过重组由商务部的经济发展局管理的现有项目，将新的关注点集中在促进集群中的高增长创业，但它对其他潜在集群和地区发展过程的进一步作用仍有待确定。

基于地理区位的激励政策：重点项目

诸如体育馆、会展中心、音乐厅和博物馆之类的大规模开发项目往往青睐主要的都市地区。这些项目因炫人眼目而吸引着众多政府官员和私人慈善家。在我们研究期间，洛杉矶在建大型项目就有沃尔特·迪士尼音乐厅、盖蒂中心、当代艺术博物馆、斯台普斯体育中心和与之相关的娱乐开发项目及洛杉矶郡立艺术博物馆扩建。旧金山地区则在1989年遭受大地震之后重建了旧金山湾堤岸。湾区的其他重点项目包括：路易斯·M.戴维斯交响乐大厅、现代艺术博物馆、太平洋贝尔体育馆、茅斯考恩中心/耶巴布埃纳重建、加州科学研究所和德扬博物馆；重建的有荣誉军团宫以及犹太博物馆。圣何塞也有一些重点项目，如位于圣克拉拉的49ers体育馆，橙县在此期间也兴建了主要表演艺术中心及几个市民中心。在建设重点项目这方面，两个地区如出一辙。在全美国，20世纪90年代和21世纪初是历史上大兴土木的时期，尤其是大建特建文化设施。例如，1990～1999年期间，美国各城市花费了217亿美元资助体育馆修建，在此期间共修建19座体育馆，而此前的十年间一共建成8座体育馆，这一现象令一些观察家断言，修建会展中心和体育馆的“哗众取宠”竞赛支配着美国城市（Eisinger，2000；Siegfried and Zimbalist，2000）。就对此类项目的总投资量看，旧金山和洛杉矶仅次于纽约（Woronkowicz et al.，2012）。

对于重点项目的经济效应的学术研究集中在投资项目的机会成本及它们创造就业机会、提高地区经济体产量的潜在水平的能力这两方面（Baade and Sanderson，1997）。从就业率或产量以及它们相关的机会成本的角度看，对此类项目的经济发展效应的评估大多是负面的（Noll and Zimbalist，1997）。再者，为重点项目辩护的论调频频表现出“乐观偏向”（夸大好处）和“战略性虚报”（撒谎）（Flyvbjerg et al.，2003）。

会展中心和体育馆提供的工作岗位主要是服务部门的低薪职位。职业运动队的管理部门大约雇用70～100人。在比赛日，俱乐部可以额外雇用1 000名～1 500名人员。这些比赛日从业人员大多数是引座员、泊车员或售货员。这些工作本质上常常是低技能和低工资的兼职工作，并缺乏健康保险之类的福利。巴德和桑德森（1997）考察了1994年依靠公共资助建成的密尔沃基酿酒人体育馆的就业效果。虽然运动员在财政上表现不俗，但是球童的收入仅为每小时4.85～6.56美元，并且不享受其他福利。引座员得到的补贴是每小时4.50～6.38美元，几乎所有球童和引座员都是兼职人员。另外，体育设施和会展中心大多数时间是闲置不用的。以足球馆为例，一支全国橄榄球联盟（NFL）球队每个赛季充其量能踢13场主场比赛。如果一支球队杀入季后赛，那么它可能还要参加另外3场主场赛。但是在全国橄榄球联盟的32支球队中，一个赛季只有12支球队能够进入季后赛。会展中心的就业情况也如此，它们的乘数效应同样很低。

运用公共资金支持体育馆和会展中心建设也存在机会成本。如果此类设施修建在正处于发展中的人口密集的城市地区，土地就不可能有其他用途了，尽管对于限制人口下降或低密度的城市地区，这点不足挂虑。第二个疑虑是很普遍的：拨给这样的设施的公共资助本来可以有更好的用途。2011 年 2 月，在洛杉矶市中心建设一座新足球馆的提议出炉了。虽然大部分建设资金来源于出售体育馆冠名权，洛杉矶市仍然需要为本地区该建设项目支付3 500万美元，这些资金通过市政债券筹得——这给洛杉矶市带来长期的财政赤字并最终对该市信用评级形成压力。市议会在2012 年 9 月以 12—0 票数一致通过了 120 亿美元的项目，尽管洛杉矶并没有全国橄榄球联盟球队；另外还通过了一项3 150万美元的体育馆附近的会展中心升级项目。市议会明确以这些项目会对经济发展产生影响为由，而为自己的行动找到理由。因此，市议员保罗·高勒兹将这个计划称为“我们这一代的经济发展项目”(*Los Angeles Times*, 2012)。

虽然洛杉矶内部和周边存在一些低密度使用的重要地块，但一般而言，这些地块还是一些有望提升密度的高土地成本地区。同样，近来旧金山市区附近的体育馆建设可能会对房产市场产生负面影响，排挤了住房建设并抬高了房价。有人也可以合理地质疑给予重点项目的注意力是否排挤了本来应该给予对经济发展有更直接作用的执行政策，比如早些时候我们探讨过的定向劳动力开发政策。

会展中心重点项目常常通过出口基地理论来证明它们的合理性，这种理论认为会展中心重点项目是影响地区经济体的乘数效应的贸易部门。因此，支持者们坚持说它们可以吸引来自这个地区之外的参观者，从而提高地区经济活动的水平(Euchner and McGovern, 2003)。为了在地区经济体中产生经济增长，此类重点项目必须使该地区的非本地居民参观者数量跟没有此类项目时相比有所提高，这反过来又依赖地区会展中心的商业活动的水平和内容。正如巴黎在国际上是最专业化的会议之都，美国专门开展会展活动的城市有拉斯维加斯和奥兰多。按照这些原则，拉斯维加斯组织会议的区位商是16.67；华盛顿D.C.是2.64；大洛杉矶是1.34；湾区则是0.96(Bureau of Labor Statistics，2014)。这两个地区中任何一个在这个部门的专业化程度都不高，并且即使它们专业化程度高，与此相关的直接就业的平均工资也将低于地区平均工资。这两个地区都是大地区，所以都是大型旅游目的地，但是它们的旅游业无法与迈阿密、奥兰多和拉斯维加斯相提并论。无论如何，没有证据显示，它们中哪一个地区能够从重点项目中获得的就业发展和收入效应有重大差别。

基础设施建设驱动的地区产业政策：港口-物流产业

从公路到港口再到机场，关于基础设施的一个最流行的神话是："建好基础设施，经济发展就会实现。"这诱使公共政策不遗余力地建设基础设施。由于很多基础设施经受了各种众所周知的市场失败(需要占用大量土地或需要长期融资，或必须确保基础设施既包括盈利的也包括非营利的运作，其中一些设施是为了普遍服务的利益)，所以基础设施多是公有的或由公共资金资助修建的设施。显而易见，基础设施通过影响商品和人员流动的成本和时间，进而影响任何一个经济生态系统的基本构成成分，最终支持任何一个地区经济体的生产能力。

然而，在基础设施总体投资水平和地区经济发展之间并不成正比。当经济发展政策主要由物理基础设施政策构成时，大多数这样的地区没有经历就业和收入增长(Crescenzi and Rodriguez-Pose, 2012)。这不是暗示基础设施项目与经济发展无关,而是意味着基础设施并非经济发展的一个独立原因。相反,基础设施的修建必须紧跟基本需求。更复杂的是,有时候新建的区际基础设施将经济活动引向外围地区,但有些时候效果正好相反,经济活动又被回流到业已成熟的中心地区。

有一种情况不同,那就是基础设施专门用于经济体中特定的贸易部门,如航空货运或航海运输。恰如我们在第五章所说明的,大洛杉矶将港口-物流产业发展成地区经济专业化产业,并通过改善这一产业的基础设施而远超湾区。如果没有这一产业必需的基础设施的公共投资和土地使用管制,将洛杉矶的物流专业化强化成国际交易中心也就不可能发生了。这可能是我们研究期间所能找到的关于苦心孤诣的公共政策影响专业化方面最清晰的联系了。

在交通运输领域之外,还有其他一些政府主导的,主要基于基础设施专业化战略的例证。北卡罗来纳州通过在三角研究园(RTP)开发大规模工业园以吸引高科技企业,从而发展了一个紧随先发者的高科技集群。它还将工业园与劳动力开发和企业税收鼓励结合在一起。RTP与硅谷不一样,它不是市场驱动型集聚,而是一个供研发和科技企业从事生产活动的地方;在世界范围内还有很多这样的例子,比如法国尼斯附近的索非亚-安替城,日本的国家科学城政策。然而,这个案例中的基础设施开发未能建立起如硅谷一样基于创新和高工资的世界级集群(Wallsten, 2004)。

公共开支模式揭示的政策议程

如我们在前文注意到的，想要准确列举一份各城市和地区有关经济发展政策的完整清单几乎是不可能的。因此我们采用了其他方法，以便进一步阐释这两个地区的政策能力和政策重点。方法之一就是对它们的公共开支水平和模式进行比较。可以想象公共开支可以通过影响创业和创新的条件或通过影响劳动力技能的方式，直接或间接形成专业化。从现有数据到这些具体问题都需要相当的解释。

1991 年以来，湾区政府(市级和县级政府一起)对每个居民的开支一直都比它们的南方近邻多①。1991～2000 年期间，湾区政府在公共服务上对每个居民投入了 31 425 美元，而洛杉矶的政府开支为 27 115 美元。即使在 2000 年互联网泡沫破裂之后，湾区的政府投入到每个居民的开支也是 35 722 美元，相比之下，洛杉矶只投入 28 212 美元。在很大程度上，这反映了一个事实：湾区的人均收入高于南方。从 2001 年开始，可以得到地区 GDP 的相关数据。2001～2007 年期间，洛杉矶的公共开支总额占地区经济

---

① 加利福尼亚审计长要求加州所有的市和县每年提交一份财政预算，详细说明如何使用政府收入；在这里，我们分析了 1991～2007 年期间各县、市的财政预算。尽管这并没有覆盖我们整个研究期间，但是的确让我们观察到，两个地区在发生分化期间政府行动的差异。县、市财政预算不具备可比性，因为两个层级的政府各司其职。因此，有必要分别对它们进行分析 而且要看清它们各自显示的政策重点的差别。我们面临的另一个挑战是，旧金山既是一个市又是一个县。为了向州审计长汇报方便，旧金山的开支被归类为市政开支。这意味着当我们在比较两个地区的市级财政预算时，在总开支方面有利于湾区，因为旧金山市的数据也包括旧金山县的开支。对于各县来说，情况正好相反。湾区总体的县级财政开支因为不包括旧金山县的开支将低于实际数字。为了全面看待这些不规则之处，请注意旧金山市和旧金山县的人口占湾区人口的 10%；在后面的分析中我们将想办法解决这样的问题。

体 11%，湾区则是 10%。没有证据显示湾区居民比洛杉矶居民总体上偏爱更积极的公共部门，但是在地方和地区税率相似的情况下，在绝对意义上，湾区可支配的钱更多。

表 6.1 显示了两个地区所有的城市开支构成，可以分成八个大类。两个地区之间存在一些明显差异。湾区城市与洛杉矶城市相比，在总预算中交通和医疗保健所占比例要多得多。按照人均水平，湾区在除公共设施外的每个类别上都比洛杉矶开支更大（表 6.2）。最突出的差异表现在文化和休闲、健康、立法和管理支持以及交通等方面。洛杉矶在水电方面的开支很高，这大概是因为洛杉矶市的公共水电系统的存在（洛杉矶水电部），在湾区电力服务是私营的；因此我们不能将此看作主要差别。

把公用事业开支去除之后，两个地区的差异可以得到调整。在 1991～2000 年期间，湾区在除公共事业的所有类别上人均开支为 19 814 美元，与之相比，大洛杉矶市是 12 284 美元。2001～2010 年期间，同样的数据是湾区 22 530 美元，大洛杉矶市 13 766 美元。

表 6.1　湾区和洛杉矶的市政开支模式

	1991～2000 年		2001～2010 年	
	湾区	大洛杉矶市	湾区	大洛杉矶市
各级开支（美元）				
市级	135 000 000 000 （72%）	241 000 000 000 （62%）	176 000 000 000 （70%）	303 000 000 000 （66%）
县级	61 513 061 835 （28%）	153 029 507 510 （38%）	75 459 826 039 （30%）	158 928 283 228 （34%）
总开支	**216 513 061 835**	**394 029 507 510**	**251 459 826 039**	**461 928 283 228**
人均	31 425	27 115	35 722	28 212

续　表

	1991～2000年		2001～2010年	
	湾区	大洛杉矶市	湾区	大洛杉矶市
开支构成所有类别				
社区发展	11%	9%	7%	8%
文化和休闲	9%	8%	8%	8%
医疗	18%	10%	19%	7%
立法/管理/				
支持	10%	7%	12%	9%
其他开支	1%	1%	0%	2%
公共安全	22%	26%	22%	25%
公共事业	8%	26%	10%	26%
交通	22%	15%	22%	16%

表6.2　湾区和洛杉矶的人均市政开支

类别	1991～2000年		2001～2010年	
	湾区（美元）	大洛杉矶市（美元）	湾区（美元）	大洛杉矶市（美元）
社区发展	2 335	1 473	1 690	1 545
文化和休闲	1 871	1 197	2 102	1 386
医疗	3 854	1 507	4 773	1 368
立法/管理/				
支持	2 063	1 149	1 694	1 722
其他开支	184	198	6	134
公共安全	4 733	4 218	5 412	4 587
公共事业	1 775	4 301	2 472	4 739
交通	4 686	2 512	5 583	2 974
总开支	**21 859**	**16 585**	**25 002**	**18 505**

表 6.3　湾区和洛杉矶的交通开支

交通类别	1991～2000 年		2001～2010 年	
	湾区(%)	大洛杉矶市(%)	湾区(%)	大洛杉矶市(%)
街道、高速公路及防水渠	31.0	43.9	25.9	43.71
行道树及景观	2.4	5.5	2.1	5.5
泊车设施	3.7	2.4	4.1	2.2
公共交通	20.8	9.6	20.5	8.9
飞机场	34.1	18.1	37.5	22.7
港口与船坞	7.4	20.0	9.1	16.8
其他	0.5	0.4	0.5	0.5

交通是湾区最大的支出，人均开支是洛杉矶的两倍。其中一些应归因于自然地理的差别(海湾是一个地理障碍)，但是洛杉矶地区也有不少山区之类的自然障碍；因此，对于整个差别源于地理因素这一点，我们表示怀疑。表 6.3 表明一些差别是由于不同的政策偏好或政策议程造成的：湾区在公共交通和飞机场上的开支是洛杉矶的两倍。这点似乎与流行的看法和可观察到的两个地区政策差异是一致的。在大洛杉矶的很多地方，橙县和内陆帝国表现尤为明显，公路建设优先于其他交通形式。

湾区各城市在医疗保健方面的开支比重在 1991～2000 年间是大洛杉矶各城市的两倍，而在 2001～2010 年期间则超过大洛杉矶各城市两倍(表 6.2 和表 6.3)。如将旧金山市账户下的旧金山县的开支包括在内，湾区在医疗保健上的市政开支可能会出现偏差。各县向不属于市政府管辖范围的非直辖地区提供基本服务。它们也为直辖和非直辖地区提供由州政府和联邦政府授权并资助的特定服务，比如福利、刑事司法体系及医疗保健。如果把两个地区各市级政府和县级政府在医疗保健上的开支结合在一起，我们就会看见湾区真正偏向于公共医疗保健。1991～2000年期间，湾区各市和县的医疗保健开支在全部预算中占18.1%，在2001～2010年期间，则占17.3%。在洛杉矶，这两个份额分别是12.2%和11.8%，同时人均差异也很明显。

当我们考察县市交通开支总量时，差异仍然存在。湾区城市的交通开支占预算的22%左右，相比之下，大洛杉矶占15%。这不完全由于旧金山市和县开支加在一起，因为1991～2000年期间，湾区所有政府将全部预算的16%分配到交通上，而大洛杉矶只有9.7%，2001～2010年期间，相应的数字分别是15.3%和9.9%。因此区际差异的确存在，并且不是由于旧金山县和市开支累加而带来的结果。

两个都市地区的县级开支模式差异较小，但仍然十分重要。正如前文注意到的，在如何筹集资金和如何开支方面，各县级政府与市级政府相比自主权更少。县级预算被划分成30个类别。在1991～2000年期间，在这30个类别中，仅有2个类别在全区开支的资金中的比例差别超过2.5个百分点：福利和治安保护。在2001～2010年期间也是如此。在第一阶段，湾区各县预算中22%的开支投入到福利方面，而它的南方近邻在此方面的开支是29%，到了2001～2010年期间，湾区预算的15.9%投入到福利上，南方则是22%。1991～2000年期间，湾区各县预算的4.7%投入到治安保护上，大洛杉矶市则是8.2%。在同一类别里，2001～2007年期间，湾区各县的开支是预算的6%，而大洛杉矶是10.1%。

公共开支的重点表明两个地区政策议程具有重要差别，与洛杉矶相比，湾区的形象更加自由开放，具有更加本土化的议程，更加倾向供私人使用的基础设施的提供，不提倡提供更广泛的公共物品。湾区总体较高的人均水平原因在于这个地区较高的收入水平，在开支水平不变的情况下这一点造成重大差别。换言之，它们可能是由本书所分析的发展分化产生的结果，发展分化在地方发展文献中被称为因不平衡的经济发展而“差距越拉越大的财政能力”现象（Moretti，2012）。但是也存在不同的开支模式，这些模式是否回应了不同的客观现实？或者说它们是否反映了不同的地区重点事项？

我们相信后者。第七章将说明一点：湾区与大洛杉矶相比拥有更广泛、更稳定的“自由的”政治多数派。这样的多数派更支持广泛和某些类别的公共物品。这一理念在社会科学中被称为人类行动的建构主义学派：强调信念和世界观而不是客观环境对优先选择的作用，后者是大家所知道的结构性方法。我们举一个例子来说明这一点，2010年，地区犯罪的FBI数据显示湾区在总体犯罪水平上排列第39名（每10万居民中有43.40个罪犯）。而大洛杉矶排在第112位（11.40），括号里的数字表示与全国犯罪率的差别。即使是大洛杉矶地区的低收入区，如里弗赛德-圣贝纳迪诺，也只排在第121位（9.24），类似于圣马特奥县（第124名，8.34），而两个地区的所有高工资区（橙县、文图拉县、圣克拉拉）犯罪率都同样低。20世纪80年代，地区犯罪水平并无太大差别，虽然全美国那时候的犯罪率较高（Federal Bureau of Investigation，2012）。但是，南加州比湾区公共安全的开支更大。

在一定程度上，两个地区的议程、政策及对经济发展的信念都有所不同。不同议程对于专业化究竟有多大影响？我们无从找到数据来明确回答这一问题。那么湾区在公共物品、医疗和教育上较高的开支是否使得该地区对那些新经济中对地区的成功至关重要的人物，无论是工人、发明者还是企业家，更具吸引力呢？我们将在第九章一一作答。

结论：评估地方经济发展政策的地区效应

我们已经理清了很多线索，现在该是再次将这些线索连接成网的时候了。

地方政府执行了很多它们标榜为“经济发展”的任务，但是我们有足够的理由怀疑这些政府所做的大多数事情是否名副其实；正如我们前面所见，这一标签被滥用了。地区实施的措施大多关注地方土地使用：使用税收鼓励吸引商业设施、进行土地清理整治、颁发规划许可，并偶尔动用公共基金来带动在重点设施或部门的私人投资。换言之，地方政府进行了城市和地区规划。按照这样的思路，城市可以使用它们的实际规划和再开发权力，使得具体社区或商业区更具吸引力。假定这些生活娱乐设施毫无疑问地影响了地区内经济活动的分配并可以提高亚地区的生活质量(Kemeny and Storper，2012)，但由于地区经济体是全地区范围内的人口和职业系统，利用地方城市规划影响地区内活动的地点与整个地区(即地区范围)的就业或收入水平并无直接关联。

那么所有这些地方政策的综合效应是什么呢？想象在一个假设的基准世界，两个地区的城市都没有实施本章所讨论的这些政策。在此情形下，吸引销售和房产税收的土地使用法规更少；城市重点项目建设更少；会展中心和体育馆更少或更小；基于地方的社区开发的努力更少，如劳动力培训、招商活动更少；地区轨道交通和其他公共交通体系建设更少；港口和机场改进更少等等。在这个假设的“无地方发展政策”的世界中，地区人口水平也与现在不同。发展地区内交通基础设施（高速公路、轨道交通）对形成劳动力供给弹性起关键作用，这是因为没有这样的政策，人们上班就困难得多，用经济学语言来说，这“减少了劳动力的有效供给”，在这个基准世界的镜像中，交通改善提高了有效的住房供给；同时，交通改善也带来有效的经济增长。

研究得出，两个地区的交通开支水平不同，并有各自重点考虑的项目，洛杉矶在固定轨道交通上落后于湾区，但在改善地区尤其是洛杉矶的公交车系统上却俨然是创新者。也许这些政策对于提高两个地区开发住房和增加就业的能力必不可少。在交通拥堵方面，两个地区都位列美国都市地区之首，洛杉矶排在第一位，旧金山则紧随其后名列第二，因此，交通基础设施极可能成为两个地区将人口与工作岗位相匹配的障碍。这一点可以用一个事实来证明，即两个地区人口和住房存量都翻了一番，并且在地理上均已延伸至以前偏远的周边地区（洛杉矶扩大到内陆帝国和橙县，旧金山扩大至中央山谷和南圣克拉拉县）。尽管存在所有这样的物理扩张，但是两个地区的人均收入的巨大差距这一事实说明城市和地区规划政策在形成收入差距方面并非重要因素。然而，在缺乏此类政策的情况下，人口水平无疑更低（因为企业和人口可能离开这些地区），人均收入则是另一回事。当发展限制更多时，通过选择有技能的人口实现人口增长，两个地区的收入实际上可能更高。不论如何，收入分化不能主要归因于这些因素。

最能有效影响人均收入的政策和整体利益（净现值）与成本比例最高的政策常常出现在针对部门进行员工培训的地区。大多数像企业特区之类基于地方的就业政策对于发展并无效果，甚至会产生负面影响，原因在于这些政策并未准确定位具体的产业部门（Bartik, 2012）。20 世纪 90 年代，深陷危机的洛杉矶曾经颁布了一些这样的政策，但是并没有得到很好的贯彻执行，而且最终不了了之。在两个地区之间产生分化期间，即20世纪50年代到70年代期间，直接的集群政策也没有得到贯彻执行。我们很难发现娱乐、航空航天、信息技术或生物技术集群的形成与正式的集群政策之间存在很强的关联性；相比之下，大洛杉矶的港口-物流综合体才是政府发展基础设施政策带来的直接后果。毫无疑问，这样的方法无法使地区转移到高工资的新经济产业中。总而言之，两个地区用于挽留企业或刺激企业的标准政策——税收鼓励、税收竞争及重点项目投资差别不大，不足以引起他们的收入分化。

但是现在来考虑另一种反事实的可能性：用于执行这些政策的一些资源，反过来被投入到一些经济发展文献证明对提高人均收入行之有效的政策上，这些政策是定位于产业的劳动力发展政策以及其他一些刺激高工资、高技能部门发展的手段（我们将在第九章讨论）。倘若在20世纪80年代，大洛杉矶就高瞻远瞩，施行针对部门的劳动力开发项目，鼓励新兴产业的研究者加强与企业家的联络，为新经济产业创建新的融资方式，那么情况又如何呢？这些积极的集群政策能否使得洛杉矶更成功地进入新经济，从而避免或缩小与湾区的人均收入差距呢？洛杉矶所施行的政策耗尽了有限的物质资源并分散了政治注意力。湾区的情况也一样，尽管湾区取得令人瞩目的经济成果，但是在掀起覆盖在地方和地区经济发展政策之上的朦胧面纱之前，我们无从得知它是否已将其潜力发挥到极致。要做到这点，地方和地区政府与联邦政府一起，将不得不研究出各种更清晰的经济发展措施，并以诚实且一以贯之的方式对它们进行汇报。

第七章　经济发展中的信仰和世界观：我们属于哪一个俱乐部？

诺贝尔经济学奖得主道格拉斯·诺斯认为："占主导地位的信仰，即制定政策的政治和经济企业家们的信仰，随着时间流逝，会形成一个复杂的制度结构，这一结构决定着经济和政治表现。"(North，2005：2)诺斯在他的获奖致辞中这样说道：

> 信仰结构通过制度——正式的规则及非正式的行为准则——转化成社会和经济结构。心智模式和制度之间的关系十分紧密，心智模式是个体认知系统创造出来解释环境的内部表征，而制度则是人们创造出来组织和整理环境的外部机制(相对于思想而言)。信仰和制度随时间进化，但是谁也无法保证它们一定能带来经济增长。学习则是一个渐进的过程，这一过程慢慢渗入社会文化，而社会文化决定着可感知的收益。但是，谁也无法保证人类社会过去积累的经验必然适

合用来解决新的问题，那些裹足不前的社会反映了信仰体系和制度未能面对并解决社会复杂性产生的新问题。(North, 1993)

本章第一部分将考察湾区和大洛杉矶领导阶层对于各自经济前景所树立的信仰(世界观)，余下部分则探寻两个地区中公共和私人行动者开发各自的协作能力并将之制度化的程度，我们称之为地区行为。

我们处于什么俱乐部？旧经济，新经济

因为基本的成本结构、生产力水平和收入等方面的水平不同，所以经济体中存在不同的地区和国家俱乐部。每个俱乐部自有一套如何应对挑战和把握机遇的可能性和约束条件。一般而言，低收入地区不可能专业从事高工资、高技能活动(它们的生产力与这些活动不匹配)。对于所有的城市地区，要想成功地进一步发展，就必须将其所属俱乐部的各种做法巧妙地结合起来，与此同时逐渐推动该城市的活动构成、劳动力和制度发展，从而能够进入更高一级的俱乐部，或者如果这个城市地区已经处于顶级俱乐部，那它就要通过创新保证其领先地位，力争留在这个俱乐部里。如果是这样的话，我们可以说该经济体正在积极进取；当一个经济体未能做到这一点，而且其经济地位日渐下滑，那么它就在走下坡路(Cooke, 1995)。因此一个地区的重要经济行动者很有必要明白自己处于什么俱乐部，这使得他们的愿望和战略保持一致，如果已经处于顶级俱乐部，那么就想办法继续留在里面；如果还没有处于顶级俱乐部，就继续努力向上进入这样的俱乐部。

1970年，洛杉矶和湾区都是极高收入俱乐部成员，两者也是极高成本地区俱乐部成员，原因在于两个地区的高土地、高住房和高消费价格的组合因素。自1970年以来，两个地区的制造业都输给了其他地区俱乐部成员，这些成员或是美国的中等收入地区或是发展中国家的低收入地区。然而两地的领导阶层对于这些变化的反应却不尽相同，洛杉矶领导层为自己选择了低端路线，而湾区的领导层则围绕着该地区的宏伟愿景团结在一起。

这样的论述和叙事在地区的政府联盟报告（the Southern California Association of Governments [SCAG] and the Association of Bay Area Governments [ABAG]）以及很多大洛杉矶和旧金山湾区商业-公民领导组织的报告里比比皆是[①]。我们记录一些领导

---

① 本章所分析的ABAG和SCAG报告如下：

ABAG报告

1984 ABAG, MTC, and California State Department of Transportation, 1984, "1984 - 1989 Overall Work Program: For Planning Activities in the San Francisco Bay Area," April 1984 (Major Report).

1985 ABAG, 1985, "Projections—1985: Forecasts for the San Francisco Bay Area to the Year 2005," July 1985 (Major Report).

1987 MTC, Caltrans, and ABAG, 1987, "Overall Work Program: For Planning Activities in the San Francisco Bay Area, 1987 - 1992," Draft January 1987 (Major Report).

1989 ABAG, 1989, Center for Analysis and Information Services, "Special Report: San Francisco Bay Area Economy: 1989 and 1990," January 25, 1989 (Major Report).

1990 ABAG and the Bay Area Council's LHEAP, 1990, "Blueprint for Bay Area Housing" (Major Report).

1998 ABAG, 1998, "Trends and Challenges Facing the Future of the San Francisco Bay Area" (Major Report).

2001 ABAG-sponsored report, 2001, "Blueprint 2001, Housing Element Ideas and Solutions for a Sustainable and Affordable Future" (Major Report).

2009 ABAG, 2009, "Projections and Priorities 2009: Building Momentum" (Major Report).

2009 ABAG, 2009, "Projections 2009: What If?" (Major Report), http://www.abag.ca.gov/rss/pdfs/whatif.pdf.

群体所坚信的事物以及他们对世界的看法，目的并非确定此类话语的精确性；相反，这些叙事和话语作为原材料，足以佐证这些领导群体在我们研究的几十年期间，是怎样理解问题和觉察机遇的。

此类话语有一些相似之处，因为 SCAG 和 ABAG 具有相似的

SCAG 报告

1984　SCAG, 1984, "Profile of an Economic Transition: A Status Report on the Southern California Economy" (Major Report).

1986　SCAG, 1986, "Draft Appendix III-D Baseline Projection," August 1986 (Pamphlet).

1988　South Coast Air Management District and SCAG, 1988, "Solutions for Southern California's Air Pollution, Growth and Mobility: Choices for Action" (Pamphlet).

1990　SCAG, 1990, "Economic Profile of the SCAG Region," SCAG regional economic profile, December 1990 (Major Report).

1991　SCAG, 1991, "Facts About Growth" (Pamphlet).

1992　SCAG, 1992, "Regional Comprehensive Plan," Volume 1, No. 1 (Pamphlet).

1992　SCAG, 1992, "Regional Comprehensive Plan," Volume 1, No. 2 (Pamphlet).

1993　SCAG, 1993, "Regional Comprehensive Plan," Volume 1, No. 4 (Pamph let).

1993　SCAG, 1993, "Regional Comprehensive Plan," Volume 1, No. 5 (Pamphlet).

1993　SCAG, 1993, "DRAFT: Regional Comprehensive Plan," December 1993 (Major Report).

1993　SCAG, 1993, "State of the Region Report," December 23, 1993 (Major Report).

2001　SCAG, 2001, "State of the Region Report" (Major Report), http://www.scag.ca.gov/publications/sotr01/sortofc.html.

2002　SCAG, 2002, "State of the Region Report" (Major Report), http://www.scag.ca.gov/publications/sotrpast.htm#sotr02.

2004　SCAG 2004, "2004 - 2005 Overall Work Program" (Major Report), http://www.scag.ca.gov/owp/pdf/104.pdf.

2004　SCAG, 2004, "Southern California Compass: Charting the Course for a Sustainable Southland" (Major Report), http://www.compassblueprint.org/files/scag-growthvision2004.pdf.

2005　SCAG, 2005, "Regional Airport Management Study," (Major Report).

任务，即明确本地区的交通和住房的需求。这两个机构在本质上就是地区的交流平台，主要参与者为各地方政府。当 SCAG 和 ABAG 致力于它们的主要任务：地区物理规划及管理，它们还得考虑地区的经济前途。除了这些政府委员会，两地的商业领导群体的愿景对比鲜明。洛杉矶经济圆桌会议和洛杉矶商会与湾区议会和硅谷合资企业协会的办事方式完全不同。

早在 20 世纪 80 年代中期，ABAG 就呼吁湾区注意“保持地方优势，建设一流的教育设施，[及]开发擅长未来职业的劳动力市场”（ABAG，1985：29）[①]。那个时期 ABGA 的典型看法是：“住房建设和交通能力不足会影响地区的竞争水平”（ABAG，1985：29）。湾区非政府的商业-公民组织更加关注地区经济；因此，湾区委员会经济研究所 1999 年以来发布的 51 份报告中，有 33 份报告的标题涉及湾区知识经济、创新、和/或生产力[②]。此类标题包括

---

① 自本章之后的报告参考文献都包括在脚注里，而不是列在书末的引用文献中。

② 本章分析的湾区论坛/湾区委员会经济研究所报告：

2012 The Bay Area Innovation System

2012 The Economic Impact of Caltrain Modernization

2012 The Economic Impact of the Affordable Care Act on California

2012 The Culture of Innovation: What Makes San Francisco Bay Area Companies Different?

2012 Innovation and Investment: Building Tomorrow's Economy in the Bay Area

2012 Accelerating Job Creation in California Through Infrastructure Investment: Opportunities for Infrastructure Asset Formation and Job Creation Using Public-Private Partnership Procurement Methods

2012 Innovation and Investment: Building Tomorrow's Economy in the Bay Area

2011 Benchmarking the Bay Area's Environment for Entrepreneur-Led Start-Ups

2011 Roadmap to a High-Value Health System: Addressing California's Healthcare Affordability Crisis

2011 Options for Financing the Restoration of San Francisco Bay Wetlands

2011 Employment in the Bay Area's Emerging Clean Economy

2011 World Expo 2020, Silicon Valley—USA: Economic Impacts

2010 International Trade and the Bay Area Economy: Regional Interests and Global Outlook 2010 - 2011

2010 Global Competitiveness, China and California's Emerging Clean Energy Economy

2010 Framework Conditions for Foreign and Domestic Private Investment in California's Infrastructure: Seizing the P3 Opportunity

2010 The America's Cup: Economic Impacts of a Match on San Francisco Bay

2010 Public-Private Partnerships: Alternative Procurement Methods for Campus Development in the University of California System

2010 Recession and Recovery: An Economic Reset

2009 Global Reach: Emerging Ties Between the San Francisco Bay Area and India

2009 Managing Recession: Strategic Responses to the Economic Downturn

2008 California High-Speed Rail: Economic Benefits and Impacts in the San Francisco Bay Area

2008 The Innovation-Driven Economic Development Model: A Practical Guide for the Regional Innovation Broker

2008 Human Capital in the Bay Area: Why an Educated, Flexible Workforce Is Vital to Our Economic Future

2008 Sustaining the Bay Area's Competitiveness in a Globalizing World

2007 Toward a California Trade and Investment Strategy: Potential Roles for the State in Global Market Development

2007 Innovative Energy Solutions from the San Francisco Bay Area: Fueling a Clean Energy Future

2007 BASIC Innovators Series, Number 2

2007 Measures to Reduce the Economic Impacts of a Drought-Induced Water Shortage in the San Francisco Bay Area

2007 Bay Area Innovation Network Roundtable: Identifying Emerging Patterns of the Next Wave of Innovation

2007 Shared Values, Shared Vision: California's Economic Ties with Canada

2006 Ties That Bind: The San Francisco Bay Area's Economic Links to Greater China

“湾区：新全球经济中的赢家”（*The Bay Area: Winning in the New Global Economy*，1999）、“创新经济：保护人才优势”（*The Innovation Economy: Protecting the Talent Edge*，2006）、“湾区创新网络圆桌会议：认定下一轮创新潮的新兴模式”（*Bay Area Innovation Network Roundtable: Identifying Emerging Patterns of the Next Wave of Innovation*，2007）以及“创新与投资：建设湾

2006 BASIC Innovators Series, Number 1

2006 The Innovation Edge: Meeting the Global Competitive Challenge

2006 Investing in California's Infrastructure: How to Ensure Value for Money and Protect California's Competitive Position in the National and Global Economy

2006 Employer Mandates and the Health Care Crisis: Economic Impacts in California and the Bay Area

2006 The Innovation Economy: Protecting the Talent Edge

2005 International Trade and the Bay Area Economy: Regional Interests and Global Outlook 2005 - 2006

2005 Visas for Higher Education and Scientific Exchanges: Balancing Security and Economic Competitiveness

2005 One Million Jobs at Risk

2004 Economic Impacts of Competitive Air Service at San Francisco International Airport

2004 The Future of Bay Area Jobs: The Impact of Offshoring and Other Key Trends

2004 Supercenters and the Transformation of the Bay Area Grocery Industry: Issues, Trends, and Impacts

2004 Nanotechnology in the San Francisco Bay Area: Dawn of a New Age

2004 Downturn and Recovery: Restoring Prosperity

2003 Meeting the Challenge of Homeland Security, 2nd Edition

2002 Hetch Hetchy Water and the Bay Area Economy

2002 Air Transport and the Bay Area Economy—Crisis in Air Travel: Weathering the Downturn

2002 After the Bubble: Sustaining Economic Prosperity

2001 International Trade and the Bay Area: Air Cargo, Technology and the Economy of Silicon Valley

2000 Air Transport and the Bay Area Economy—Phase Two

2000 Air Transport and the Bay Area Economy—Phase One

1999 The Bay Area: Winning in the New Global Economy

区明天的经济”（*Innovation and Investment：Building Tomorrow's Economy in the Bay Area*，2012）。纵观这些报告，可以发现它们对人力资本和技术集群、生产力增长、股东回报率增长、私人公司增长、湾区风险投资产业、世界 500 强企业设在湾区总部的数量、世界级学术和研究设施、创新手段、面对经济重组的顺应力等问题甚为关注。

2012 年，湾区委员会经济研究所总结了他们在此期间所持观点：

> 地区构思、研发新技术和商业模式并使之商业化的能力，以相互关联的创新体系为基础，这一体系由一系列不同的制度及网络连接起来，组成该体系的行动者拥有共同的文化观点，即如何创造价值。这些组成部分和过程构成创新价值链——因为创新充满活力，且是非线性的——这种价值链也可以被描述成创新云。这种体系已经通过多重危机和经济周期表现出弹性，它可以再造自身、重构自身。（Bay Area Council Economic Institute，2012a：1）

硅谷合资企业协会（JVSV）自 1993 年创建以来共发布 36 份报告，在这些报告中同样可以发现对知识经济的持续关注，并进一步强调地区经济的应变力及地区共同努力应对挑战的能力，特别是应对芯片工厂撤离硅谷的第一次浪潮的能力（Saxenian，1983；Khanna，1997）[①]。合资企业协会的愿景是“建设协作化共同体，

---

① 硅谷合资企业协会报告：

1992 An Economy at Risk

1995 The Joint Venture Way：Lessons for Regional Rejuvenation，Vol. 1

1998 Silicon Valley 2010：A Regional Framework for Growing Together

1998 The Joint Venture Way：Lessons for Regional Rejuvenation，Vol. 2

参与全球竞争”。

湾区领导阶层对于高工资、高成本经济的全球化意义也有十

1999 Workforce Study

2000 Index of Silicon Valley

2000 Internet Cluster Analysis

2001 Index of Silicon Valley

2001 Next Silicon Valley: Riding the Waves of Innovation

2002 Index of Silicon Valley

2002 Next Silicon Valley: Opportunities and Choices

2002 Workforce Study: Connecting Today's Youth with Tomorrow's Technology

2003 Index of Silicon Valley

2003 Building the Next Silicon Valley: Strategy and Actions

2003 Preparing Tomorrow's Innovators

2003 Tax Principles Workbook: A Tool for Critiquing Tax and Fiscal Proposals

2004 Statement of Principles: California Budget and Tax Reform Initiative

2004 Index of Silicon Valley

2004 Main Street Silicon Valley: Shared Issues, Snapshots of Success and Models for Moving Forward

2004 The Future of Bay Area Jobs

2005 A Vision of a Wireless Silicon Valley

2005 Index of Silicon Valley

2006 Index of Silicon Valley

2007 Index of Silicon Valley

2008 Index of Silicon Valley

2008 Smart Valley and Smart Health: A Final Report to the Community

2008 Cell Phone Coverage Primer

2009 Index of Silicon Valley

2009 Special Analysis: Economic Restructuring and Workforce Transitions

2009 Climate Prosperity: A Greenprint for Silicon Valley

2010 Silicon Valley Index

2010 Workforce Study

2011 2011 Silicon Valley Index

2011 Cross-Jurisdiction Collaboration: New Models for State, Regional, and Local Governments

2011 Purchasing Power: Best Practices Guide for Collaborative Solar Procurement

2012 2012 Silicon Valley Index

分清醒的认识：

> 只要先进经济体的研究和创新能力具有差异性和优越性，大多数早期小规模的高端生产就可能保留在先进的经济体里。同样，涉及敏感的知识产权或者要求高水平适应力以应对快速变化的需求和顾客服务需要的产品生产，将布局在本地市场附近，常常是如加州这样的较高成本地点。因此，未来的全球制造业的足迹，甚至单个公司，可能将会有不同的生产地点组合，“基础的”大规模生产迁往海外，而“定制”生产则保留在国内。(Bay Area Economic Forum, 2005)

与湾区领导阶层相反，SCAG 在是否将追求高工资、高技能的经济体作为本地区的目标这一问题上举棋不定。值得赞扬的是，早在 20 世纪 80 年代，SCAG 就意识到新知识经济的崛起，将洛杉矶制造业的丧失归因于

> 知识经济的崛起……理解这些转变可以在产业变化方面形成创新性地区政策（比如研发政策、投资模式、地区劳动力的教育和再培训项目）。(SCAG, 1984: 11)

但是这种观点对 SCAG 只是一个例外。整个 20 世纪 80 年代期间，SCAG 的言论大多只是平淡乏味的关于“正在发生的转型”的技术论调，最具代表性的如“政策的主要任务就是‘使得劳动力供给和条件适应就业需求’”(SCAG, 1984: 16)。

20 世纪 90 年代初期，美国经历了经济衰退，而大洛杉矶的经济衰退比整个国家的情况更加严重。洛杉矶的房地产业遭受了

1989年国家房地产周期结束的打击，其房地产价值比北加州历经更大更长期的衰落。社会动荡又加剧了这个地区的灾难。1992年，爆发了“罗德尼·金骚乱”。在这种危机氛围中，SCAG暂时将重心放在新经济上。在1993年拟定的第一份地区总体规划(RCP)中，SCAG宣称“地区规划的基本经济目标必须是改善在此工作和生活的人们的福利和生活水平……真正/最接近的客观标准就是实际个人收入”(SCAG, 1993: 2.4)。因此，“2010年的收入目标应该以1990～2010年期间实际收入的增长率来表示”(SCAG, 1993: 2.4)。为了实现收入增长，SCAG倡导服装、娱乐、旅游、环境技术、航空航天及国防、外贸服务、先进的交通系统以及生物医学设备等产业基于集群的宏伟发展。洛杉矶经济圆桌会议积极响应这一号召，并断言，

> 产业发展战略可以通过改变现有企业的发展前景，帮助挽回航空航天业丧失的资本投资及其熟练劳动力的经济生产力。它还可以为地区经济开创一条崭新的充满活力的增长轨道。(Los Angeles Economic Roundtable, 1992)[①]

---

① 洛杉矶经济圆桌会议报告：

2012 Getting to Work: Unemployment and Economic Recovery in Los Angeles

2012 Equity Below the Wing

2012 Rental Housing 2011: The State of Rental Housing in the City of Los Angeles

2009 Ebbing Tides in the Golden State

2009 Economic Study of the RSO and the Los Angeles Housing Market

2009 Ebbing Tides in the Golden State

2009 Benchmark for a Family-Sustaining Wage in Los Angeles

2008 Op-Ed: Organized Labor Lifts LA Economy

SCGA 也强调了解决经济弱势群体需求的重要性：

> 公共的、私人的及非营利组织必须了解并灵活应对不同社区及其居民变化多样的需求。为了群体之间能够和谐共处，现有组织必须积极行动，开展社区层面的对话，并且创建可以解决当地问题的论坛。（SCAG，1993）

2008 Concentrated Poverty in Los Angeles
2007 Planning Economic Growth
2007 Economic Footprint of Unions in Los Angeles
2006 Public Outlays, Local Jobs
2006 Jobs in LA's Green Technology Sector
2006 From the Pockets of Strangers: Economic Impacts of Tourism in LA
2006 Poverty, Inequality and Justice
2006 LA Workforce Investment
2005 Hopeful Workers, Marginal Jobs
2004 Benefits of CRA/LA Social Equity Policies
2003 Prisoners of Hope: Welfare to Work in Los Angeles
2002 Running Out of Time: Voices of Parents Struggling to Move from Welfare to Work
2002 Workers Without Rights
2001 When The Big Wheel Turns
1998 Survival Skills: Welfare to Work in Los Angeles
1998 Ventura Capital Market Connection Survey
1996 Post Cold War Frontiers: Defense Downsizing and Conversion in Los Angeles
1994 Technology and Jobs: Defense Conversion in the Los Angeles Region
1994 Fuel Cells for Transportation: Technical Feasibility and Economic Impacts
1993 Creating Transportation Jobs: Aerospace Industrial and Workforce Capabilities for Surface Transportation Manufacturing
1993 Air Quality Rules in the South Coast Basin: Industrial and Geographic Impacts
1992 Los Angeles County Economic Adjustment Strategy for Defense Reductions

但是这些关注都只是昙花一现。在这个十年结束的时候,SCAG在1993年确定的众多集群中,外贸服务(如港口-物流综合体)是唯一得到领导阶层持续关注的产业。正如2008年以来担任SCAG执行董事的哈桑·伊克拉塔所言:"在航空航天业(衰落)之后,港口、机场、仓储等物流业成了经济活动的主要贡献者。因此,我们地区进行了很好的调整,用产业再造自己"(Ikhrata, 2011)。前面章节里我们已经谈到这一点,对于港口-物流产业过度关注的效果便是对新经济的忽略。

取代新经济议程的是,地区领导们转向发展低工资产业,比如轻工业,他们相信洛杉矶县可以利用其现有的制造技术基础形成地区增长。为了支持对成本敏感的制造业,SCAG在2001年度地区现状报告中强调降低商业成本的需要。洛杉矶县应该"消除重新开发未充分使用的土地的政治障碍"(SCAG, 2001: 33)。在他们看来,洛杉矶因而更受"制造业或批发业的中等阶级和工薪阶级欢迎"。这样的支持会降低他们在"如里弗赛德-圣贝纳迪诺或者东部橙县之类的地方"重新选址定居的几率(SCAG, 2002: 29)。事实上,洛杉矶县领导阶层相信他们仍然能够直接与低工资、低土地成本的内陆地区竞争,即使那些地区处于一个不同的发展俱乐部。尽管洛杉矶没有采取措施将土地成本降低到足以吸引土地密集型制造业回到这个城市,但是SCAG的观点还是影响着洛杉矶的城市政策。

> 为应对洛杉矶尤其是洛杉矶市区大量产业工作岗位的流失,市长呼吁改变土地使用策略,以阻止或禁止将工业用地转化成住宅或其他非工业用途,这是维拉戈沙市长的产业工作岗位战略的部分内容。(Woo, 2009)

胡自己很了解 SCAG 推理的弱点，并投票反对限制工业用地用途转换：

> 作为一个规划专员，虽然我赞成保留产业工作岗位的作用，但我还是认为这与区域划分无太大关系，我觉得其他如工资水平之类的因素，而非市中心房地产区域划分，与产业工作岗位分布地点关系更为密切。(Woo, 2009)。

一直以来，SCAG 对传统制造业的重视得到洛杉矶经济发展委员会/凯泽经济研究中心的积极响应。在它们题为“制造业：南加州始终不容忽视的力量”(*Manufacturing: Still a Force in Southern California*)的 2011 年度报告中，我们可以读到这样的内容：“如果想把制造企业吸引到这个地区，我们需要足够的可用工业用地，这样可以使得接壤工业区的邻居明白制造业对于地方经济的重要性。”(LAEDC and Kyser Center, 2011)换言之，就在美国及每一个先进经济体中的制造业急速下滑之际，洛杉矶领导阶层仍然坚信，他们能够维持制造业，并且制造业将可能对地区收入水平产生积极作用。

对于地区人均收入下降，SCAG 的解释不是通过技术改变和常规性制造的重新布局引起地区劳动力需求的结构性转变，而是地区的劳动力供给造成的。正如第四章讨论的，20 世纪 80 和 90 年代是拉丁美洲移民涌入洛杉矶的高峰时期。与此同时，20 世纪 90 年代的经济衰退使得很多人迁出洛杉矶。“迁出移民中 81%至少完成了高中学业，而近年来迁入的移民中只有 46%受过同等教育。”(SCAG, 2002: 3)SCAG 认为“由于经济衰退和持续不断的外国移民引起史无前例的大量人口外迁”造成了这种人口转变。SCAG 在不知不觉中陷入了宿命论：“瞧，这是市场经济。没有一个实体，不论是公共的还是私人的实体，能够协调这样的情况。所以我认为市场最能够进行自我调整以适应[航空航天业的衰落]。”(Ikhrata, 2011)实际上 SCAG 将洛杉矶地区同与之处于不同的发展俱乐部的得克萨斯作了比较：

> 一些公司正在撤离南加州，或者说加州，我想这是因为一个众所周知的事实，即公司在这里会比在别的地方，如德克萨斯，遇到更多的管制。我不是说这很糟糕，在一定意义上加州很具吸引力，因为它在努力做一件正确的事，这也是一件进步的事情，但另一方面，如果你是一个拥有 100 名员工的企业，为了开创事业你得支付数目庞大的一大笔钱，而别的地方更便宜，你当然会选择去那里。(Ikhrata, 2011)

洛杉矶经济圆桌会议比 SCAG 的分析更为细致入微，但是最终却表现出极大的矛盾性。在会议的 32 份报告中，8 份发布于 20 世纪 90 年代，另外 23 份发布于 2000 年以后①。90 年代发布的 8 份报告中有 6 份聚焦于该地区国防业向着重于商业效益的高工资产业的转换或者其他知识型产业集群。但是到 2000 年以后，它们的注意力却转向无家可归、贫穷、失业、可支付住房、不平等以及环境等方面，23 份报告中仅有 3 份关注诸如绿色科技和旅游业之类的高工资产业集群的发展。

与洛杉矶形成鲜明对比的是，湾区的精英们自 20 世纪 80 年代开始就一直将本地区经济视作新知识经济，他们十分重视科技、创新和技能。不论我们分析的报告——从经济复苏到住房、交通

---

① 参见 177 页注释。

及环境的——中心目标是什么，有一点是肯定的，那就是湾区领导阶层坚持把本地区的经济看成一种知识经济。湾区领导阶层的做法展现出一种对新经济精确而多方位的理解，包括被认为是创新和顺应力关键因素的人力资本和产业集群，以及社会-制度和关系网络。洛杉矶领导阶层固执地相信他们可以使时光倒流，并且沿着目前这样的道路前行，他们足以跟德克萨斯、阿拉巴马和墨西哥州抗衡。他们以社会正义之名行事，为低技能从业人员争取工作岗位。这些高贵的意图来自于关于经济发展的信仰结构，这一信仰结构对于大洛杉矶所属的高成本俱乐部是不合时宜的，原因在于大洛杉矶的规模和人口密度以及它高成本俱乐部成员的身份带来的不可逆转的高土地、劳动力和消费价格。

学习地区协同行动

两个都市地区都未设立具有协调地区发展政策权力的地区发展机构。然而，很多地区性重要计划或是由该地区较大城市执行，或是由市县政治联盟创设的特定目标的机构执行。就地区计划和倡议而言，我们指的是地区尺度的具有重要影响或溢出效应的具体计划；此类计划包括一些硬件基础设施建设或地区范围内的管制（比如空气或水、海岸管理或开放空间管理项目）。这些计划和倡议之所以有趣，是因为它们是诺斯（2005）所定义的制度建设中“社会学习”部分的重要构成元素。接下来，我们感兴趣的不在于这些地区计划本身，而是它们所揭示的地区协调能力、政治文化以及每个地区所经历的学习过程。[①]

---

① 首先我们以访谈和文献研究为基础，勾画出地区计划和重要法案的时间线。在第二个阶段，我们对每一项地区法案进行了深入研究，通过访谈证实了我们的发现。

1900～1950年：洛杉矶和旧金山的地区基础设施建设阶段

19世纪末期至20世纪中期，两个地区都处于飞速发展时期(Brechin，2006；Erie，1992；Fogelson，1993)。在早期发展阶段，两个地区都雄心勃勃地执行地区的基础设施建设计划。例如，在20世纪早期，为了从加州内陆地区引水至它们所在的半干旱海岸带，旧金山和洛杉矶都开发了水利基础设施：引自欧文山谷的洛杉矶水渠和约塞米蒂国家公园的赫奇赫奇水渠和水库。20世纪前半叶，湾区和洛杉矶也大举建设铁路交通系统。洛杉矶主要有两条铁路系统：黄车是在洛杉矶市中心运行的有轨电车网络；红车则是连接洛杉矶、橙县、文图拉、圣贝纳迪奥和里弗赛德等县的地区电气化铁路系统。在湾区，东湾公车连接整个东湾，并依靠摆渡与旧金山相连；旧金山还将有轨电车系统合并成旧金山城市铁路。除了铁路网络，受到1916年加州高速公路法案、1925年的联邦高速公路法案、1933年的布雷德法案以及1944年的科利尔-伯恩斯法案的鼓舞，两个地区不遗余力地开展大规模的公路和高速公路建设。在这些州和联邦政府项目实施的同时，两个地区还进行了大范围的城市道路施工。

两个地区还制定了地区战略以减少空气污染。20世纪前半叶，烟雾侵袭洛杉矶是司空见惯的事情，1903年的一次严重污染甚至被市民误认为是日食现象(Air Quality Management District，1997)。1939～1943年期间，由于工业活动大肆扩张，大气能见度严重下降。洛杉矶县监事会于1943年采取了应对措施，成立了美国第一个烟雾和废气委员会。他们禁止浓烟排放，还成立了空气污染控制主管办公室。但是只有洛杉矶市采纳了他们推荐的烟雾管制条令，其他 45 个城市很少或几乎没有采取任何行动。在洛杉矶商会和石油公司的强烈反对下，监管者采用立法的办法，于 1947 年建立了全县范围的空气污染控制区，并要求所有主要产业必须获得空气污染许可。到 1950 年，橙县建成自己的空气污染控制区(APDs)，里弗赛德和圣贝纳迪诺纷纷效仿。20 年后，这四个空气污染区于 1977 年合并形成南海岸空气质量管理区。

在北方，19 世纪末期，圣克拉拉县建立了自己的空气污染控制区，紧随其后的是像南加州一样的地区化过程，1955 年创建了湾区空气污染控制区，这是全国第一个地区范围的空气污染控制区。空气控制区最开始包括康曲科士达、马林、旧金山和圣克拉拉。刚开始的“不活跃成员”纳帕、索拉诺和索诺马在 1971 年成为正式成员。

20 世纪 50 年代前的一段时期见证了洛杉矶和长滩港、旧金山港，以及两个地区的主要机场的建成。因此，两个地区完成了地区建设的主要任务。但是两者之间存在一个重要差别。湾区中间有一个海湾，这样特殊的地理状况促使不同共同体和各方政治管辖区寻求解决造价高昂的跨湾交叉路口问题，共同设计工程和制度方案，原因在于这些工程涉及规模经济和高沉淀成本(因而也很难改变)。

很多县、市呈环状分布在旧金山海湾周围，因此它也就成为激励政府之间协作行动的天然刺激物；仅仅依靠连接分散于各县、市的当地主干基础设施而把这些地区联结起来几无可能，要将各县、市连接起来要求具有完全不可改变的和规模经济的工程项目，以及各行政辖区共同分担成本及联合治理。大洛杉矶地区缺乏这样的地理特征，因此它无法激励各区域就利益和管辖权达成一致。

迈克尔·胡归纳了这种差别：

> 我想强调的地理重要性不仅仅是距离方面的，而是像大部分人都看见、经过或(在一定程度上)受到影响的一大片水域这样的地理特征，但是在这里没有这样的地理特征，也就无从驱使人们以同样的方式奋斗，从而保护这片海湾，并最终创设海湾保护及发展委员会……在这里(南加州)，没有像湾区那样显性的地理特征去激励人们干点什么。(Woo，2009)

湾区主要的桥梁项目有连接旧金山和奥克兰/东湾的跨海大桥和金门大桥，两个项目均要求成立多县权威机构，以修建和运营桥梁。而大洛杉矶则根本没有相同的跨区域的特定目标机构，洛杉矶的很多基础设施需求只是由该地区的"至高无上的"参与者洛杉矶市提供的。然而，正如阿尔伯特·赫希曼在其有关发展计划的经典著作中所观察到的，有时候一些障碍(比如一个海湾、分裂的决策体制)能够促进常规合作的发展，然后转而他用之际便转变成一种优势(Hirschman，1967)。我们将会在地区快速轨道交通的政治这一实例中看到这一点。

学习和制度建设方面的重大分化

20 世纪 50 年代两个地区领导在社会学习方面开始产生重大分化。这种分化在如下几个政治领域可见一斑：地区公共交通系统政治；拯救旧金山湾使之免受填埋之害，保留地区开放空间。纵然两个地区都建立了地方和地区公共交通系统，当两个地区走向成熟之际，这些系统都遭受到汽车的挑战。到 20 世纪 40 年代，洛杉矶陷入一场如何处理红车系统(太平洋电车公司)的纷争之中。这一系统连接着洛杉矶市区和大洛杉矶其他主要城市中心,但是其他城市的发展改变了该地区人口的分布和流动模式。市民发起的快速轨道交通运动倡导升级太平洋电车公司的市际铁路系统,目的在于将洛杉矶市区和正在发展的城市连接起来。然而,较新的城市中心却将这一计划看作是“对它们内地的蚕食和殖民化”(Alder, 1991)。与此同时,汽车的流行削减了乘客人数。1932 年开始,洛杉矶铁路属下的市际交通系统和当地电气有轨电车公司出现运营亏损,投资下降,整个系统陷入困境。在这样的背景下,南加州汽车俱乐部建议建设连接整个地区的城市的大规模区际高速公路网络。洛杉矶市议会于 1945 年资助了一项研究,既支持高速公路又支持高速公路中央分道区的铁路网络以及红车系统的升级,他们相信后者将有利于洛杉矶市中心变成许多大公司总部的设立地点。

市议会指定洛杉矶商会的都市运输交通委员会(MTCC)负责,该委员会又成立了快速交通集团(RTAG)。1948 年,RTAG 提出交通区授权法案,并向 800 个企业、公民和政治领导团体公布了一项 3.1 亿美元的地区交通运输方案,“轨道快速运输——现在!”方案中有关轨道的内容遭到加州城市联盟洛杉矶县分部的反对。长滩市议会一致反对这一方案,市议员拉姆齐称“如果这条高速轨道运行的话,我们当地的购物者们就会坐上轨道车去洛杉矶买上一轴线”(Pomona Progress-Bulletin, January 27, 1949; cited by Alder, 1987: 158)。克莱尔蒙特市长反对这个方案,并声明市民“不信任洛杉矶”;曼哈顿海滩市长则以周围城市人们“不断增长的不满情绪”言论回应了这种对洛杉矶的不信任感。圣莫妮卡《晚间观点》(*Evening Outlook*)的一篇社论写道,这个计划“旨在挽救洛杉矶市中心的购物区，但是所有纳税人都要付出极大的代价。除了洛杉矶市中心商人想要扭转25年之久的趋势的需求，有轨铁路的存在实际上没有什么经济需求”(*Santa Monica Evening Outlook*，April 18，1949；cited by Alder，1987：158)。对区授权法案反对的声音甚至来自将洛杉矶内部的市中心视为竞争对手的邻近地带。设在威尔希尔区的洛杉矶房地产局把这个计划说成是“社会主义的”，并且注定了纳税人要无休止地掏钱补贴，因为那时候洛杉矶的人口密度很低。在这种情况下，即便是最能从中获益的洛杉矶市议会，也以8∶6的投票结果反对该项计划。

湾区面临同样的挑战，但是处理方式却完全不一样。二次世界大战及战后人口激增，增加了跨海大桥交通拥堵度，而且桥上事故频发。两项研究项目受托寻求解决办法。陆军-海军联合委员会(JANB)提出一个短期解决办法，即在奥克兰的阿拉米达县和旧金山南部之间修建另外一条铁路通道；委员会还提出一个长期解决方案，修建一条跨海湾水下隧道，将位于海湾两端的轨道交通线连接起来。这是第一次提及湾区快速交通概念(Alder，1987：162)。在JANB提交报告之后几天，加州公共工程部公布了他们的建议，提议在跨海大桥北端仅300英尺处修建一条铁路通道。

对抗的一方是奥克兰市区领导和康曲科士达县中心土地开发商(他们支持在跨海大桥北端修建一条平行通道)；对抗的另一方是圣马特奥、圣克拉拉和南阿拉米达这几个半岛上的县，它们支持在跨海大桥南面修建通道。旧金山一开始支持修建南面通道，因为这样可以减少市中心的拥堵，并且可以将跨州铁路终点站转移到南旧金山，当时的终点站位于奥克兰。但是铁路公司不赞成这个想法，结果旧金山商业团体改弦易辙，转而支持修建北面通道，与此同时，还发起一场全地区范围的轨道快速交通系统运动。

就像洛杉矶地区的次级城市（如长滩）一样，奥克兰领导阶层极力反对旧金山倡议的全地区快速轨道交通系统。

> 奥克兰与其他几个较小的东湾城市将此运输交通倡议看成是旧金山维护其地区霸主地位这一历史模式的又一次努力，所以他们全力以赴奋起反抗。（Alder，1987：164）

正如洛杉矶商会对RTAG所做的一样，旧金山也提出交通区授权法案。当洛杉矶商会放弃对铁路系统的支持，旧金山商业领导却重整思路并获得成功，一项州法案通过了，在1951年成立了湾区快速交通委员会（BARTC），自此洛杉矶和旧金山快速交通运动的分化开始产生了。1953年，BARTC和洛杉矶都市交通运输管理局（LAMTA）都要求州议会对各自的地区交通做出需求评估并申请资金，但是BARTC的请求得到批准，LAMTA则被拒绝了。“此刻这两场运动产生了重大的分化。”（Alder，1987：165）

一项名为地区快速交通（RRT）的研究弥合了旧金山和奥克兰之间的裂缝，这是由建筑公司柏城集团、霍尔和麦当劳共同展开研究的项目。他们建议沿着当前的跨海湾走廊修建一条水下隧道，在奥克兰市区的交通枢纽与东湾交通路线汇合，这样就使奥克兰市区和旧金山市区的利益达成一致。这样做的代价是与海湾南部的圣马特奥和圣克拉拉县产生了新的矛盾，这些县倾向于修建南面通道。还有一个需要克服的障碍是，长久以来东湾计划为公共汽车创设阿拉米达-康曲科士达交通区（ACCTD），以取代铁路系统。ACCTD支持者并不认为东湾交通系统和地区交通系统是相互排斥的，他们只是想强调东湾独立和自治的重要性。旧金山有自己的城市铁路，但正如他们所见，这并不妨碍地区交通系统。旧金山公民领袖西里尔·马格宁建议成立一个特别委员会，成员包括旧金山和东湾各县市，委员会同意建设地区交通系统，反之，旧金山也接受创设 ACCTD。不同地区在强有力的公民领袖的帮助下结束了他们的敌对状态，保护外部资源。洛杉矶市区领导人无力使自己的市议会支持轨道交通系统，任由将公共交通等同于社会主义的指责泛滥，相比之下，旧金山的商业利益集团致力于为地区谋取利益。

政治地理与地区治理

在两个地区形成全局观念的学习过程中，影响它们的最重要的因素是政治地理的差别。湾区由十个县构成（据 2010 年人口普查），其中几个县人口在 200 万以内，形成平等竞争。大洛杉矶的面积是湾区的两倍，却只有五个县，而且其中之一的洛杉矶县人口数超过整个湾区。湾区的政治地理更加分裂，但结果证明这是幸运的。圣马特奥县在 1962 年从 BARTD（湾区快速交通区，其前身是 BARTC）退出，马林县紧随其后退出，提出修建一条金门大桥通道，但是这是一个难以实施的计划。边远的康曲科士达县利益群体试图将康曲科士达县从 BARTD 拉出以助长这个势头，但是却以失败告终，这在一定程度上要归功于住宅开发商利益群体对 BARTD 的大力支持，开发商们一直想通过跨海湾铁路，将未来的郊区居民与奥克兰市区和旧金山市区的雇主们连接起来。勉强逃脱了失败的命运，“一个比 RRT 预期的要小得多的 BART 系统一路跌跌撞撞坚持到 1962 年的投票公决时刻，在投票过程中，旧金山 BART 的大量支持票与高速公路的反对票一起，以微弱优势胜出”（Alder，1987：170）。因此，当圣克拉拉、马林和圣马特奥县出现反对 BART 的意见时，就可能重新设定修改计划，最终仅三个县通过了这个简化版计划。

就洛杉矶的政治地理而言，这样的结果在南方是不可能产生的。洛杉矶县是美国最大的县，其人口占整个地区人口总量的60%，在湾区找不出与之规模相当的县。在这样的地方，要实施一项措施必须得到全县各辖区大多数群体的同意，但是众口难调，意见很难达到一致。我们可以用一个反事实的设想来说明这一点，假如洛杉矶县被划分成四个同等大小的县，它的偏远地区就会退出地区交通计划；对于洛杉矶来说，它们就像湾区的马林、圣马特奥和圣克拉拉县对 BART 计划投出反对票一样。相比之下，如果洛杉矶的城市中心，从洛杉矶市中心到圣莫妮卡，可能还包括一些自洛杉矶南面和东面延伸的产业带，位于两个人口密集的高就业县，情况就类似湾区的旧金山和阿拉米达县。它们就可以考虑一个缩小版的计划，而且更可能赞同这一计划。这个缩小版的计划，就像北部的 BART，一开始可以不必考虑服务于偏远地区而得以建成。

在我们这里描述的所有历史事件中，没有一个地区能在本地轻轻松松地结成联盟，时至今日，这仍然是一个事实。湾区委员会经济研究所所长肖恩·伦道夫说，分裂使“在都市层面找到发展方向、达成共识、采取任何一种联合行动、实施计划都变得异常困难，因为这些权力方往往各自为政”（Randolf, 2009）。但是强有力的公民领袖，不同的自然地理条件及不同的政治地理结合在一起，帮助湾区全地区采取一致行动。每当湾区想方设法采取地区行动时，这种行动又反过来加强了其城市和公民领袖将来协作行动的能力。

阿尔塞纳和斯波劳瑞（2003）为这种现象建立了一个规范模型。大的行政辖区的优势在于能够承担大规模经济的项目，但是如果它们的规模有可能将有各种各样偏好的群体组织到一起，它们面临的挑战就是能否得到内部大多数群体的支持。较小的行政辖区（比如小的县）的优势是内部更加统一，在决策时会少一些冲突，政治交易成本相对较低。但是当项目具有较大的最低优化规模时，它们的小规模就成为一种劣势。当它们想要实施较大项目时，就只能与其他辖区结成联盟。以这个理论来看，湾区拥有几个中等规模的县、市，而且它们大部分支持 BART，但是洛杉矶却没有这样的县、市。湾区曾尝试建立地区联盟，但却是徒劳的，不过它能够团结足够多的较小辖区，以达到使 BART 可行的最小规模。这样的同盟在大洛杉矶被削弱了，以至于根本达不到大多数选票通过的阈值，这是因为大洛杉矶处于更大的，内部更加不统一的地区里，特别是洛杉矶县。

自然地理与区域治理：20 世纪 60 年代的拯救旧金山湾运动

湾区的自然地理除了促进地区轨道交通发展的作用之外，还激励该地区学习解决地区范围内的其他问题。1959 年，美国陆军工兵部队将一项研究结果公之于众，该研究显示旧金山湾因城市化原因正在被填平，以此填充速度，旧金山湾将在 100 年内消失。对此项研究结果的回应是，在 1960 年，三名东湾妇女带头成立了拯救旧金山湾协会，其中一名是加州大学一位校长夫人。“拯救旧金山湾”在短时期内迅速发展成拥有几千名会员的协会，它发起运动，说服民众相信填平海湾是整个地区所面临的严重问题（Berke，1983：490）。伯克利大学的政府研究所为响应这一运动，于 1963 年发布了一份更加全面的报告，题目为“旧金山的未来”（*The Future of San Francisco*，M. Scott，1963）。拯救旧金山湾还发起一场立法运动，最终形成参议院法案 114，成立了旧金山湾研究委员会，委员会由9个董事会成员组成，分别代表湾区9个县。1965年提交给立法机构的报告建议创设旧金山湾保护和发展委员会(BCDC)。1965年，加州议会颁布了麦卡蒂尔-佩垂斯法案，赋予BCDC权力，批准或否决开发商或城市的填平海湾提案。自此，填平海湾行动被大大削弱，到2012年甚至通过恢复海涂之举使得海湾有所扩大。公共海岸线从1969年的4英里增加到今天的200英里(Save San Francisco Bay Association, 2012)。BCDC实际上是美国的第一个海岸管理机构。

在湾区，拯救海湾运动是一次重要的社会学习经历。用"致力于开放空间的人们"奠基人多罗西·沃德·厄斯金的话来说：

> 在进行这些斗争之际，你开始形成一种意识，就是想要跟一些愿意参加战斗的不同的新伙伴组成团队的意识。对于每一个这样做的个体，这种影响是非同寻常的……在努力做这些事情的时候，人们完全改变了。(引自 Walker, 2008:187)

在湾区，拯救海湾运动并非独一无二的。湾区是20世纪美国环境保护主义的主要发源地。1892年，旧金山为解决市政供水问题而修建水坝，淹没并摧毁了约塞米蒂国家公园的部分区域，为此一些旧金山的环保人士创建了塞拉俱乐部，今天塞拉俱乐部已经成为美国最大的自然保护组织。发轫于湾区的美国环保运动通过游说活动，在20世纪初创办了国家公园管理局，并在20年代成立了美国最大的国家公园系统。20世纪30年代，抢救红杉联盟和国家荒野保护运动皆发源于湾区。

到20世纪50年代，这些自然保护运动将目光转向自己的家乡地区。20世纪50年代，加州郊区迅速扩充成湾区的农业边缘带。湾区环保运动对此的回应是1955年在圣克拉拉倡导通过了地区第一项绿地保护法。他们后来于1965年推动了全加州土地保护法(威廉姆森法案)的颁发,这项法令为那些未将土地转为市政建设用地的农场主减轻税收。在20世纪60年代和70年代的城市化过程中,这一举措拯救了加州葡萄酒之乡的中心地带——纳帕山谷。

20世纪50～70年代之间,湾区的环保运动主要关注城市控制和地区绿地创建。这一运动可以溯源到三个团体,“进步”是20世纪30年代一群来自加州大学伯克利分校规划专业的学生组成的团体,该团体“在1939年策划了一次颇具影响力的‘生存空间’展览,展览唤起了旧金山人的现代规划和建筑及城市绿地的意识”(Walker, 2008:192)。第二个团体来自于加州大学伯克利分校的公共行政管理局,这个机构“专注于市政改革的进步传统,一直是地方主义和良好政府的孵化器”(Walker, 2008:192)。第三个团体是由科学家、改革家和新闻记者组成的批判性知识分子团体,他们强烈谴责人口快速增长和发展对环境造成的冲击。这些团体积极敦促地方政府关注环境保护,虽然他们并没取得成功,但是他们的思想却促成湾区政府联盟(ABAG)的创办。到1958年,一个罕见的美国政治联盟形成了,其中包括现代主义城市规划师、环保主义者及城市改革家,该联盟被命名为“致力于地区娱乐与公园的公民”。他们关于开放空间的第三次会议的直接结果就是1965年通过《昆比法案》,该法案使地方政府有权要求开发商留出公园和开放空间的空地,或者要求他们为征用公园而付费。在20世纪70年代,关注点转向增长控制。湾区所有城市开始通过限制住宅单元数量、污水系统、定时控制、城市服务限制线、绿地、市区限制、给农业保护区划拨大片土地以及支持对工业布局进行更严格的管制等措施，从而设置增长限制。

第一章和第四章提供的证据说明湾区和洛杉矶土地使用管制水平相当，并且在我们研究期间，两个地区都准备增加住房存量和人口数量。湾区强有力的开放空间运动不但没有阻止该地区的增长，反而通过在整个都市地区建设绿地的做法帮助湾区实现了跳跃式增长。这类似于伦敦的情况（Cheshire，2013；Cheshire et al.，2013）。这也有助于解释为什么尽管湾区有着界限更分明也更紧凑的地方社区，且住房成本达到峰值，其平均人口密度低于大洛杉矶，但是二者却仍然有着同样的交通问题。湾区改变了增长方式，但并未停止增长。

正如沃克在他的历史分析中观察到的："湾区的环保故事证明了精英在土地保护和自然保护中发挥的巨大作用。"（Walker，2008：37）湾区的地区性网络由形形色色的参与者构成，其中有公民联盟、知识分子和学者、科学家、商业领袖、政界精英、环保主义者、规划师、律师、新闻记者以及私人基金会。这一社会学习与该地区漫长的环保运动史紧密相连，因而也跨越了社会、地理政治学和经济学的界限。

阿拉米达走廊：在大洛杉矶学习如何各自为政

如第六章所提到的，阿拉米达走廊是一条 20 英里长的铁路货运快速路，它位于两个圣佩德罗港口和洛杉矶市中心之间，从强化地区经济专业化的政策意义上讲，该走廊的建成是地区工业政策的一个成功范例。然而，因为港口和物流业的低工资结构，阿拉米达走廊在提高大洛杉矶的人均收入方面是失败的。但是这个工程的确需要各机构之间的大量合作，以及一个强有力的政治联盟。

在此意义上，我们可以把阿拉米达走廊工程视作学习以地区全局为重的协同行动的可能的例子，我们也以同样的方式看待湾区的几个事例：建设和管理跨海湾桥梁、拯救旧金山湾、创建湾区绿地等，尽管在这些事例中也存在不同的、有时常常是冲突的地方利益。

阿拉米达走廊工程从最初的构思到开始运行仅仅花费了21年时间，整个工程完成也在预算范围内，这在重要的公共工程项目中实属罕见(Flyvbjerg, 2005)。然而，这个工程并不涉及我们在本章所界定的学习地区协同行动的经验。阿拉米达走廊穿越八个城市，最初理事会成员(ACTA)除了两个私营铁路公司、港口和县交通局，还包括来自所有城市的代表。但是“庞大的理事会带来的是会议上反复不断的分歧和瓦解。ACTA很难做出任何重要决策，工程或多或少被拖延了”(Agarwal et al., 2004: 2)。阿拉米达沿途城市

> 极其关注修建活动对本地造成的影响、业已增加的铁路交通压力和其他对邻近走廊的居民和商业的负面影响。这些城市始终无法释怀，它们认为虽然这个工程惠及全地区甚至全国，但是它的外部成本和不利影响却高度集中于走廊所经过的地区。(Agarwal et al., 2004: 13)

圣佩德罗湾两个港口对于走廊沿途城市的立场的回应便是将它们踢出局。1995年，他们修改了ACTA的共同权力协定，将工程财政权移交给新创设的财政委员会，该委员会由港口和县交通机构构成，它们“投票决定六个走廊沿途城市丧失理事权力”(Agarwal et al., 2004)。走廊沿途城市对此提起诉讼却以败诉告终。ACTA理事会从16个成员骤减至7个，永久性地将这些城市排除

在外。新理事会只包括来自两个港口的代表，长滩市和洛杉矶市（港口城市）以及县交通委员会。

新 ACTA 还得就土地使用权力与这些城市继续斗争，这些城市还得给予工程建设许可。因此 ACTA 采取各个击破的手段，分别与这些城市谈判，并提出给予最贫穷的城市一些重要的资金补偿以减轻损失，再辅之以经济发展手段，以平息愤怒的工人阶级选民的怒火。虽然他们成功地感化了一些社区和劳动群体，但是大多数群体仍然愤愤难平。

大多数较低利益和较高成本集中在被排除在决策之外的走廊沿线城市。阿拉米达走廊工程成功地将港口到洛杉矶市区的运输时间从 6 小时减少到仅 45 分钟，它也通过收益支付了产生的费用，但是工程从一开始就预示了大洛杉矶、特别是走廊城市想借此机会获得经济利益的想法纯属天方夜谭（Erie，2004）。在这方面，这个工程只是显示了在世界范围内为重大项目找出合理理由的典型策略罢了。

从管理和社会学习的角度看，阿拉米达走廊工程是又一个很好的例子，诠释了 SCAG 前董事马克·皮萨诺所说的大洛杉矶地区的“大狗”（big dog）行为，在这里，大城市通过支配弱小地方修建基础设施，或者干脆占用别人领土来修建基础设施并据为己有（Pisano，2009）。阿拉米达走廊还是一个很好的例子，说明在大洛杉矶，特殊地区和大城市没有设法去学习怎样以地区为重而一起行动。因此，湾区和洛杉矶的主要公共实体以不同的方式做出了重要的地区决策。

洛杉矶的新型社会动员

在 20 世纪 80 年代末期和 90 年代，可以看到洛杉矶地方主义者能力的改变。几十年来，洛杉矶各地就交通优先权问题一直纷争不已，很难达成一致，商界和政界领袖们开始认识到，这一僵局的存在导致自己所在的地区无法获得联邦资金。1980 年，洛杉矶县交通委员会提出提案 A，资助完成 20 世纪 70 年代的四线交通计划。这个计划包括红线（一条地铁线）、蓝线（通往长滩的轻轨线）、共用车道的快速公交线以及合乘线。与前面的六次尝试不同的是，这一项谨慎推广的提案于 1980 年获批，该提案目的在于提高半美分销售税，“洛杉矶最终调动全区共建铁路交通系统”（Wachs，1996：138）。尽管这些措施只是在洛杉矶县施行，但与湾区较小的县相比，它已经算一个很大且多样化的管辖范围了。在此意义上，洛杉矶县就公共交通达成一致意见可以被看成是地区行动。1990 年，洛杉矶的选民使得本地交通销售税翻了一番，该交通计划也将都会铁路和连接大洛杉矶所有各县的郊区通勤铁路服务纳入其中。于是，

> 1970 年之前洛杉矶地区无法就单独一项铁路项目达成统一意见，现在它再次对交通政治做了深刻反思，它现在正推行的交通资本投资项目在全国，也可能在全世界的任何一个都市地区，都算得上是最有活力的项目。（Wachs，1996：138）

20 世纪 80 年代，洛杉矶开始编织一张基于社区的组织网络。一些学者视其为向进步主义和地方主义的转变（Pastor et al.，2009；Soja，2010）。从 20 世纪初到 80 年代，洛杉矶保守的商界精英们坚定地奉行城市政治学，并成功地压制了进步主义和劳工

运动(Brodkin, 2007, 2009)。20世纪70年代和80年代的经济重组引发总部位于洛杉矶的很多世界500强企业的收购、兼并和关停浪潮,这些企业的领导们组成了"市中心商业利益的寡头政治"(Montgomery, 2011)。一些商业团体和社会运动抓住这一新出现的权力真空机会,开始在地区形成组织。

这些运动设立了很多不同的目标,业主和邻里协会在大洛杉矶变得更加活跃。一些是传统的邻避运动(NIMBY 运动),这些运动的目的是试图维持低人口密度,它们很少关注分配问题,而且因为这个原因,它们对开发商持敌对态度。它们未必是地方主义者或是进步的,就如圣费尔南多山谷的业主协会和企业的强大联盟,2002年,他们努力要退出洛杉矶市却未成功之际,强行推动表决(Purcell, 2002)。另一方面也可以看到"进步的工会、社区组织和环保团体构成的网络"(Dreier et al., 2001)。洛杉矶最著名的且得到普遍认可的两个联盟建设组织是洛杉矶新经济联盟(LAANE)和公正经济的战略行动(SAJE),这两个组织与洛杉矶当地的工会联系密切(Haas, 2009)。社区和劳工运动的兴起与湾区较早兴起的更加激烈的社区运动有几分相似之处。湾区这些运动共同的主要特征是环保主义,而洛杉矶县此类运动的特征则是关注社会公正问题。在20世纪80年代制造业下滑、低工资就业兴起的背景之下,工会成员在大洛杉矶呈上升之势,而此时美国的工会化比率却正处于下降之中(Milkman, 2006; Soja, 2010: 127)。20世纪80年代汤姆·布莱德利当选洛杉矶市长,工会起了十分重要的作用,自此工会在洛杉矶城市政治中的作用也得到强化(Regalado, 1991)。这在很大程度上归因于移民的工会化,他们中大多数人就职于服务产业和公共部门。目前洛杉矶公共部门工会化比率略低于湾区，而私营经济的工会化比率则略高于湾区。到2001～2002年，两个地区工会密度的总体差距已经缩减到不足半个百分点：湾区16.9％，洛杉矶16.5％(Laslett，2008)。因此，劳动历史学家约翰·拉斯利特认为：

> 这种差别就是洛杉矶劳工运动具有较高程度的政治影响的基本原因……正是这个因素而非任何其他因素，使得洛杉矶工会赶上了旧金山的工会。(Laslett，2008：8)

跟湾区一样，一些强大的洛杉矶工会与社区团体在大洛杉矶公共政策问题上结成联盟(Purcell，2002；Frank and Wong，2004)。例如，1989年，劳工/社区战略中心组织了巴士乘客联盟，并成功发起一场运动引导人们将交通开支从铁路转向公交车，运动发起者认为低薪群体可以通过这种交通获得更大的利益。另一场名为“看门人的正义”的运动呼吁公众关注受雇于与主要业主签有合同的私人公司的建筑维修从业人员的低工资问题。由于很多此类建筑属政府所有，这场运动劝说地方政府修改合同。无独有偶，一场所谓的最低生活工资运动也遵循同样的逻辑：工会和社区活动家们成功地让地方政府直接实施提高公职人员最低工资水平，并强制具有固定地点(如酒店)的行业执行，以作为获得建筑许可的回报。阿拉米达走廊职业联盟用关于在港口和洛杉矶市中心的主要铁路调车场之间修建阿拉米达走廊铁路线的公共辩论，附加了工资条件并确保员工培训的承诺。在提议开发联合海运公司(USC)和洛杉矶市中心会议中心之间长达2.5英里的公路规划的过程中，菲格罗亚走廊经济正义联盟想方设法保证满足邻近地带各方的要求。2004 年 11 月，洛杉矶经济、环境及社会正义联盟与洛杉矶国际机场成功协商签署了共同体利益协定，协议内容包括劳动力培训、工资、员工福利和本地雇工配额。

这些联盟被曼纽尔·帕斯特称为“紧密联盟”，意味着联盟成员之间会有长期反复的互动（Pastor，2010：253），并且从历史上分裂的劳工、环保和基于社区的群体中获得支持（Montgomery，2011；Pastor et al.，2009；Brodkin，2007，2009）。赫德、米尔克曼和特纳（2003：107）认为这样的联盟建设对美国劳工运动的复苏至关重要，这些运动的先锋部队是一些大型劳工工会和“‘桥梁建设者’领衔的激进分子网络，其所代表的利益、联系和背景已经远远超出劳工运动范围。”

但是在整个社会动员或公众参与部分，湾区已经将洛杉矶远远甩在后面。在比较两个地区致力于公众参与的非营利组织时，这点表现得很清楚。美国国内税收法规（美国税收法）将非营利组织划分成 30 个种类，因为非营利组织均免除收入税。2010 年，美国所有已注册非营利组织中，60% 是“公共慈善”组织（Internal Revenue Code section 501[c][3]），占非营利总资产的 60% 和非营利总收入的 70%。在其他捐赠者可以进行免税捐赠的组织中，慈善组织包括艺术、教育、环境、医疗保健及人类服务组织（Blackwood et al.，2012）。2012 年，所有美国非营利组织中大约 1/3（32%）是“其他”501(c)组织（NCCS，2012）。这一部分主要由 501(c)(4)社会福利组织构成，如大型托管卫生规划、倡导组织和公民俱乐部组合体、工会和农业委员会、商会、联谊会和康乐会等，这两大类在所有已注册非营利组织中所占比例超过 90%。

对这两种非营利组织的比较数据来自于美国慈善分析数据中

心(NCCS),该项比较数据利用了美国国税局 990 表格(IRS Form 990),所有收益超过 50 000 美元的非营利组织必须填写并提交该表格[①]。在 1989 年和 2004 年之间,湾区公共慈善的人均财政收入一直是洛杉矶的两倍左右,洛杉矶的"其他 501(c)组织"的人均财政收入仅仅只是湾区同类组织的 60%。这些总体的相对差异也体现在非营利组织的数量上,表明收入差异不可能是某一特定地区的一些大型组织的作用造成的。

表 7.1 显示了从事环保工作、工会和住房倡导的非营利组织的人均财政收入,湾区环保部门的人均财政收入几乎九倍于洛杉矶。2004 年,湾区的环保组织比洛杉矶多 1/3(163 vs.123),有五个组织收益超过 1 000 万美元,其中一个组织超过 1 亿美元。在洛杉矶,只有两个组织收益超过 1 000 万美元;没有一个组织盈利超过 1 200 万美元。在 2004 年,1995 年和 2000 年,湾区的劳工组织的人均财政收入是洛杉矶的两倍。就住房促进会而言,两个地区都有为数众多的知名社区福利组织(CBOs)。然而,湾区此类组织的人均财政收入是洛杉矶的两倍。

表 7.1　2004 年社会动员活动的人均财政收入

	环保促进会(美元)	工会促进会(美元)	住房促进会(美元)
大洛杉矶	5	54	13
湾区	44	100	26

来源:本表计算基于美国慈善分析数据中心 501(c) (3)公共慈善数据。

---

① 为了在比较 501(c)(3)公共慈善部门时将两个地区人口规模的差异考虑在内,我们计算了人均总收入。我们的分析年限是 1989 年～2004 年,这些年的数据可以从美国慈善分析数据中心获得。再者,我们的分析中去掉了一个异常值,即 Kaiser 医疗保健基金会的数据,该基金会 2003 年为湾区总收入贡献了 200 亿美元,占当年湾区总收入 30%。由于该基金会属于加州医疗保健系统,只是总部碰巧设在湾区,从分析中去掉它会使我们的分析更加公正。

因此，尽管洛杉矶近来表现出显著增长，它的社会动员部门还是不如湾区。洛杉矶的学习过程业已开始，但是要赶上北部近邻，仍然任重而道远。

地方主义：团结还是分裂的地区身份

地区协同行动能力的另一个指标是间接表现出来的：即地区拥有始终如一的政治多数派的程度。如果一个地区具有始终如一的强烈的政治倾向，在不同利益群体和地区之间就很可能在政策上达成一致。

下面我们将陈述对于这个问题的研究。首先来看自 20 世纪 70 年代以来两个地区各县居民在总统选举和议会选举中的投票情况。这会让我们感觉到这个地区的基本政治倾向是统一的还是分裂的。其次，我们来看两个地区的居民在有关经济治理问题上的投票情况，是否自由（左倾）地区比保守（右倾）地区更有益于经济增长，对此我们不妄加评论，我们更加关注两个地区内部统一或分裂的程度。

图 7.1 和图 7.2 呈现了 1972 年以来的美国大选中两个地区各县大多数居民的投票情况。请记住湾区由十个县组成，而大洛杉矶只有五个县。两个地区都有这样一个转变：20 世纪 80 年代之前，大多数县倾向于共和党候选人，而在 2008 年，大多数县转而支持民主党候选人。这种变化在湾区表现得更为强烈，1992 年以来，每一个县的大多数居民将选票投给了民主党候选人。自 1984 年罗纳德·里根再次当选总统以来，只有在 1988 年，纳帕县的大多数居民将选票投给了共和党候选人。

在过去的五次大选中，湾区各县全体一致支持民主党候选人。相比之下，在大洛杉矶，政治偏好存在更大分歧，尽管它们已经开

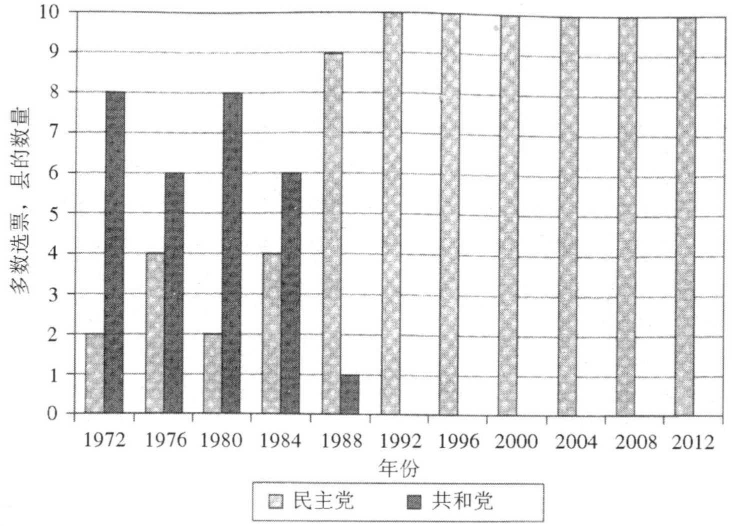

图 7.1　1972～2012 年湾区各县的总统选举

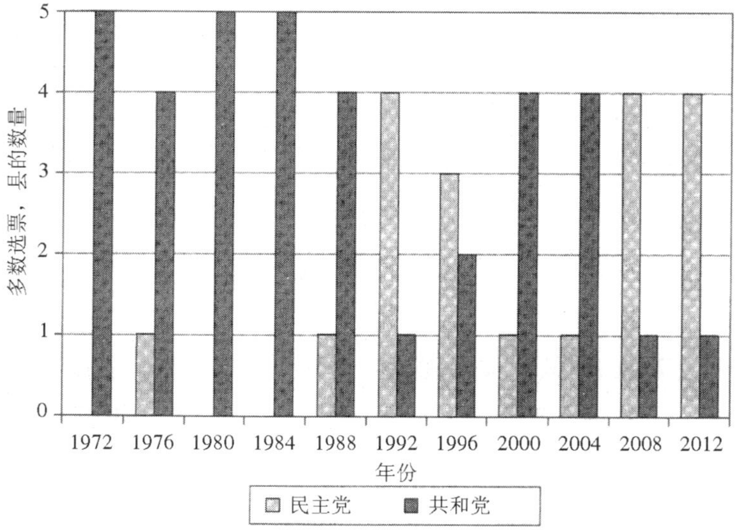

图 7.2　1972～2012 年大洛杉矶各县的总统选举

始趋近于湾区。就如湾区大多人支持民主党候选人一样，进入 20 世纪 80 年代，大洛杉矶大多数县的大多数人支持共和党候选人。

在 1972～1988 年间的五次大选中，只有洛杉矶县的大多数居民将选票投给了民主党候选人，这种情况只在 1976 年和 1988 年出现过。自 1992 年以来，与湾区形成鲜明对比的是，大洛杉矶对于两个党派的偏好总是摇摆不定。2012 年，橙县投票给共和党总统候选人，圣贝纳迪诺和里弗赛德的在任民主党人勉强保住多数席位；洛杉矶县与湾区相似，强烈支持民主党的巴拉克·奥巴马再次当选总统。加州公共政策研究所的马克斯·纽曼比较了两个地区的政治倾向：

> 我认为两个地区的组织方式非常重要；湾区毫无疑问在一定程度上发出的是一种统一而清晰的声音……你沿着萨克拉门托的马路走一下就明白了，在政治基础上它更加统一并始终如一，我的意思是，你知道，在你进入中央山谷和萨克拉门托河谷地区之前，你能感受到浓浓的民主党的气息，因此你不会有那种南加州特有的政治分歧的感觉……南加州内陆在政治上更加多样化，竞争也更激烈，但是与洛杉矶县比较，你知道，这里还是共和党占主导地位。(Nieman, 2009)

20 世纪 70 年代，欧文市市长及欧文商会前董事长比尔·沃尔多里斯强调了这些差异的重要性：

> 坦率地说，北加州各县几乎只支持民主党……在南加州，除了洛杉矶县，你知道里弗赛德、橙县和圣地亚哥县都强烈支持共和党。(Vardoulis, 2009)

两个地区的议会代表团的构成比总统选举表现出更清晰的政治倾向。1970 年以来，民主党在湾区代表团占有多数席位，自 2000 年开始，民主党几乎占有全部席位(图 7.3 和图 7.4)。

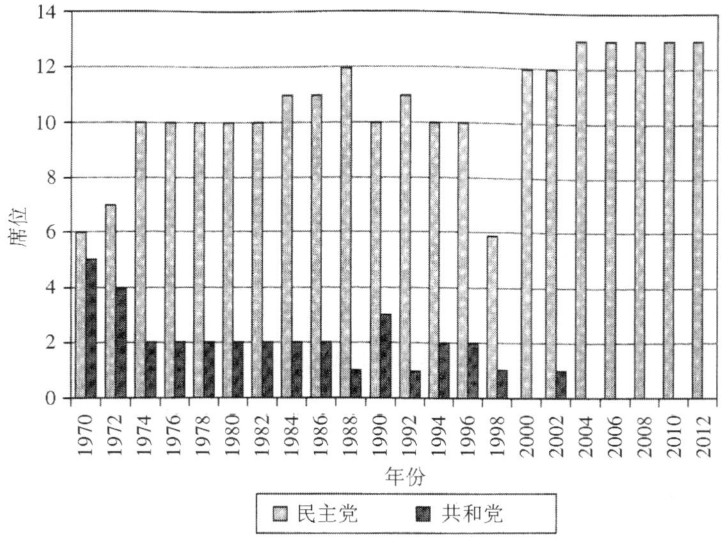

图 7.3　1970～2012 年湾区的议会代表

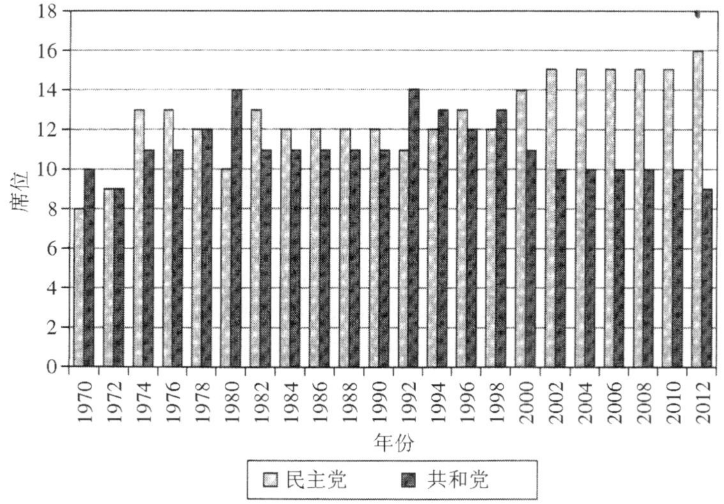

图 7.4　1970～2012 年大洛杉矶的议会代表

虽然由于来自洛杉矶县的民主党代表的增加，大洛杉矶民主党所占比重稳步上升，但是在政治同一性上，它仍然不如湾区。

通过考察直接民主制的结果，我们也可以看到地区的政治共识和政治优先权。1911 年以来，在加州立法案就可能直接由普选(即法案投票)决定。取决于是否修正了加州法规或者是否是加州州宪法修正案，一个法案可以通过相当于参加上次州长选举人数的 5%或 8%的已登记注册选民签名的请愿书成为候选法案。州议会也可以直接将提议的法规或宪法修正案提交给投票人。

加州州务卿把提案内容划分成 20 个种类，覆盖范围包括债券发行、竞选改革、司法制度、法律与秩序以及选举和竞选规则等议题。我们选取了与经济政策和区域治理相关的投票样本：债券核定、财政政策、政府管制和机构形成、社会救助和福利补助、养老金以及税收[①]。1990～2008 年期间，这些领域总计有 27 次议案投票。

① 提案的投票情况分析：

年份	提案号	提案名	湾区	洛杉矶
1990	116	Authorized a bond of $1.99 billion for passenger and commuter rail administered through the Public Transportation Account (PTA)	9 - 1	2 - 3
1990	118	Would have made changes in the legislative reapportionment process, in the timing of election of state senators, and in laws regarding ethical standards for members of the California State Legislature	0 - 10	0 - 5
1990	136	Would have imposed a variety of limits on state and local taxes in California	1 - 9	4 - 1

年份	提案号	提案名	湾区	洛杉矶
1992	165	Would have changed California's budget process in several ways and increased the governor's control over state spending	0 - 10	2 - 3
1992	167	Would have increased the tax burden on California taxpayers by an estimated $340 million, through a variety of changes to income taxes, sales tax, renters' tax credits, taxes on corporations, and taxes on oil and gas	2 - 8	0 - 5
1994	180	Would have authorized an approximately $2 billion bond issue for the acquisition and development of parks, historic sites, and recreational facilities	5 - 5	1 - 4
1994	185	Would have imposed an additional 4 percent tax on retail sales of gasoline	0 - 10	0 - 5
1994	186	Would have established a single-payer health care system	1 - 9	0 - 5
1996	208	Campaign Contributions and Spending Limits Initiative	10 - 0	5 - 0
1996	212	Campaign Contributions and Spending Limits Initiative	8 - 2	2 - 3
1996	217	Annual increase in state personal income tax revenues of about $700 million, with about half the revenues allocated to schools and half to other local governments	9 - 1	0 - 5
1996	218	Requires the local government to have a vote of the affected property owners for any proposed new or increased assessment before it could be levied	7 - 3	5 - 0
1998	7	Proposition 7 would have provided tax credits to individuals and corporations for certain expenditures they made that would have reduced emissions of pollutants into the air	2 - 8	0 - 5

在我们所考虑的案例中，如果这些地区80%的县都以同样的方式投票(意味着湾区8-2大多数，洛杉矶4-1大多数)，那么在27次投票中，湾区有25次决策达到多数阈值，相比之下，洛杉矶只有21次。换言之，在决定是否通过一个议案时，大洛杉矶各县的6次投票双方比例是2-3。

在共识性上也存在差异，现列举如下：

- 通勤铁路债券(1990年，第116号提案：洛杉矶否决)
- 对地方税收的限制(1990年，第226号提案：洛杉矶赞成)
- 公园和历史遗址开发债券(1994年，第180号提案：洛杉矶否决，湾区意见不统一)
- 竞选资助及开支限度(2006年，第89号提案：洛杉矶否决)
- 提高学校个人所得税(1996年，第217号提案：洛杉矶否决)
- 征收烟草税以资助儿童发展项目(2006年，第86号提案：洛杉矶否决)
- 公共工程项目外包给私人部门(2000年，第35号提案：洛杉矶赞成)
- 高铁债券(2008年，第1A号提案，洛杉矶否决)

这些差异中大多数属于左派-右派的分歧，湾区相较洛杉矶表达了更多对行动主义政府及提高政府总收入的信念。这些结果也可以看成与第六章所提供的市级和县级预算分析有关，在那一章我们明确说明了公共开支重点的差异，这些差异没有反映客观环境的差异。洛杉矶县城市核心的政治特点类似于湾区的旧金山-阿拉米达区域，但是大洛杉矶还有更多保守地区，如洛杉矶县内陆区、南湾、橙县以及沙漠区县，旧金山湾区并无与此对应的地区。因此，与湾区相比，大洛杉矶的政治文化更加分裂，缺乏统一性。

结论：信仰、世界观、政治以及学习

湾区领导阶层对于作为新知识经济的本地区经济有着更集中更连贯的理解。大洛杉矶领导阶层的信仰和世界观随时间而变化，转瞬即逝的新经济理念随即被另一种观点排斥在外，那就是把洛杉矶看作是国际贸易和物流的通道并专注于制造业。再者，20世纪 80 年代和 90 年代洛杉矶领导阶层对知识经济的认可只是表现了一种姿态，却缺乏对新经济社会-制度基础的理解，而湾区的商业领袖和公民领袖恰好深刻理解了这一点。

差异继续存在。一直到 2011 年，洛杉矶经济发展委员会有关制造业的报告中还将地区商业成本归咎于地区问题。

> 加州的硬件成本相对较高，空气质量标准严格且 AB32(《全球温室效应治理法案》)正在形成。加州和洛杉矶有更加严格的管制环境，这无形中提高了此处经营的成本。(LAEDC and Kyser Center，2011：30)

这是典型的旧经济思维方式，暗示只要大洛杉矶不那么积极地关注商业气候变化或实行商业管制，它就能够与较低成本地区竞争。但是洛杉矶永远不可能属于能把制造业从美国成本更低的地区或海外吸引回来的地区俱乐部；湾区、洛杉矶与其他发展俱乐部的地区（如美国南部或海外）之间的成本差异是结构性的，其根源在于它们的历史、规模和人口密度。减税或降低管制力度无法使它们在这些其他俱乐部具有比较优势的活动中具有竞争力，同理，在制造消费商品上，美国无法与中国竞争。

19 世纪末期和 20 世纪早期，两个地区在地区建设上都卓有成效。但是在 20 世纪 50 年代，两个地区开始在学习和建立合作制度方面表现出强烈的分化。马克·皮萨诺在担任 SCAG 执行理事 30 年后理解了这个问题，尤其是洛杉矶县激发其邻近各县的竞争和对它表现出排斥的方式。

> 就商业网络建设方面，我们在努力追赶，但是在这样做的时候我们却遇到真真切切的阻碍，它们没有过大的机构，这是另一个有趣的特征。当你拥有跟洛杉矶同等规模的城市……当你有我们这等规模的管辖范围，危害就产生了，内部也瓦解了，或者说你就难以将人们团结在一起了。我的意思是，无论何时房间里只要有大狗，它们就会占据空间，那么小狗就被排挤出去了。嗯，在湾区还真没有大狗。我是说，湾区有旧金山，它们自认是大狗，但在人口和经济方面它们算不上大狗，它们拥有很多同等规模的有竞争力的组织。我认为比起拥有一些强势的行动者和众多无足轻重的小人物，这种模式营造了一种竞争和合作的环境。(Pisano, 2009)

所有线索集中在一起就可以呈现出两个地区的广泛差异的情况，这些差异主要是它们如何面对地区的问题和可能性，还有它们如何学习，并学到了什么。

第八章　社会关系景观:地区关系基础架构

为什么要研究关系

一个社会和经济体中存在各种形式的秩序:市场、正式的组织、规则、非正式的流程及人际关系。在社会科学中,关系可以体现在很多方面,但主要的两个方面是人际网络和非政府及非市场组织。在经济学中,网络成员身份对成员极有价值,与非成员相比,网络成员凭借其身份更容易进行交易、发现信息、保证就业并获得资本和市场(Granovetter, 2005)。强大的网络左右着谁能成为新兴市场的主要供应商,通过这种方式决定哪些企业家能获得资源。当市场成熟的时候,因得到网络关系帮助而幸存下来的企业在某一段时间塑造了市场(Lazega, 2014)。网络面临着由非成员进行的创新引起的结构破坏,因而并非经济结果的机械决定因素。但是网络也常常接纳创新者,这些创新者一旦获准进入现有俱乐部,他们的地位便得到巩固和加强。

网络人际关系也存在于政治和经济生活的很多领域,其中包括商业领袖或精英、社区性组织、慈善家、族群和职业群体(Breschi and Malerba, 2005; Casper, 2007; Whittington et al., 2009; Granovetter, 1985)。拉泽加(2014)呼吁我们不仅仅只关注存在于显著的精英主导的领域的“看不见的大学”(如由世界经济论坛组织的全球商界精英年会所在地:瑞典的达沃斯),还要关注存在于社会和经济生活诸多领域的“看不见的大学”(Rothkopf, 2008)。

网络在变革时代尤其重要(Puga and Trefler, 2012)。当一个地区经济体的企业面临瞬息万变的社会和时代的挑战,或者当它的企业家面对不断发展且前途无量的经济活动的时候,他们必须有能力迅速调动一切知识、劳动力以及人才并创建组织(企业、企业网络、与劳动力市场和研发的联系)以在本地区形成新的组织生态(Borgatti and Foster, 2003)。帕吉特(2012)把这个过程称之为技术和组织形式的“转换”。第五章有关两个地区经济发展的历史说明湾区和洛杉矶自 1970 年开始在这方面就表现出很大差异。

劳动力、知识、技能和发明者如何很好地结合在一起以创造这种新的组织形态,网络及其所创造的看不见的大学是重要的决定因素。大量实证研究集中在重要的贸易集群的企业层级上的看不见的大学,比如好莱坞、硅谷或新生生物技术产业。研究不仅表明这些集群通过公平的市场关系运作(相互买卖),而且表明主要参与者都拥有密集的非正式网络(Storper, 1995; Cooke and Morgan, 1998; Saxenian, 1994)。都市地区层级上的类似实证研究甚少,引人关注的研究是萨福德(2009)有关俄亥俄州杨斯敦和阿伦敦的比较研究,但这也是个例外。萨福德表示阿伦敦地区的商业领袖人脉极广,且相互之间联系紧密,这使得他们能够在如何将本地区从不断衰落的制造业战略性地引向发展中的经济活动中具有共同的视野。杨斯敦缺少相互关联交叉的网络,无形中阻碍了这样的战略重新定位，从而使它的经济衰退加深。

在本章，我们将对大洛杉矶和湾区领导阶层网络进行原始统计分析，就我们所知，这是首次对大都市地区进行分析。有关企业和城市网络的核心证据与我们称为两个地区的“关系基础架构”的很多其他指标形成互补：商业领袖组织、信任度和“社会资本”、创新者的网络及商业-慈善关系。1980 年，两个地区存在细微差别，但是自那以后它们的关系基础架构开始令人吃惊地出现越来越大的分化。

商业领袖网络

社会学家主要依靠考察商人们何时在自己公司之外的其他企业担任董事会成员来测量商业网络（Barnes and Ritter，2001）。当两个及以上的公司拥有至少一个共同的董事会成员的时候，连锁董事会便产生了。例如，假设一个董事会成员同时兼任两个公司的董事，那么我们可以说这两个公司就因为这一名共同的董事而连接在一起。20 世纪 70 年代和 80 年代早期，对于美国这些公司之间关系的研究发现它们揭示了具有共同世界观的看不见的大学的存在（Pfeffer and Salancik，1978）；它们也强化了金融机构对于公司决策的影响（Kotz，1978）；为金融业提供获得公司和行业信息的渠道（Mintz and Schwartz，1985）；增强了精英的凝聚力和政治影响力（Useem，1984）。更近期的实证研究发现连锁董事会与“公司治理的每一个重要方面，从高管薪酬、收购战略到抵御收购”都有显著关系（Davis，1996：154）。互兼董事通过他们在其他董事会担任董事的经历提供社会影响的渠道，这使得董事会决策达成信息一致（Granovetter，1985；Davis，1996）。这类兼职不一定能带来价值，在一些情况下，它可以促使企业在应对共同问题时采取一致行动，而在另外一些情况下它也可能导致集体思维从而阻碍创造性地处理问题。

大型公司常常为如何开展业务制定议程，它们的董事会成员也通常被认为属于商界精英阶层；因而这一领域的许多社会学研究聚焦于大公司之间的关系（Davis et al., 2003）。因此，我们以收入为标准对每个地区在1982年、1995年和2010年的60～70个最大的公司的董事会共同成员进行分析[①]。我们的分析囊括了这三个阶段的386家公司，其董事会成员总数达4 130人，平均每个地区每年64家公司，董事会成员688人。有关这些公司的信息来源于它们每年回复美国证监会要求所有资产超过1 000万美元及拥有500个以上股东的公司提交的10－K报告数据。10－K报告内容包括公司背景和历史信息、已审计财务报表、高管薪酬和组织结构[②]。

正规的网络分析主要有三种类型：节点、关系和构成分析。节点是网络分析的基本单位，我们的分析中的节点就是企业。当一个产业中一个公司的董事会董事担任另一个不同产业中另一个公司的董事会董事时，那么产业之间就存在关系（也被称为联系、纽带或连接）。更多的间接关系被称作网络的构成。如果A公司和B公司共有一个董事会成员，而B公司和C公司又共有一个董事

---

① 这三个时间段正好与1979年、20世纪90年代初的主要经济萧条以及最近2008年的全球经济危机经济周期吻合，也反映了20世纪80年代由于全球化和技术变革而引发的重要经济重组之前的网络结构。

② 1982年的10－K报告表来自于邓恩（Dun）的《企业排名》（*Business Rankings*）。1995年的摘要数据来自沃顿研究数据服务（WRDS）和邓恩的《企业排名》。2010年的数据则源于邓恩和布拉德斯里特的《百万富翁名录》（*Million Dollar Directory*）（MDD）和晨星公司（Morningstar Inc.）的10－K向导数据库。

会成员，那么这三个组织就成为同一构成的组成部分。因而企业网络中的最大构成拥有的企业数量最多，这些企业通过董事会董事的交叉身份而产生直接或间接的关联①。

图 8.1 显示在 1982 年，每个地区的企业董事会网络的最大构成规模相当，每个地区大约 60%的最大型企业至少与其他一个企业有联系。然而，在接下去的 30 年间，湾区继续保持其大型企业之间较高程度的联系，而洛杉矶的最大构成却逐渐下降。到 2010 年，洛杉矶大型公司中只有 20%相互之间还有关联。图 8.2 提供了到 2010 年为止每个地区的商业精英网络图示，两个地区形成鲜明对比，与湾区相比，洛杉矶的网络显得非常零散。

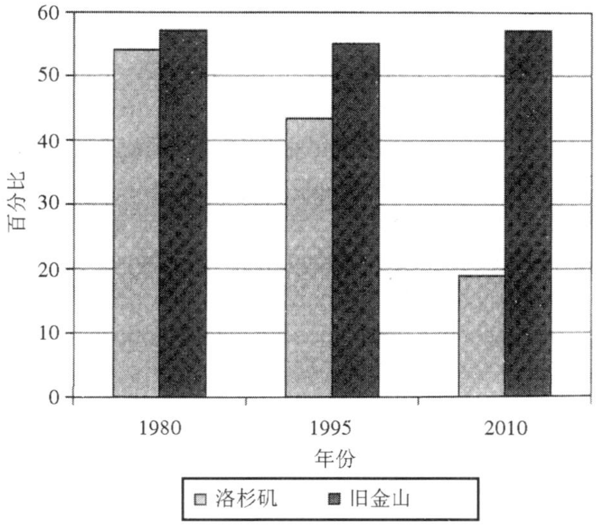

图 8.1　最大构成中样本企业所占比例

---

① 产业网络中产业部门数量最多的一个是最大构成，董事会董事的交叉身份将这些部门联系在一起。于是出现了这样的结果：一个构成中节点的最大可能数量等于整个网络的节点数量(例如，如果一个网络中所有公司都存在直接或间接关系，那么网络分析就把这种情况描述为所有节点都属于一个单独的构成；如果网络是众多产业的网络之一，那么所有产业都处于同一构成中)。

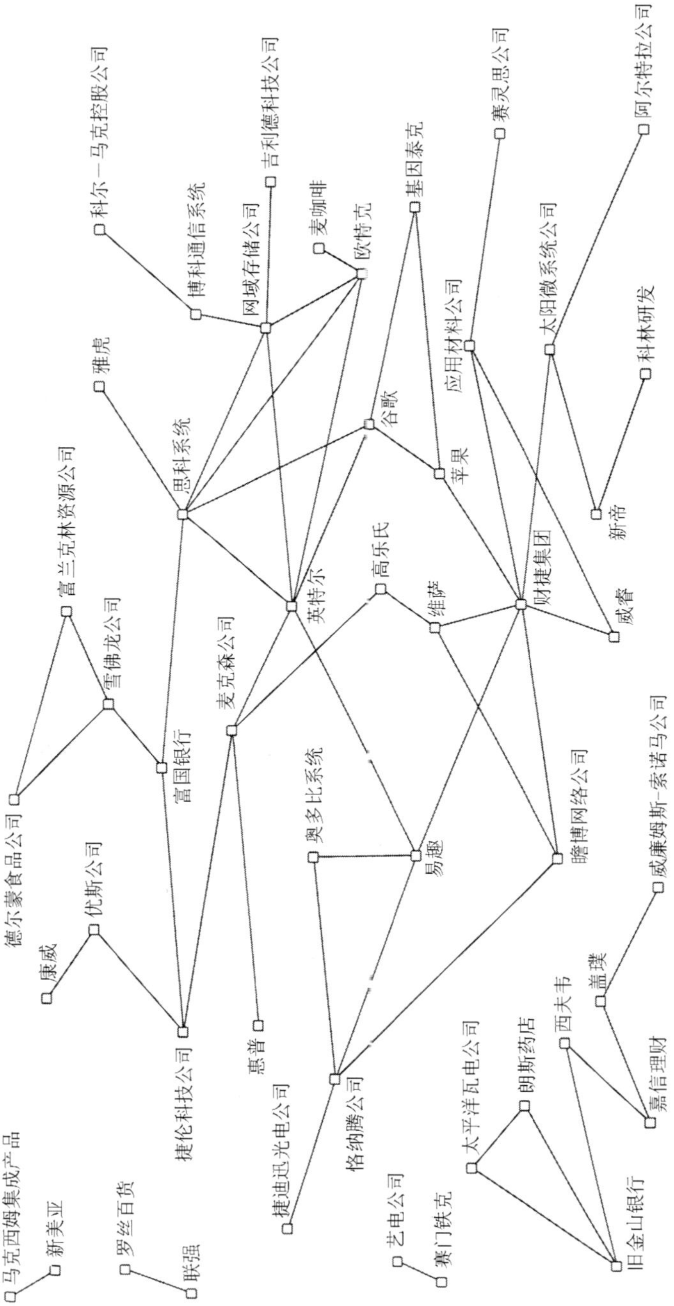

图8.2 2010年湾区和大洛杉矶的连锁董事会

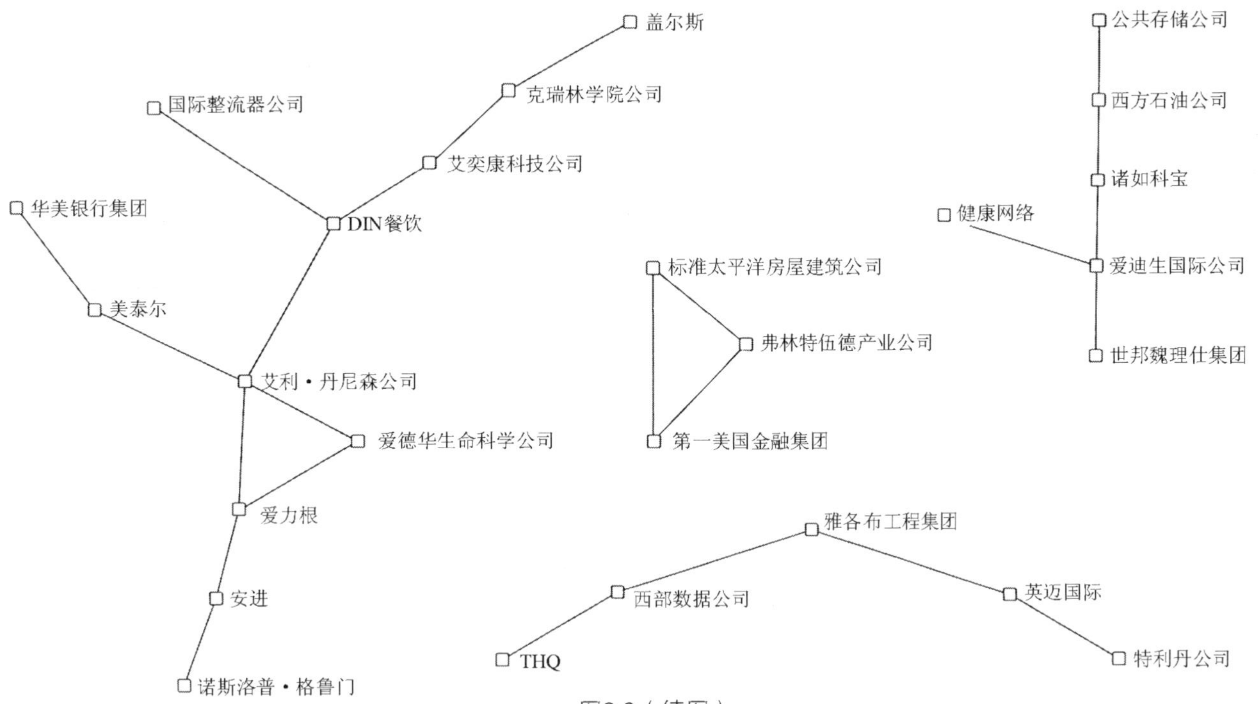
盖尔斯
克瑞林学院公司
国际整流器公司
艾奕康科技公司
华美银行集团
DIN餐饮
美泰尔
艾利 · 丹尼森公司
爱德华生命科学公司
爱力根
安进
诺斯洛普 · 格鲁门
标准太平洋房屋建筑公司
弗林特伍德产业公司
第一美国金融集团
公共存储公司
西方石油公司
诸如科宝
健康网络
爱迪生国际公司
世邦魏理仕集团
雅各布工程集团
西部数据公司
英迈国际
THQ
特利丹公司

图8.2（续图）

湾区商业精英的高水平关联性可以反映该地区高度专业化的科技活动，从某种意义上说，技术产业的领袖自然而然地担任起另一个董事会董事。洛杉矶经济体专业化程度较低，因此这样的关系较少也就理所当然了，但这无法解释两者之间的差异。为了看清这一点，我们单独分析了 2010 年的 IT 产业网络。即使在这样窄小的活动区域，企业都在同样的市场运作，湾区的大型信息技术企业之间的网络也比洛杉矶强大得多。例如，湾区网络的最大构成包括 50 家最大的信息技术企业中的 13 家，而洛杉矶的网络最大构成仅仅只包括 50 家中的 4 家。因此，湾区的网络结构并不单纯只是对 IT 业较深度专业化起作用，也反映出每个地区的商业精英对于与他人联系的不同倾向。

考虑到洛杉矶总体上产业比较多元化，其连锁董事会中的企业分布范围应该更广泛。我们选取的大洛杉矶的大型企业样本较之于湾区分散在更广泛的产业部门。例如，在 2010 年，大洛杉矶 50 家最大的企业中只有 12 家分属于三个最大的产业，而湾区的 50 家企业中则有 37 家企业分属于三大高端产业。

这种差别对网络产生两方面的影响。首先，两个地区的跨产业配对（*cross-industry pairs*）数目不同。当一个连锁董事会将两个不同的产业（不仅仅是两个不同的企业）联结在一起时，如一个航空企业的董事会成员担任通信公司企业董事的时候，便产生一组跨产业配对，这些只能计算一次，如果 20 家航空企业的董事会成员都供职于通信产业的董事会，这也仅仅代表一组跨产业配对。其次，我们要考虑连接不同产业中企业的连锁董事会，即被称为跨产业纽带（*cross-industry ties*）的数目的差别。例如，如果通信产业的三家企业与航空产业的一家企业有关联，那么就存在三个跨产业组带[①]。

表 8.1 跨产业联系

	2 位码 NAICS			
	跨产业配对		跨产业纽带	
	洛杉矶	湾区	洛杉矶	湾区
1982 年	65	57	94	86
1995 年	31	40	52	68
2010 年	22	30	27	52
	NAICS 部门			
	跨部门配对		跨部门纽带	
	洛杉矶	湾区	洛杉矶	湾区
1982 年	19	14	77	69
1995 年	13	11	41	52
2010 年	11	8	19	43

表 8.1 显示 1982 年每个地区的跨产业配对数量大致相同，而且跨产业纽带的情况也几乎一样。然而到 2010 年，湾区尽管只有少数几个产业存在更高专业化程度的经济，但它的精英商业网络却比洛杉矶覆盖的部门更广；除此之外，湾区跨产业相互关联的企业数量更多。

这一结果可能掩盖了一个事实，旧金山的二位码分类的产业或许在运用技术或工作风格方面相似或具有一致性。这似乎不太

① 在阐释这一数据前，必须注意这种研究对使用的产业类别非常敏感，而且研究也不尽完善。这是因为我们在第三章讨论过的产业相关性问题造成的。一些相互关联的活动有可能被划分到两个独立的产业（例如，软件复制被划归为产业 33，而软件出版则被划分为产业 51，但是当二者紧密相关时，它们就表现为一组相关产业对）。尽管有这种可能性，但报告显示的差异如此之大，以致于我们可以确定我们发现了这两个地区十分重要的产业之间关联程度的实际差异。

合理，因为二位码分类的产业范围广泛因而相互之间具有极大的本质差别：比如建筑业和公用事业。尽管如此，在一定程度上存在跨部门密切关系使得精英们在填补董事会位置时可能会选择对方。这种做法反事实的一面就是，湾区的企业精英们可能只在高度互相关联的社会空间经营。为了摒除由产业类同引起的偏差，我们将产业部门汇总成十个类别（相较于二位码 NAICS 的 24 个产业分类），表 8.1 下部显示了结果。两个地区的产业部门对数量相似，不过洛杉矶每一个跨产业的部门数量较多。在跨产业联系方面，湾区在 1995 年和 2010 年的互联程度高得多。引人注目的是，与湾区相比，不仅大洛杉矶的商业领袖之间的内部联系较弱，而且其宽泛的产业部门也不如过去联系紧密了。尽管两个地区都存在产业间相互联系减弱的趋势，但洛杉矶减弱的程度更加严重。在如湾区这样的专业化程度日渐加强的地区，跨产业之间的联系减弱并不意外，但是在专业化程度较低的洛杉矶出现这种情况就令人费解了。

除了测量跨产业联系的**范围**和**数量**之外，我们还可以探讨由产业关系平均数量反映的联系**强度**。由于两个地区具有 10 个以下关联部门的产业数量差不多，所以我们集中分析有 10 个或以上跨产业纽带的部门。1982 年，每个地区的一般产业跟其他产业之间的联系是 6 个左右（表 8.2）。在那段时间，洛杉矶拥有几家加州和地区银行，其中有太平洋国家安全银行和西联银行；同一期间，湾区则拥有富国银行和美洲银行（后来的美国银行）。这些企业的董事会成员大多是公民领袖，电力、煤气及清洁服务部门也是如此，这些服务在湾区由私人公司太平洋煤气电力公司（PG&E）提供，在大洛杉矶，除了公用事业部门洛杉矶水电部，还有私人企业南加州爱迪生公司来提供服务。因此我们分析探究了 20 世纪 80

年代早期传统的公司领导网络。

到 2010 年，在洛杉矶的网络中没有一个单独的产业与 10 个以上（包括 10 个）其他产业建立联系；最多也只有 5 个，产业纽带平均数量（由 1980 年的 5.7 和 1995 年的 3.7）下降到 1.5。与此同时，湾区的跨产业网络维持在平均 5 个的水平，最多达 21 个产业的联系（产业联系最多的是商业服务，其次是工业机械，它的跨产业纽带数量为 20，电子电气设备和储蓄机构则有 10 个跨产业纽带）。前三产业的主要合作伙伴是电子产业及相关部门。换言之，即使湾区的大多数董事来自为数不多的几个产业，他们与其他产业董事的联系仍然多于他们的洛杉矶同行。

表 8.2　各产业的跨产业纽带平均数量

	1982 年		1995 年		2010 年	
	洛杉矶	湾区	洛杉矶	湾区	洛杉矶	湾区
平均数	5.7	5.7	3.7	5.2	1.5	5
总和	94	86	52	68	27	52
最大数量	26	30	18	26	5	21

最后，我们要说的是跨产业联系的广度，这里的广度指与每一产业有关系的产业总数，而不是联系频次（前文所提及的联系强度指标）。2010 年湾区的商业服务与其他产业的企业的连锁董事总数为 21，但是这并不能表示这些联系是广泛的还是狭窄的，因为这一数据可以表示商业服务与其他很多产业建立了联系，也可以表示商业服务只与一个或少数部门建立了密切的联系。1980 年，洛杉矶的产业与较广范围的部门相互关联，有 11 个产业与 5 个或以上的其他产业建立联系，而湾区只有 8 个这样的产业。然而，到 1995 年，洛杉矶能与 5 个或以上的其他产业相关联的产业只有 7 个，湾区则增加到 11 个。到 2010 年，洛杉矶没有一个产业能与 5

个或以上的其他产业建立联系，湾区还有 4 个这样的产业。

总之，1982 年，两个地区的起点几乎一样，但是在我们整个研究阶段，洛杉矶和湾区的公司精英网络产生了分化。鉴于湾区作为一个产业镇的声名，其跨产业联系的强度令人吃惊。显然，不管是与其过去几年相比，还是与其北方近邻相比，洛杉矶的商业领袖彼此之间的隔离显得非常突出。

精英公民领袖组织

地区商业领袖组织也能反映领袖网络。第七章说明了大洛杉矶和湾区各自的商业-公民组织对地区面临挑战和机遇的看法大相径庭。在强调了这些差别之后，我们现在要探究的是这些组织在扮演地区召集人时表现如何。马克·皮萨诺对洛杉矶商会和湾区委员会进行了对比：

> 我第一次来这里的时候去了洛杉矶商会，那时候它还只是由五个县组成的商会，我对他们说让我们一起来协调公共和私人部门，可是商会却说，我们不需要公共部门而且我们也不愿意跟你一起去冒险。但是在湾区委员会你却能看到一种截然相反的态度，在那个时候，在湾区的各地区组织中，你都能感受到这种态度……直至今日，我认为我们仍然没有一个可以与湾区委员会(旗鼓相当)的组织。(Pisano，2009)

加州公共政策研究院的副董事和高级研究员马科斯·内曼响应了这种观点：

> 所以，这里有一种政治和结构凝聚力，这种凝聚力在南加州并不存在。南加州在政治上更加分散。南加州没有任何一个像湾区委员会一样的组织。(Nieman，2009)

湾区委员会的吉姆·拉扎勒斯是这样认为的："湾区委员会号召我们团结在一起，这样我们就能说'行！'我们想要湾区或北加州的这些项目时，我们会作为一个整体一起去游说。"(Lazarus，2009)

为了更加系统地调查这些对两个地区的不同感觉和印象，我们在技术意义上测量了湾区委员会和洛杉矶商会在各自地区网络中的"中间中心度"。这一统计数值代表网络中的该组织位于该网络所有企业对的最短途径上的比例。如果一个特定组织在网络中的中间度值是15%，那么就说明这个组织位于该网络中所有组织对的最短途径上的比例是15%。为了更具体地说明这一点，举两个湾区企业为例：德尔蒙食品公司和基因泰克。如果德尔蒙的执行总裁(2013年)戴维·韦斯特想要在基因泰克找到一个共同的熟人，他通过连锁董事网络的最短途径如下：德尔蒙食品公司-湾区委员会-旧金山商会-克里斯顿森基金-基因泰克。因此，湾区委员会代表着联系这两家企业的最短链条环节，表明其成员可能与两家企业都建立了联系。

湾区委员会位于湾区的网络中企业对的所有最短途径的比例是18%(表8.3)。与此同时，洛杉矶商会位于其网络的最短途径比例仅为6%。我们扩大了考察范围，将每个地区里其他一些商业领袖组织也考虑在内，主要选取了几个律商联讯中媒体点击量最高的企业组织。在两个地区中的所有组织中，湾区委员会都是最中心的组织。除此之外，硅谷制造业领导集团和旧金山商会也比大洛杉矶任何一个商业领袖组织中心度更高。

表 8.3 地区商业领袖组织和商业领袖的中间中心度

商业领袖组织(BLO)	中间中心度%
洛杉矶	
洛杉矶商会	5.9
洛杉矶经济发展公司	1.7
圣费尔南多山谷工商协会	0.6
橙县商会	0.0
CALSTART	0.0
湾区	
湾区委员会	18.0
硅谷制造业领袖集团(SVMLG)	6.0
旧金山商会	5.8
半导体行业协会	5.0
硅谷合资企业协会 (JVSV)	0.0

更广泛的精英公民参与:慈善网络

美国的一大特点是它拥有公民自愿参与社会活动的强大传统,这一点早在19世纪早期托克维尔的经典著作《论美国的民主》(*Democracy in America*,1830 [2000])中就已经有所论述。今天我们可以将此称之为"公民社会"的优点,意指精英和非精英群体的公民自愿参与社会活动。慈善是一种精英公民参与形式,涵盖了广泛的领域:社会福利、教育、艺术、社区发展、健康、文化艺术机构、青少年问题、儿童期发展、高等教育以及更多领域。私人基金会是慈善的重要载体;这些组织由个人、家庭或公司资助,给予公共慈善机构经济援助。来自美国慈善统计中心(2012)的数据显示湾区和洛杉矶的私人基金会资产在1989年时规模大致相当,但是到 2008 年，以人均计算，湾区的基金会规模是洛杉矶的两倍，原因很可能在于湾区高科技团队巨大的财富积累。

1989 年，两个地区中最大的私人基金会是洛杉矶的 J.保罗·盖提信托基金会，总资产 43 亿美元，相当于整个大洛杉矶基金会资产的 41%。1994 年，总部设在圣克拉拉县的洛斯阿图斯的大卫和露西尔·派克德基金会以 15 亿美元的总资产突破 10 亿美元大关而成为第二大基金会。后来派克德基金会以及威廉和弗洛拉·休利特基金会的发展极大地促进了湾区私人基金会总资产的增长，两个基金会的合计资产在 2007 年略低于 165 亿美元，或者说占湾区基金会资产的 20%。

两个地区 50 个最大的私人基金会的连锁董事会体现了慈善团体的网络结构。总的来说，私人基金会董事之间的联系比精英商业团体董事之间的联系更少见，每个阶段两个地区这方面的差异微乎其微。但是大型私人基金会与公司之间的联系的情况却有所不同。1982 年，两个地区中大约 50%的企业和私人基金会与至少一个其他组织存在联系(洛杉矶 53%，湾区 51%)。到 2010 年，洛杉矶的企业和私人基金会联系的数字下降到 40%，而湾区则上升到 62%。

这种商业和公民网络的分析中的一些发现证实了萨福德(2009)的分析，但也扩展到新的领域。正如萨福德的研究表明的，比较成功的地区比不太成功的地区拥有关系更紧密的精英人士，也拥有更集中的相互关联的领袖组织。我们并未止于这一点，我们还进一步详细分析了跨产业关系。在研究如洛杉矶和旧金山一样的非常巨大的经济体的时候，这一点十分必要。它们的规模使得大多数产业领袖不可能只属于一个或少数几个领袖组织，如萨福德所研究的两个小型城市的案例一样。在探究两个地区的不同产业网络时，我们发现两个地区网络的差别不受地区专业化水平影响。如果要弄清楚两个城市地区的相关网络全图，还需要更多的数据。但是我们分析结果明显不同，足以表明两个地区商业领袖关联性的真实差别。

创新者网络

大量硅谷的传说都是关于一些聚会场所的，新思想在这些地方得以广泛传播，而来自于不同的——常常是竞争对手的——公司的人们常常在这些地方聚集。位于门洛帕克的马车轮酒吧就是这样的标志性场所，IT 业早期从业人员经常来这里喝酒聊天并建立起关系网。相当数量的研究表明一个地区创新系统各组成部分，无论是发明家、企业家、金融家、研究型大学，还是老牌大公司之间的紧密联系往往能带来巨大的经济活力（Feldman，2014；Breschi and Malerba，2005；Almeida and Kogut，1999；Gabe et al.，2009；Benner，2003）。洛杉矶的高科技行业缺乏的正是马车轮酒吧这样的场所：

> 因此我认为它们[湾区]在建立关系网络体系的理念上已经遥遥领先，凭借这一点，一些思想和发明得以进一步传播给创新体系……湾区开始意识到关系网络的必要性，而且比我们更早开始经营关系网络。（Pisano，2009）

有一种观点认为即使在洛杉矶新经济的中心地区橙县，创新网络也不够完备：

> 也许我们的人均专利率高于其他县，但是我们缺少湾区所具备的高科技产业运营的管理人才。他们的人才储备丰富，可以抓住机会；我们也有一些人才，但是远不及人家，所以我认为湾区已经发展出一套完整的经济生态系统……而我们却一事无成，也很难赶上他们。(Walrod, 2009)

想知道这种说法是否精确地描述了有关地区知识生产网络的一个途径就是考察地区的专利引用情况(Jaffe, 1989; Audretsch and Feldman, 1996; Feldman and Audretsch, 1999)。每一项专利申请都包括对其知识发展有用的专利引用文献，地区创新者相互引用对方之前的专利、而不是引用其他地区的发明者的专利可以说明该地区发明者之间的紧密联系——这也可以表明像马车轮酒吧这样的地方在系统层面的效果，或者更全面地说明地区创新者网络的情况(Laursen et al., 2011)。

如图 8.3 所示，可以用净本地引用比例(NLCP)表来测量对其他地区发明者专利的引用(Sonn and Storper, 2008)。一个地区的发明者引用本地区以前的专利的比率高于预期的所有美国都市地区该行业发明者相互引用的平均率，那么这个地区的 NLCP 大于零。随着时间流逝，不断增长的 NLCP 表明当地知识参照体系的发展。不论是大洛杉矶还是湾区，本地发明者相互引用比率皆高于全国平均水平，但自 20 世纪 80 年代以来，湾区发明者之间的相互依赖逐渐增强，与洛杉矶的差距开始出现了。湾区本地专利引用的“起飞”正好跟它与洛杉矶的收入分化相吻合。

我们应该谨慎对待这一证据。对一项专利的诸多引用由美国专利局专利审查员而非发明者自己收录，因此引用可以反映专利审查员所确信的一项特定发明对前人的借鉴和参考。就大多数新经济的核心活动来看，湾区的发明考对源于本地区的知识的依赖程度高于洛杉矶的发明者，或者说他们的专利发明比洛杉矶联系更紧密。

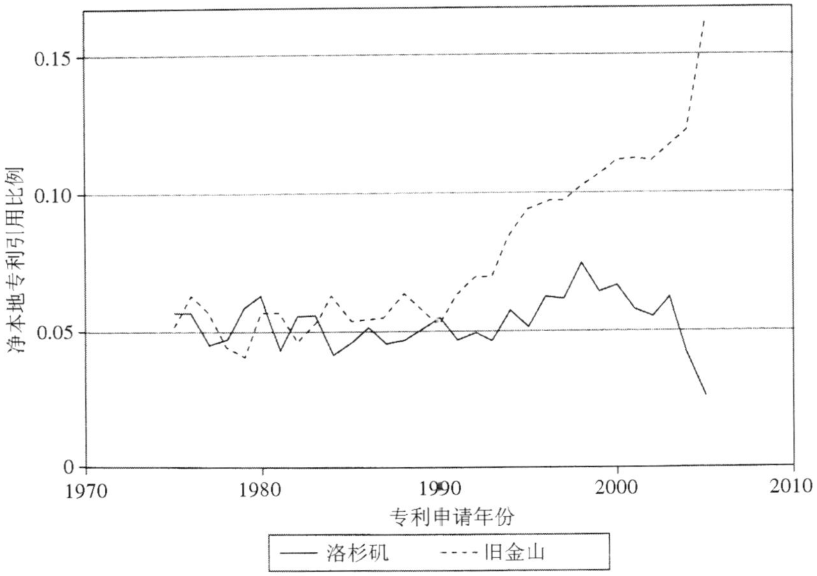

图 8.3　1975～2007 年洛杉矶和湾区本地专利引用净值

卡斯帕(2012)对加州生物技术部门的高校主导型发明者与企业家之间的关系网络展开了分析。正如我们在第五章讲到的，虽然大洛杉矶开始也拥有类似于湾区的基本的禀赋条件：研究型大学和联邦资金，但是它将研究成果转变成创新性经济活动的水平却远不如湾区。尽管加州大学洛杉矶分校拥有大型医学中心，但是它在 1970 年到 21 世纪早期却只产出了 200 项专利；而加州大学伯克利分校并没有医学中心，却有超过 300 项专利，加州大学旧金山分校和斯坦福大学的专利一共有 900 项。湾区有 250 项专利是大学研究者和商业委托人共同发明的。大洛杉矶只有 75 项这样的专利。按照地区人口调整后的数据，洛杉矶的大学研究者和企业家之间的关系数量只相当于湾区的1/6。

生物技术衍生公司也反映了同样的地区差距，湾区和圣地亚哥的大学比洛杉矶创立的公司多得多。大洛杉矶的企业家和公司的网络较弱，无法将大学的科学成果商业化，这种不足也深深地植入该地区大学的研究工作中；相反，湾区的IT和生物技术产业公司的强大网络培育了一种大学文化，在这种文化中，大学往往深度介入私营部门。卡斯帕(2009)说湾区55%的生命科学研究者通过在一家公司或一个组织中供职而建立相互联系；大洛杉矶的这个数字仅仅是2%。生物技术公司的管理人员和创建者也是如此。在圣地亚哥和湾区，超过90%的高级管理人员和公司创建者在他们职业生涯的某一时期曾一起共事。对比之下，2004年的数据显示最近一些年没有高级管理人员离开洛杉矶的两大生物技术公司(安进和爱力根)而前往其他洛杉矶地区的生物技术公司就职。

这些差异随着时间流逝而加大。UCLA计算机专业的一些重量级人物，如亨利·萨缪里，有意回避申请专利。他们这样做的原因在于他们推断伯克利和斯坦福的芯片专利发明已经遥遥领先，所以他们想专注于一个不同领域，即宽带集成电路和系统，并且他们还认为自己这方面的技术是独一无二的，没有必要再申请专利。萨缪里后来创建了博通公司，带走了他们的技术。直到许久之后，宽带芯片在市场上失败，他们才将精力投入到专利发明上(Lecuyer，2006)。实际上，正如肯尼和莫厄里(2014)指出的，尽管二战后新兴计算机产业集中在洛杉矶，但在20世纪50年代，加州大学伯克利分校的电子工程和计算机科学系以加州数字计算机项目为契机成功进入这一领域。紧接着该系一次又一次地参与到计算机产业中，以至于最终成为集结了很多该领域顶级科学家的中心，这些科学家习惯于致力开发具有市场突破性应用的项目。

评估娱乐产业创新者网络更不容易，这是因为很多好莱坞的创新项目（无论是具体的电影理念、市场营销手段还是电影制片和剪辑技术）都无法获得专利权，尽管它们都拥有版权。然而同样地，硅谷的一些如软件产品之类的创新也只有版权而无法获得专利权。20 世纪 30～40 年代，好莱坞的一些影视从业人员聚会的酒吧，比如布朗·德贝、茶森餐厅，还有 Nate'n' Al's，可以算是他们那个时代的马车轮酒吧。现在，娱乐产业经纪人的聚会场所是西好莱坞的索霍馆和塞克尼餐馆，还有位于比弗利山庄小巷的马可波罗酒廊和露天池畔餐厅。在这些地方人们通过面对面的接触相互了解并达成交易。

但是好莱坞的网络并没有过多溢出到该地区经济体的其余部分，大多数好莱坞领袖并不认同自己是地区公民领袖的组成部分，下面的例子可以说明这一点：

> 我记得 1993 年我竞选市长的时候，经过一年的努力，终于见到了巴里·迪勒，他那时是福克斯电影制片公司的头儿。我想，这可是著名制片公司的 CEO，最强的电影制片公司之一的头儿，我花了一年时间才得以会面的人物，我们坐下来后，我问了他一个我向其他商业领袖提出的同样的问题：你认为南加州所面临的三个最重要的问题是什么？令我惊讶的是，他的回答是“呃，我不知道，你说呢？”他说，“我住在马里布，而办公地点在世纪城。我还要花时间飞来飞去，去纽约，但你知道，我不太关注洛杉矶或南加州……”他实在没什么可说的……这可能有点夸张，但也并非歪曲事实，南加州其他商

业领袖及他们的世界观确实如此。(Woo, 2009)

好莱坞与洛杉矶经济体其余部分之间的网络的第二个束缚是好莱坞的内容生产产业与技术型产业之间几乎毫无关联(Rigby, 2012)。从历史上看,这些产业相互之间天生就缺乏关系。也许现在这种状况正在改变,由于内容生产越来越依赖数字技术,技术型公司开始渗入内容生产和发布。也许未来几年这种新技术领域对洛杉矶商业网络会产生巨大影响,但现在还处于起步阶段。跨越硅谷和好莱坞的新型网络关系将会形成;然而,在地理上内容采购和管理将有多少可以融入硅谷(比如 Netflix 公司),或者在说硅谷又有多少可以与好莱坞相关联,这一点还不得而知。

大相径庭的企业家精神特点

国家和地区经济增长率的差异与企业家精神有关,因此很多学术研究以企业家精神源泉及其地理为研究对象。(Audretsch et al., 2012; Acs and Storey, 2004; Fritsch and Mueller, 2004; Audretsch and Keilbach, 2004; Bhide, 2000; Sutaria and Hicks, 2004; Rupasingha and Goetz, 2013) 自熊彼特(1934)和柯兹纳(1979)的作品发表以来,企业家(*entrepreneur*)就一直被用来界定这样一种人,他们寻找并发现重新配置资源的机会,利用获得的资源改善现有产业的产品或创造能成为新产业基石的产品,或创建一些具有推动生产力的产品的企业,或创造促进经济整体的增长率的过程。并非所有的企业家精神都是相同的,一些个体经营仅仅只为生存,很多则在当地服务产业创建企业。相比之下,重要的贸易部门的企业家精神在本质上和增长过程中都有所不同:这就是我们所谓的“创建产业的企业家精神”(IBE)(Feldman et al.,2005)。我们这两个地区的大多数企业家精神都不属于IBE这一类型(Acs et al.,2010)。它产生于当地的服务部门,在统计时又被归入个体经营一个大的构成部分。表8.4表明洛杉矶的个体经营者平均收入比他们北面的同行更高,但是在两个地区,这些数字只相当于洛杉矶的拉美裔移民或高中毕业生的平均收入(表4.12)。

表8.4 1970～2009年个体经营者的工资

	1970年(美元)	1980年(美元)	1990年(美元)	2000年(美元)	2009年(美元)
大洛杉矶	4 112	8 531	17 074	23 031	27 323
湾区	4 248	7 822	15 883	24 067	25 065

在统计上IBE与企业家精神通常是不可分离的(Zhang,2003)。IBE与贸易产业长期增长的关系是周期性的(Armington and Acs,2002),1989～2000年这段时期,湾区比洛杉矶人均创建的企业多1/5左右。到2000年,这一差距缩小了;到2004年,因为互联网泡沫危机爆发,洛杉矶人均创建企业数量超过它北面的邻居。1970年到20世纪90年代中期,大洛杉矶的企业平均规模一直比湾区大,反映了成熟的制造业企业和大型航空航天企业主导着地区经济,与之相对的湾区这一时期恰是信息技术产业初期,那里是新创企业的天下。到20世纪90年代中期,湾区已经出现了一大批大型信息技术企业,其中很多从小型新创企业茁壮成长为21世纪的资本主义巨头。结果,两个地区的企业规模已经趋同。

这些周期后面隐藏的是IBE的作用随时间而产生的差异(Fritsch and Mueller,2004)。如果这个地区处于发展周期中,这一时期具有产生高工资高收入增长的产业正在创建新企业，那么企业的平均规模就会下降。然而在统计上很难将 IBE 从个体经营的较广泛的类别中分离出来。因此，当马克·扎克伯格创建脸书，并将公司迁往湾区的时候，他已经对创建产业的企业家精神进行了最好的诠释，但是他对湾区企业创建数据的贡献无异于一对可能在同一年创建了一家干洗店的夫妻。

随后，IBE 可能减慢速度，或者产业进行整合，这一点在统计上体现为企业的平均规模扩大。近来湾区涌现了一批从最初的小企业发展成世界 500 强成员、并成为新经济的代表的企业。这在好莱坞片厂系统鼎盛时期以及后来的现代航空航天部门形成时期的洛杉矶也是如此。橙县也拥有很多 IBE 信息产业新创企业及医疗设备制造企业，今天这些企业都已颇具规模。

卡斯帕（2009）认为洛杉矶和旧金山的地区科学和技术创新者的创业活动的差别的主要原因并不在于两地各自所拥有的发明者不同，而是因为目前洛杉矶对运用此类科学/工程知识的需求比湾区低，这也解释了为什么高科技产业中洛杉矶的 IBE 比率较低。在北方的旧金山有着更多需要科学家和工程师的企业家。

将潜在的引领产业的企业家与系统其余部分匹配的一个关键在于中介人。在研究橙县和湾区的信息技术产业时，费尔德曼和左勒（2012）发现湾区有更多“中介人”：这就是经纪人，他们利用自己作为企业家、投资人和董事会成员的多重角色与其经济体联系紧密。湾区企业家经济中 2%的 IT 管理人员和董事会成员与 4 家或 4 家以上的企业联系紧密，这些人足以坐满一个足球馆；而橙县此类人员只有 0.05%。因为地区中介人是研发团体、企业家和市场之间的信息经纪人，所以他们的出现与新企业密切相关。跨越 IT 和生物科技产业的中介人的差异(这是一个开放性问题)有助于解释近来标志这两个地区专利和 IBE 的质量和种类的差别。因此,这两个地区并没有表现出它们根本的企业家精神的差异。相反,专业化差异造就了对 IBE 的不同需求及有利于创建产业的企业家取得成功的条件上的差别。

鉴于此,企业家精神总量存在三大差距的时期(20 世纪 90 年代)并不是硅谷产生的初始原因。硅谷的发展及湾区在 IT 业的领袖地位可以追溯到企业家精神差距产生之前的几十年。即便在互联网泡沫破灭,创建企业的差异消除之后,湾区与大洛杉矶之间的收入差距还是持续存在。在更早的时期,洛杉矶的娱乐业、航空航天业洋溢着创建产业的企业家精神。洛杉矶仅依靠增强企业家精神无法消除它与湾区或其他很多城市的差距,它只能通过提高经济专业化以及对 IBE 的需求,改善条件从而有利于 IBE 成功这样一个具体过程,才能够缩小差距。因此,我们不应该神化湾区的企业家,视其为湾区成功的唯一根源;他们只是在一个宽泛的生态系统内创造了新的组织形式的复杂过程中的一部分。

湾区和洛杉矶的社会资本

"社会资本"(social capital)这一术语指"使人们能够集体行动的准则和网络"(Woolcock and Narayan, 2000: 26; Bourdieu, 1986; Coleman, 1988; Putnam, 2001)。社会资本可以用两种方法衡量:一是群体生活(我们在第七章考察过的协会,见表 7.1);另一种则是普遍信任,指普遍的"一套有助于创造对规范和诚实行为的期望的道德价值观"(Fukuyama, 1995)。从这个意义上讲,信任是社会网络形成的一个必要的先决条件,在这个网络中,不同的紧密团结的群体(协会、共同利益团体,或者诸如族群这样的主要社会附属关系)愿意相互交往,“架起桥梁”从而围绕更广泛的利益组成联盟(Rodriguez-Pose and Storper, 2005)。

奈克和基弗(1995)在他们开拓性的实证研究中发现,国家经济增长与信任水平紧密相关,但是跟相互关联的成员关系不大。一些深入的研究(Zak and Knack, 2001; Guiso et al., 2010)支持这项研究结果。根据这些原则,贝格尔斯迪克和凡谢克(2004)得出的结论是,就信任而言,它与欧洲各地区的发展并无关联。这也许是因为一些传统共同体联系紧密并限制其他群体进入,从而只是获得垄断租金或者力图保持自己的微弱优势,这也是一些信任形式。但是当普遍的社会信任与许多群体参与其中的富有活力的制度环境相结合时,群体之间的桥梁就形成了,从而产生促进增长的有力影响(Farole et al., 2010; Crescenzi et al., 2013; Laursen et al., 2011)。

测量社会资本是一项具有挑战性的工作,在地区尺度上尤为如此(Malecki, 2012)。一个普遍的方法就是采用公民参与数据,即个体参与其社区的社会、经济和政治发展活动的程度,表示社会资本储量。另外一些研究者使用的是社会信任或普遍信任的直接指标。我们使用鲁帕辛哈和戈茨(Rupasingha and Goetz, 2008)搜集的数据来反映公民参与的情况,两位研究者结合1990年、1997年和2005年县级尺度上人口普查的邮件回复率、总统大选的投票率、非营利组织总数、每10万居民的协会总数及其他标准的次级资料。然后我们用人口给县级值加权,把这些数据汇总得到合并统计区值。我们还使用洛杉矶和旧金山各县的社会信任指数来补充地区范围的数据,这些指数是2000年搜集的《社会资本共同体基准统计》(*Social Capital Community Benchmark*

Survey)的一部分。

表 8.5 显示在 1990 年、1997 年和 2005 年，洛杉矶的公民参与程度低于湾区，这些差距在统计上具有重要意义(也就是，大于一个标准差)。虽然以美国其他城市的标准衡量，湾区的公民参与程度并不是特别高，但是大洛杉矶的表现却明显低于全国平均水平。这些结果在一定程度上反映了测算平均数所用到的都市地区样本包括很多较小地方，而且很多研究表明地区规模(人口)和地区社会资本成负相关(Putnam, 2007)。

为了证明这一发现，我们查阅了 DDB《生活风格调查》(the DDB *Lifestyle Survey*)，基于调查中对社会信任问题的回复建立了衡量社会资本的综合指数，大多数人关注的是人们怎样通过与他人的值得信任的互动而成功地进行彼此之间的沟通。调查是在 1977～1998 年期间进行的。图 8.4 显示 20 世纪 80 年代早期湾区的普遍信任指标是大洛杉矶的 3.8 倍，而在 90 年代初则是大洛杉矶的 3.5 倍。

表 8.5　1990～2005 年洛杉矶和湾区的社会资本水平

	公民参与		
	1990 年	2000 年	2005 年
洛杉矶	2.5	2.6	2.0
湾区	3.6	4.3	3.4
美国都市地区平均水平	3.7	4.0	3.5
	(SD=1.04)	(SD=0.92)	(SD=0.90)

资料来源：公民参与数据来源于鲁帕辛哈和戈茨(2008)搜集的 326 个都市区的县级社会资本指标。

注：由于 1998 年产业分类标准从 SIC 转换成 NAICS，2005 年的结果与 1990 年和 1997 年的结果是在不同尺度上得出的，这意味着我们最好在跨产业而不是所有产业内进行比较。来源于《社会资本共同体基准统计调查》的普遍信任数据仅包括洛杉矶和旧金山各县，而美国范围内的描述性统计来源于 33 个社区样本。

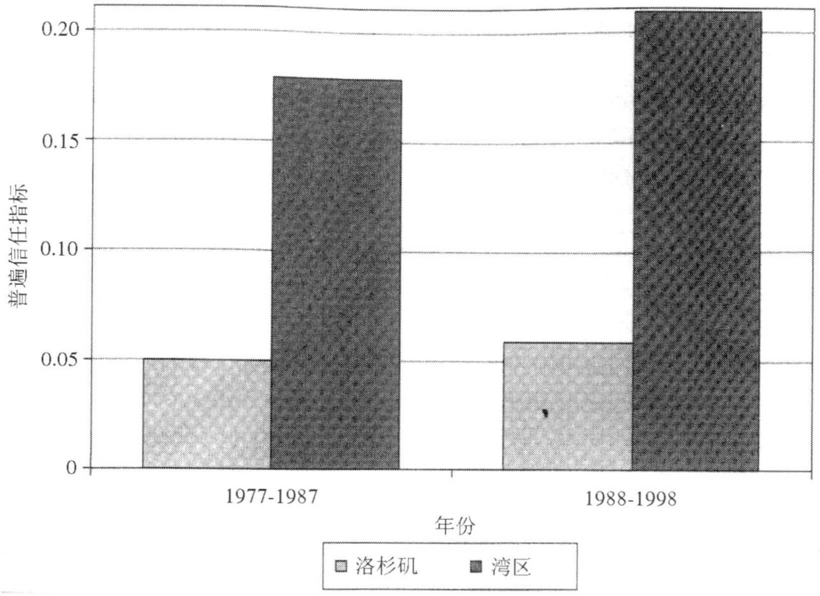

图 8.4　1977～1987 年和 1988～1998 年洛杉矶和湾区的普遍信任

结论:相去甚远的关系基础架构

在关系基础架构方面,湾区和大洛杉矶的差别显著。旧金山湾区的商业和公民网络比洛杉矶强大,北加州的产学联系更紧密,相较于洛杉矶较封闭的企业劳动力市场,在湾区同样的企业中,管理人员和科学家围绕职位交替轮换具有更丰富的经验。如慈善这样的公民参与在湾区表现更显著,湾区居民之间的普遍信任强于大洛杉矶。在大洛杉矶无从发现等同于湾区委员会这样的商业领袖。

本章的论述证明湾区比大洛杉矶具有更强有力、更包容的"看不见的大学",洛杉矶非但没有"看不见的大学",反而只有分离的世界。有一些关系基础架构的差别存在于我们所研究的经济分化之前，比如我们在第七章所陈述的湾区所继承的过去的公民组织和工会，但是还有一些与明显的经济分化相伴而生。1980 年左右的较小的关系基础架构差别导致了网络结构里的循环和累积的因果关系过程，以至于这些差别随时间而扩大。例如，将大学的研究者和企业家、风险资本家及其他中介人联结在一起的能力上的细小差别在 20 世纪 70 年代末期和 80 年代初期就已经存在，但随着湾区超过洛杉矶，湾区这些人的能力愈发增强，大多数有才之士越来越集中于湾区。当湾区的学习溢出日益增强之际，洛杉矶在这方面愈显落后。参与网络建构的各方的网络联系也逐渐加强。只有在很多年之后，当湾区的成功十分令人瞩目并为大家评论的时候，洛杉矶的大学和（有限程度的）商业、公民领袖才会意识到他们需要学习新经济的最佳实践。但是正如经济发展中所常见的，等到其他国家或地区意识到它们的不足的时候已为时过晚，因为领先者的优势已经锁定。

第九章　连线画图：什么造成了分化？

有时候学术研究的作用就是揭示肉眼不易看到的事物，而有时候正好相反，它表明的恰是那些看上去显而易见，其实并非如此的事物。两种情况都适用于有关湾区和洛杉矶之间的分化这一案例。

一位博学的观察者也许会说两地分化的原因十分明了：湾区赢得了信息技术"彩票"，享有IT相关产业公司总部数量的增长，最近又一跃而成生物技术和移动设备应用程序之类前沿产业的重要中心。洛杉矶经历了大规模制造业和航空航天/国防业的急剧下滑，取而代之的则是较低工资的轻工业制造业和国际贸易及物流业。集中在洛杉矶的公司总部数量减少，而且目前该地区在生物技术产业上似乎正被淘汰出局。

然而这种看似明显而直观的故事过于简单，它基本上没有谈及为什么从一开始一个经济体就比另一个经济体的表现要好得多。我们在前面章节里已经抽丝剥茧并逐步剥离了肉眼不易看见的分化的各个层面。1970 年，两个经济体的专业化领域也不一样，但是它们总体工作的任务内容几乎相同，这一点可以从那时候两地相似的工资和收入水平看出。后来它们的贸易专业化部门出现了巨大差距，但是原因并不明显。

常见的“嫌疑人”：原因还是结果？

很多个体因素可以被看成这两个经济体分化发展的原因：一般而言，这些因素包括移民、住房成本及生活成本差异；劳动力的教育和技能；独有的霉运或好运；商业成本差异以及公共政策。我们来简要概述一下为什么这些常被提及的因素无法解释两者的分化。

我们可以从教育和移民开始。第四章详细说明了在我们的研究阶段，洛杉矶的移民主要是来自拉美尤其是墨西哥的移民，而湾区则接收了较高比例的受过良好教育的亚洲移民。有时候平均受教育水平和技能水平的差异可以解释两个地区在总体收入上的分化，在陈述的意义上，平均工资和收入差异的一半与劳动力供给特征（教育）差异有关联，但是无法用它来进行解释。在此期间，湾区具有相似教育、年龄和国籍的人口的工资差距呈稳步上升趋势，到2005～2010 年，湾区拥有大学文凭的人比他们的洛杉矶同行的工资高约 1/3，因而工资差异并不完全受不同移民种类或教育水平的驱动。在统计上，移民不同教育水平相对应 50％的工资差异带来一个问题：为什么两个地区会接收到如此不同的移民？两地相距仅 360 英里，但是亚洲移民却来自万里之遥的地方。对从墨西哥或危地马拉迁来的移民而言，多出来的这点距离并不算什么（比如，他们中很多人迁往芝加哥）。答案在于两个地区不同的需求结构:一般而言,湾区有较好的工作但绝对数量有限,大洛杉矶的工作平均质量较低,而在寻求湾区较高技能的工作的待业队伍中,平均来说,拉丁美洲移民的地位低于较高技能的亚洲移民,但拉丁美洲移民在洛杉矶仍然可以过上比在自己家乡更好的生活。

另外一种推理认为,住房成本或生活成本差异对不同人口进行过滤并形成不同的人口-工作比率,这成为分化发展的基本原因。但是住房成本和住房建设证据并不支持这种推理。

还有一种论调是湾区的成功是独一无二的。洛杉矶的地区经济与很多美国都市地区相比都差强人意,这些地区包括拥有大量移民的大都市地区,如纽约;也包括其他一些中等规模地区,如旧金山、华盛顿、波士顿和休斯敦。与湾区运气论相对的便是,在某种程度上洛杉矶的运气可以说糟糕透顶,原因在于冷战结束及其对航空航天业的影响。但波士顿同样也因为 20 世纪 80 年代的去工业化而遭受厄运,却成功实现了经济反弹(Glaeser, 2003),纽约在 70 年代运气不佳但经济也反弹了。更进一步说,20 世纪 90 年代末的互联网泡沫破裂之际,湾区的就业和投资也遭受过剧烈冲击。

当地财经报道中一个老生常谈的论调是,洛杉矶"太昂贵"而且管制太严格以至于无法吸引和留住企业。第一章和第六章说明,没有理由相信要素成本、土地价格、税收或管制存在系统差异并驱使两个地区走上如此不同的发展路径。

最后,我们可以提出的问题是,正式的经济发展政策和公共开支的差异是否成为驱使两个地区走上不同发展路径的原因。正式的经济发展战略没有太大差异,尽管湾区由于其自然地理和政治地理,地方主义特征更明显一点。由于湾区有较高的税收收入,它的财政能力高于洛杉矶,但两个地区的县、市开支 GDP 的比例相似(大约7%)。一些重点支出的差异明显,但不足以解释两地如此严重的经济分化。

这些关于地区差异的标准论断并无确凿的证据。分化的原因不甚明了,但是这里所罗列的原因,不论是集中在一起还是分开来看,都很难揭开因果关系的面纱。不幸的是,这些原因吸引了政治家和媒体的广泛注意,不仅仅只是谈论这两个城市时,而是常常作为比较不同地区时命运的对象。人们需要对分化做更深入的理解。

经济学家的故事:改变的地区经济均衡

就像前文所述,经济学家也会给出一些常见的解释,但他们采用一种更加复杂的方式编织出整体上连贯的故事。为了做到这一点,经济学家同时考虑地区要素市场和要素价格,这被称为同时-因果模型(simultaneous-causality model)(Richardson, 1979; Glaeser, 2008)。此类故事是这样发生的:由于高工资就业比例下降,洛杉矶的人均收入排名发生变化,这是因为20世纪80年代很多资本密集型制造业产业关闭,然后在90年代初期航空航天业被削弱了。对高技能从业人员相关需求减弱的同时,20世纪80年代的移民潮增加了低技能从业人员的供给。最终,相对于之前的地位和美国平均值,该地区的平均工资和生产力排名开始下降。

在湾区,信息技术产业的崛起以及20世纪80年代对资本密集型制造业相对较小的冲击一起维持了该地区的高均衡工资。反过来,这又向高技能移民发出信号:该地区是一个前景光明的目的地。因为湾区的信息技术产业经历了很强的集聚过程,不断增加的技术需求超过了移民所带来的技术从业人员供给的增加。于是产生了向其他贸易产业的强大的工资溢出效应以及向非贸易服务产业的巴拉萨-塞缪尔森工资溢出效应，只有一个例外，那就是位于底层的移民，他们给两个地区提供了大量劳动力，但是他们的工资仍然维持在低水平上。

这种表述的优点在于将要素供给与需求的变化联系起来，说明在两个地区这两个因素如何不断转换并相互呼应。但是请注意，尽管它很复杂，却缺乏因果性解释。引发向新的均衡运动的核心事件或要素需求变化——比如专业化变化——位于这一模型之外，它也未能深刻理解随时间流逝专业化变化如何保持下去。(Morck and Yeung，2011；Leamer，2012)为了解释收入的分化，我们应该直接面对专业化变化的问题。

专业化：一个“推理小说”的问题

没有一个简洁的模型可以被单独用来解释专业化的原因，我们的意思是，如果原因是指导致一个地区在贸易部门行事变化的一些事件发生的顺序。现在存在很多关于专业化集聚的原因的论断，对这些论断的思考将阐明现有证据的含义。

硅谷落户于圣克拉拉县是湾区一个美丽的意外吗？航空航天集聚和好莱坞娱乐业集聚是历史性偶然事件吗？偶然事件由可能加强经济体中主要群聚地理的技术、人物和组织中的一次性事件构成，我们可以逐一而论。早期出现突破性创新的产业会形成开拓性的集聚，比如20世纪70年代的半导体先驱企业惠普和仙童成就了优秀的半导体集聚，又如20世纪30年代位于圣莫妮卡的道格拉斯飞机制造公司制造了优秀的飞机DC-3。在这个意义上，突破性创新具有偶然性，而经济发展则是一张“彩票”。

另外一些奇闻轶事则强调偶然出现的人物是专业化的关键所在。一些说法是硅谷之所以位于现在这个地方，是因为威廉·肖克利想要离居住在加州门洛帕克的年迈母亲更近一点，因而将公司搬离新泽西州。还有一个关于肖克利的故事，是在他为其先驱企业吸引到最好的同事以后，他那令人难以忍受的管理风格和乖戾性格使得这几位同事集体离职，从而启动了硅谷通过衍生公司发展的进程。这些具体的历史事件肯定产生了一定的影响。从好的一面看，我们可以关注斯蒂夫·乔布斯的产品与美学的紧密结合、霍华德·休斯别具一格的想象力、杰克·华纳的管理技巧等等。在突破性创新与个人英雄（例如唐纳德·道格拉斯和谢尔盖·布林）相关联的具有积极意义的事例中，难道不能说这些个体受到热情的地区环境的鼓舞，从而对创建产业的企业家精神的需求做出回应吗？

第三种对集聚的特殊影响是关键时刻重要企业的决策。例如，20 世纪 50 年代，摩托罗拉把世界上最大、最早的半导体设施布局于凤凰城，但是这并没有使凤凰城成为后来的 IT 产业中心。（Scott and Storper，1987）摩托罗拉过于性急，而后又犯了一个更严重的错误，即努力控制生产系统，在一个技术上还很年轻的企业形成垂直一体化的产业结构，而不是参与到一个开放、灵活的地区网络中。基于大致相同的原因，安进是生物技术产业的先行者，但是却未能在洛杉矶促成生物技术群聚。

另外一些解释并未强调初始的偶然事件，而是关注后来发生的事件。新经济地理模式显示，一旦一个地区率先在某一产业占据领先地位，就会形成滚雪球过程，它能吸引供应商、人才和知识，使得领先地区的生产力和创新水平与其他拥有这一产业的地区之间产生分化。一旦发生这样的事情，就可以说领先的产业地位被"锁定"了（Tisse，2010；Krugman，1991b；Rosenthal and Strange，2001）。

初始偶然事件（拥有突破性创新的好运气）与很多锁定相结合，能否解释为什么湾区领先于洛杉矶？再一次需要强调的是，这只能在一定程度上解释两个地区的分化。如果这是一个完全充分的解释的话，那么洛杉矶本不应该失去航空航天业的半壁江山，因而锁定不是永久的。硅谷自从开始就一直面临挑战，因为它经历了极短的生产周期，大规模半导体制造业在 20 世纪 70 年代末开始撤离硅谷（Saxenian，1994）。硅谷作为一个 IT 活动集聚能够立足的原因在于它的能力，这种能力不仅使之在 IT 业开始了最早的突破性创新，而且还能持续地进行突破性创新。每当之前的一个创新潮业已成熟时，硅谷总能兴起下一个新浪潮——从硅片到个人电脑，从服务器到网络件，再到互联网、移动宽带硬件和应用程序。

第三种关于专业化的偶然性论断是历史主义的：这种观点使得专业化看上去像是地区与生俱来的才能的一种表现，这种才能是该地区独一无二的天赋（Storper，2013）。这样的观点混淆了原因和结果。来看一下锁定发生前的一些早期产业，比如 20 世纪 60 年代和 70 年代硅谷的 IT 业、20 世纪 20 年代和 30 年代洛杉矶的航空航天业、20 世纪前十年好莱坞的娱乐业、19 世纪 90 年代底特律的汽车业、19 世纪 70 年代伊利诺斯州的机械工程业（比如农业设备）。这些产业都在它们所在的主要地区创造了复杂的商业生态系统（Klepper，2009）。这些是它们发展的结果，而不是专业化的初始原因。按照这样的思路，密集的风险投资公司常被认为是湾区建立其在 IT 业主导地位的原因，它们的出现实际上是投资人进行的实验，并逐渐成为得到普遍认可的投资业的一个新分支，但它并非先已存在的资源。20世纪50年代和60年代，湾区无疑拥有技术才能，但是我们现在所定义的“计算机工程”这一领域当时还不具备这样的技术才能。

推理小说？组织变化生成并巩固了专业化

正如我们所见，先已存在的要素禀赋、偶然事件和冲击、动态锁定或者才能并不能自动赋予经济转换以动力，它们都是这个转换过程中的一部分(Feldman and Francis，2003)。它们以特定的方式产生联系：地区产生或吸引那些能构建新产业或在现存产业引发革命的企业家；企业家为了做到这一点又进行突破性创新；然后创新又转变成新的组织类型(主要是企业和企业网络)；新兴生态系统里各种各样的行动者重新认识自己的角色并形成一些习惯，这些习惯使他们能够协调这个新兴的生态系统；这些条件让其中一些企业成长成为持久的较大的企业，但是，对创新保持开放的态度，在某种程度上需要通过维持供应商和合作企业灵活而强有力的网络来实现。我们还可以列举出更多的例子，但它基本呈现了充满活力的高工资的地区专业化是如何在新经济中出现的。将这一复杂过程联系在一起的是地区进行组织转变的能力。

在20世纪，航空航天业从最早分散的，推动行业前沿的创新型部门，最终演化成一个效力于五角大楼的高度计划的大规模系统以及大规模制造飞机的部门。它所采用的方法是大规模和计划生产；与之相对立的是，规模上小得多的湾区航天航空业却保持一种分散状态并且更具有实验性，尽管在规模上不及南部的航天航空业重要[1](cf. Meisenzahl and Mokyr，2012)。

两个地区在新兴生物技术部门选择了迥然相异的路径，没有什么比这个例子更能说明两个地区在如何应对同时代的挑战和机遇方面的差异。湾区和洛杉矶都拥有能跻身生物技术先驱者行列的企业，北有基因泰克而南有安进，基因泰克和安进起初由风险资本家分别与 UCSF 和 UCLA 合作创立。安进是加州最大最成功的生物技术企业，从一开始该公司就采用洛杉矶流行的规模主导的管理模式。鲍威尔和桑德霍尔兹(2012：411)把安进称为“商业主导型公司”，这是相对于湾区的“科学主导型公司”而言。按照他们的说法：

> 商业模式以另一种框架为基础，在这种框架中，管理起主导作用，虽然科学也被引入，但更多的是像乘客而非驾驶者。这种模式利用了重要的科学却未营造一种学术氛围。在这种模式里不鼓励公开发表，科学顾问委员会虽然有审核权却不能影响或制定商业战略。(2012：411)

安进的地理位置反映了这一点，它不靠近任何一个它所依靠的主要大学，而是与三个大学(USCB，UCLA，Caltech)保持同等距离。鲍威尔和桑德霍尔兹(2012)还说道：

> 对于安进这样的科学岛屿而言，这一地理隔离无疑既是它发展的一个原因，又是它发展的一个结果，它取得 FIPCO(完全一体化的制药公司)地位的非凡成就，还有它为保护其

① 2013 年 2 月，在斯坦福大学，保罗·戴维与迈克尔·斯多波进行过个人沟通。

核心专利而进行的咄咄逼人的(在整体上是成功的)法律战斗都证明了这一点。(2011：411)

自相矛盾的结果是，洛杉矶拥有一个世界级的生物技术企业，这一企业还是行业先锋，但是它并没有成为主要的生物技术集群的种子。最初有利的偶然事件，在这一事例中，没能给洛杉矶带来生物技术集聚累积的因果效应和锁定。

湾区的生物技术龙头企业，比如赛特斯、基因泰克、艾迪克和凯龙等，在组织实践方面与洛杉矶形成鲜明的对比。创建于1976年的基因泰克将严肃的科学指导和风险资本基金结合在一起，公司的共同创立人是UCSF的生物科学家赫布·波伊尔，他是重组基因的发明者之一；另一个是罗伯特·斯旺森，一位波伊尔同意与其共事的年轻企业家。这个故事的一个重要元素是支撑它的社会网络。基因泰克的故事以一个初出茅庐的年轻企业家和一个世界级的科学家为中心，他们走到一起，几乎是白手起家，立即共同开发了新组织实践、目标和流程。在湾区，这种跨界网络的形成始于20世纪70年代末期。

洛杉矶也尝试过这种混搭，但却未能使之生根发芽。波伊尔指示斯旺森去联系洛杉矶希望之城医学中心的研究者，他们当时正处于人造基因的前沿阵地。基因泰克为希望之城的研究工作提供资金，鼓励科学家在学术刊物上发表他们的研究成果并利用外部资金、包括来自制药产业的资金，从而实现科学上的突破。基因泰克的波伊尔坚持开放的科学模式，但是安进的管理者却执着于保守秘密。因此，安进的管理者关于如何成功的理念是来自企业世界的标准做法。基因泰克的方法为湾区的地区经济发展带来更为有利的结果。

波伊尔的远见卓识以及基因泰克快速上升为第一个科学实验室，给后来的生物技术企业留下了宝贵的遗产……在关于什么能激励人们（自由、所有权）以及公司如何能获得成功（财政保守主义）方面，两个创立者有着共同的价值观。也许最关键的是，他们没有受到商业科学传统的限制……他们能够创造一个全新的混合物：以商业方式资助的世界级研究实验室。（Powell and Sandholtz，2012：420）

关系网络强化了企业家精神和新组织实践

第八章论证了创建产业的企业家精神对于新产业的兴起或者现有产业适应经济变化至关重要。新产业经常向储存了大量技术和知识的成熟产业借鉴经验，而在其他一些技术变革更彻底的情况下，它们则直接从研发中汲取经验。保守主义和分类思考是企业等级和研究实验室的本质特征，也是基于研发的大学或者实践性创新的本质特征。这就是为什么突破性企业家结合新与旧，从跨界网络获得看似遥不可及的现实的合理延伸。

在湾区 IT 业的早期，不止一个共同体对新技术感兴趣，还有很多跨越不同网络的人，他们所扮演的中介人的角色促成了知识和理智的结合（Turner，2006）。帕吉特（2012）呼吁人们注意共同体组织和网络体系之间的借鉴、引进和转置的做法是此类组织进化的关键：

组织结构是网络和交互规则在现场的结合、转变和复制，这些网络和规则是人们从众多来源中引入的。反过来，以前

> 的组织场所内的互动形成了网络和规则，而人就是过去的网络和规则杂交而成的。换言之，人和组织的历史贯穿彼此，通过网络的共同演变，既形塑了组织又形塑了人。(2012：171)

回顾过去，我们发现湾区从不同方面汲取营养，由此形成了硅谷的生产体系。让我们重新回看第七章和第八章所涉及的这个过程中的一些元素吧。

20世纪60年代，新技术在湾区已经尽显魅力，这种魅力不仅仅只是源自工程界，而且还出自其他一些环境。巴克敏斯特·福乐是一位乌托邦式的替代技术专家，他发明了网格状穹顶并大力倡导在城市和现代生活中运用替代技术。他体现的未来主义实用性后来被个人电脑开发者借用(Foege, 2013b)。虽然福乐来自东海岸，但是他的主要突破性成果却是在他就读于圣何塞州立大学期间完成的。之后不久，西奥多·罗斯扎克在他1969年发表的作品《反文化现象的形成》(*The Making of a Counter Culture*, 1969)中详细记录了福乐及其他人在湾区的嬉皮士和技术怪才之间架设沟通桥梁的种种方法。反主流文化和创新文化发生碰撞的重要公开论坛是《全球概览》，这本书出版于20世纪60年代末和70年代初，乔布斯2005年在斯坦福毕业典礼演说中曾引用该书，并将此视作苹果个人电脑及其操作系统灵感的主要源泉，当然也是苹果公司整体美学思想的重要源泉。

《全球概览》的作者斯图尔特·布兰德是一位在斯坦福接受过教育的生物学家，他同时也是福乐的忠实追随者。就如福奇(Foege, 2013a)所言："除了极力宣扬原始工具和可持续的农作方法，概要还包括立体声系统、焊接设备、照相机和计算机。"布兰德还是一个在技术、富裕的湾区精英及环保运动之间建立三方关系的重要人物。他跟戴维·布罗尔关系很好，后者一直担任塞拉俱乐部的执行总裁，并且是地球之友和地球岛屿研究所的创始人。旧金山金融界的重要成员也担任这些机构的董事会董事。他们的环保主义不仅只是传统意义上的关注土地保护，而且还执着于乌托邦式的理念，即利用资本主义，通过在更好的现代生活中运用理性和技术手段，创造一个更好的世界[①]。替代技术家和主流工程师的差别不是用技术手段解决社会问题的优势，而是前者与生俱来的对去中心化和小规模的偏好，而后者却偏向于集中和规模（Turner，2006）。

刻板严肃的精英与波西米亚实验主义结合共存，而如布兰德这样的一些跨界者在他们中间斡旋。布兰德和（以《神奇巴士》[*Magic Bus*]闻名的）肯·凯西联合发起并组织了旅行音乐节，这是和世界上第一次灯光秀一起在旧金山举行的摇滚乐聚会。到1969年，随着施乐建立帕洛阿尔托研究中心（PARC），湾区不仅成为嬉皮士反主流文化的中心，也成为与之相关联的技术文化的发源地，PARC最初的员工是没有公司文化经验也对此了无兴趣的学者。1972年，《滚石》（当时总部位于旧金山）发表了一篇斯图尔特·布兰德撰写的有关PARC的文章。布兰德在文章中将PARC的员工描写为有知识的嬉皮士，他们把计算机科学作为一个为创造更多自由、激发更多创造力的乌托邦式计划。2013年，在《纽约客》（*The New Yorker*）的一篇文章里，南森·赫勒在描写当时在旧金山兴起的应用程序开发浪潮时使用了类似的词语，说他们是寻求自由、创造力和不墨守成规的生活方式、有技术的青年，他还

① 20世纪70年代末和80年代初，本书作者之一迈克尔·斯多波曾经就职于地球之友，熟识本段所涉及的一些人物。

引用了其他60年代末期的文章，这些文章也都使用了大致相同的词语描述旧金山那个时候的文化冲击。

在信息技术和今日的生命科学与生物技术的演变过程中，斯蒂夫·乔布斯和其他很多重要人物并不是激进的创新者。他们是梅森扎尔和莫克尔（2012：45）所谓的“巧匠”，他们对主要发明进行改进、纠错，使它们适合新用途并在新的应用程序里将它们结合在一起。正如他们所说，

> 我们既不能只关注大众趣味，也不能只关注“明星”的体验，而应该关注位于两者之间的群体，这些群体才思敏捷，又有能力对现有想法稍稍改进、调整、整合、提高和纠错，他们能够按照说明操作，他们还会运用自己的知识对设计图的不足进行补充。（2012：45）

很多改进是跨界的，在此意义上指从其他领域引进思想、想象力或技术，一个最好的例子就是乔布斯从替代技术运动汲取了实用技术观念和美学思想。

大洛杉矶的关系动态图与湾区形成鲜明对比。20世纪中期，洛杉矶县有着强大的城市精英网络——20委员会（Jaher，1982）。在该地区其余各县里，尤其是在橙县，出现了颇具竞争力的领导团体。20世纪60年代末期新经济开始出现时，这些不同的团体发现自己缺乏沟通渠道，这些领袖团体没能够建立可能的相互联系、并保证广泛的地区愿景的跨区域“论坛”。即便当如安进这样的新经济机遇向他们走来时，地区行业领袖还是把它推回自己最了解的现有的做法中：那些他们从以前的发展时期继承的做法。

洛杉矶不是命中注定要走这样的道路。你可以想象洛杉矶经

济的反事实的历史，在好莱坞、橙县或埃尔塞贡多(航空航天中心，临近洛杉矶国际机场)能够发现不亚于斯图尔特·布兰德或斯蒂夫·乔布斯这样的人物，你也许可以想象在加州大学洛杉矶分校或加州理工学院有一个赫伯特·波伊尔。换言之，你可以想象某种强有力的行动者，他们本来能够在 20 世纪 70 年代改变洛杉矶很多事情的进程，这样的行动者存在于洛杉矶历史的其他时段：这时候在你脑海里浮现的人物应该是杰克·华纳、路易斯·B.迈尔以及唐纳德·道格拉斯。

但是自 20 世纪 70 年代以来，对于那些不墨守成规的人来说，两个地区的环境并非同样有利于他们的成功。到新经济开始出现的时候，较早时期的那些特立独行的工程人才俨然已淹没在五角大楼资助的大规模操作中，远离洛杉矶。相比之下，身处湾区的休利特和帕卡德仍然与旧金山市区的精英们和替代技术圈子保持紧密联系，而且五角大楼对他们的影响要小得多，因此虽然他们起步于 20 世纪 30 年代，但是他们接触的却是一种实验性环境。反之，湾区和洛杉矶成为吸引不同类型人口的磁石。

这个例子的关键之处不是说这种环境和冲击的结合就一定会出现在洛杉矶，或者任何其他一些面临经济转型的地区。当新的高工资活动出现时，一些具体地方的代表人物或企业家就会去发展这些活动，抓住并锁定它们。它们是经济发展的“等待发生的偶然事件”。地区的关系基础架构可以排除或者强化这种冲击和组织实验，将这些活动引向一些地方并鼓励它们的发展，或导致这些活动离开一些地方。一旦如此，累积的锁定过程将加剧分化，这种分化至少会持续到另一个主要的技术浪潮和市场变革出现，并开始新一轮游戏。

在这方面，橙县在国家 IT 业中成为一个二流的高科技集聚角色的原因似乎与萨克森宁(1994)所陈述的波士顿早期IT业相似。在面对一个开始涌现很多突破性创新浪潮和组织改变的产业时，企业和管理者未能想出一个自我组织管理的良方。他们坚持传统的管理方法和态度，力图建立规模经济组织，这与安进在洛杉矶生物技术产业的行事方法一模一样。新近在新经济中获得成功的西雅图所在地区原来的情形与洛杉矶毫无二致，西雅图也拥有大型成熟产业(自然资源和飞机制造业)，也面临新经济到来的挑战；不同于波士顿和洛杉矶的是，它吸引到如比尔·盖茨和杰夫·贝索斯这样的创建产业的企业家，而且以他们为中心发展繁荣了组织生态。鉴于洛杉矶的知识禀赋及拥有的人才，它没能取得像西雅图这样的成功，的确令人困惑。

差异显著的地区时代精神:经济行动者的习惯

20世纪70年代施乐公司PARC的参与者之一保罗·杜吉德用“时代精神”一词来描述湾区的“开源文化”，他强调说时代精神不只“针对技术”，而是渗透到整个地区各个领域的一种精神(Duguid, 2009)。“时代精神”一词源于德语，被英译为“spirit of the age”(时代的精神)，这里指特定地区的时代精神。

时代精神来源于经济环境中共同的思想、实践以及组织事物的方式。这些共同的思想、实践及做事方式对于施行者并不是完全显而易见的，它们是一些习惯或经验法则。最重要的是，经验法则能起作用，那些与我们产生互动的对象也必须使用同样的经验法则，以便我们相互协调，如一个现代俚语说的“在同一页上”(“on the samepage”)。这一点在变化迅猛、高度创新、知识密集型且能在城市产生高收入的经济活动环境中尤为重要。根据分析哲学家戴维·刘易斯的观点，习惯包括以下几点：

> 当群体(P)成员在一种反复出现的情景(S)中行动时，他们的行为规则(R)就是群体成员的习惯，
>
> 每一个成员遵从 R；
>
> 每一个成员期待其他人遵从 R；
>
> 每一个成员在别人遵从 R 的时候也这样做。由于 S 是一个协调问题，对 R 的普遍遵从的结果是协调。(Lewis，1969：42)

习惯属于态度和信仰的大家庭。习惯性的态度和信仰先于经济变化并通过帮助大型分散的行动者共同体统一意见而促成经济变化，支持组织生态的运行。

第七章，我们发现洛杉矶和湾区的领导集团对于经济可能性和挑战的本质的信仰一直存在巨大差异，他们习惯体现的智慧不同，并随时间推移产生分化。我们可以粗略地看一下两个地区不同的经济习惯。20 世纪，洛杉矶发展的主要特点是建立了一套始于 IBE 的大规模生产超高效系统。颇有远见的企业家于 20 年代创立了好莱坞，自那以后好莱坞发展成为一个工厂式的制片厂体系。唐纳德·道格拉斯之类的人物通过突破性创新开启了航空航天业，在之后几十年间又相继涌现出其他企业家先驱，后来在 40 年代渐渐变为航空航天大规模生产链。基于这些高度创新的活动，洛杉矶地区又增加了一个新的角色，即大规模耐用消费品生产分工厂以及炼油、大型港口综合体的西海岸中心。随着冷战愈演愈烈，它创造了一个混合生产体系，既包括大型航空航天体系的大规模的、自上而下的产业计划，也包括小批量生产和系列生产体

系。洛杉矶的企业家在大规模生产的先锋领域也表现出色：如房地产和土地开发、抵押融资以及快餐业。

好莱坞放弃了始于20世纪50年代的大规模生产世界，改变了该地区成为大规模生产经济体的进程。为应对电视业和美国司法部反垄断诉讼的双重挑战，好莱坞的娱乐产业变成基于项目的产业，具有高度灵活的网络。到20世纪70年代，它已经是基于项目产业的先驱，非常灵活地结合企业、知识和投入，企业巨头（制片厂）的角色逐渐转变成投资人、产品协调者、电影及其品牌衍生品的市场营销人员的角色。与这种定位转变相伴而来的是迅速而显著的就业形式、组织实践及习惯的变化。

然而好莱坞向新组织生态的华丽转身未能在更广泛的范围内改变洛杉矶经济体，其中原因不一而足。部分原因是，在好莱坞占主导地位的艺术语言与洛杉矶地区很多其他部门占主导地位的工程语言之间的天然联系甚少。这种情况与硅谷对比强烈，硅谷以工程为基础并因此从该地区的工程界获益颇丰，同时也有助于工程界的发展。实际上，按照经济历史学家保罗·戴维的说法，冷战结束对湾区的航空航天界产生了积极影响。这是因为它不像洛杉矶的航空航天业那样过多地卷入大规模生产；它被看成航空航天业的“精品”和高技能部分，对大型国防承包商的用处是制造高度创新并具有试验性的设备。那些成功的企业后来将被转换到大规模体系中（并且继续向南推进）。

威廉·休利特和戴维·帕卡德一直以来只是在自己位于帕洛阿尔托的车库里瞎鼓捣，他们的惠普公司成立于1938年。公司第一个推向市场的产品是精密音频振荡器，在研发过程中使用了一个白炽灯泡作为指示灯。冷战结束时，很多这样的喜欢捣鼓小发明的人顺利进入硅谷工作，在这里工程学是通用语言。冷战结束之际，大规模生产制造业撤离洛杉矶，航空航天业大肆削减，这时好莱坞也无能为力，尽管它的组织实践与主导硅谷的组织实践非常相似。现在，也就是我们写作此书的时候，好莱坞与新经济的联系不断深化，但也只是在与好莱坞的产出专业化相关的领域：视频和音频内容。

在此意义上，两个地区商业领袖的习惯体现的智慧（好莱坞除外）具有天壤之别。不难理解为什么新经济的一些潜在的企业家在湾区比在洛杉矶或波士顿感到更自在。当洛杉矶的领导人将注意力转向交通和物流这样的产业时，两个地区的知识社群之间的距离也就越来越大。两个地区的时代精神，或整体精神，作为不断分化的专业化的一部分，亦渐行渐远。自那时起，洛杉矶很难再创造一种新的时代精神，使其成为一个高收入地区。

第十章 形塑经济发展:政策与战略

想象未来

想象现在是1970年:一个美国具有毋庸置疑的全球经济主导地位的时期。加利福尼亚州是那时的明星州,几十年里,人们如潮水般涌向加州,那里的居民享有持续的高收入。加州还拥有令世界多数地方钦羡的从初级到大学级别的教育体系;如今天一样,1970年的加州拥有全球20所顶级高等学府中的6所大学。人们可以靠土地开发、工业化农业、航空航天业、石油和娱乐业发财致富。这一经济发展的伟业,再加上好莱坞的传说、加州宜人的天气、美丽的自然风光、生活方式以及生活质量,使得加州成为众人追逐的对象,这中间还掺杂着一丝大西洋世界的纽约、伦敦和巴黎纡尊降贵的味道。

当然一切远非完美:这里还有大面积的贫困区,在洛杉矶,发生在沃茨的可怕的种族暴动才刚刚过去五年;由于中产阶级被郊区吸引而离开城市,不少旧金山和洛杉矶的内陆城市迅速衰败。

加州人民集体沉浸在巨大的苦恼之中，整日担忧他们所历经的增长带来的社会和环境影响，湾区的情况尤其如此。抗争文化流行——从20世纪50年代旧金山垮掉的一代到60年代的嬉皮士、学生、黑豹党及反越战示威者。他们批评加州增长机器、社会“郊区设想”、对军费开支的依赖以及赤裸裸的物质主义（Starr，2011；Didion，2004）。美国经济也开始面临挑战：制造业生产增长下滑和东北地区去工业化开始。加州似乎对这些不幸具备免疫力。有先见之明的投资人瞥见了后来所谓的新经济的轮廓，他们在游泳池边的烧烤野餐会上聊的话题是惠普和仙童。

镜头再向后推约十年，“梦想海滨”的多数地方卷入了痛苦的去工业化过程（Starr，2006）。与此同时，到1980年，圣马特奥和圣克拉拉的郊区地带城市（帕洛阿尔托、库比蒂诺、门洛帕克、圣何塞）合并而成硅谷。洛杉矶在橙县有着自己的新工业空间，到1980年，这个地方成为一个富裕的郊区工业化、后工业化和金融发展领域（A. Scott，1993；Sciesi，1991）。洛杉矶领导人依靠扩充港口基础设施、力求成为亚洲制造的西海岸门户的做法，实施使自己更接近全球经济中心的战略。要说有什么不同，那就是洛杉矶领导人正在大胆地想象自己的未来。

在任何尺度上——从全球、国家到城市地区——提到经济发展中期过程（30～50年）就意味着前面所面临的巨大的不确定性。格莱泽（2003：119）如是说，“一个城市观察家看待1980年的波士顿时，会有各种理由相信它会步底特律或锡拉丘兹之后尘，继续踏上令人悲哀的城市衰败之路。”20世纪80年代，美国国民经济普遍向新技术部门、高级服务和金融业发展，但是很多分析家仍然相信它应该（在制造业意义上）再次工业化（Bluestone and Harrison，1984；Zysman and Cohen，1988）。新经济的高工资效应在地理上具有选择性，大多会选择结构上具有高土地和高劳动力成本的地区，比如湾区、纽约、波士顿、芝加哥和华盛顿 D. C.。20 世纪末，这些美国都市地区顶级发展俱乐部成员与诸如伦敦、巴黎、东京、苏黎世和慕尼黑之类的同行城市一起创造了城市经济"复苏"模式（Stroper，1995；Cheshire，2006）。它们扭转了 20 世纪 50 年代到 80 年代在美国起主导作用的非都市经济增长的趋势，依靠提高它们在高工资、高技能和空间集中的新经济产业中的比重，这一城市俱乐部弥补了自己在旧经济产业中的损失。很多其他地区并没有享有这种类型的转型，因此为什么某些地区比其他地区更具有"弹性"便成为经济发展分析的主题（Christopherson and Clark，2007；Christopherson et al.，2010；Storper，2010；Feldman and Lowe，2011）。我们已经明白造成旧金山和洛杉矶不同命运的原因很多，但是又能做点什么来提高洛杉矶的经济业绩并避免湾区在未来走向溃败呢？

政策思路的严重分歧：人还是地方？

当涉及政策时，关注经济发展尤其是城市地区经济发展的一些学科——区域科学和城市经济学（RSUE）、新经济地理学（NEG）及发展研究——往往存在根本分歧。第一个分歧就是政策与战略究竟应该以人及其家庭还是以地方为目标（Barca et al.，2012）。RSUE 模式特别相信人及其家庭按照自己的喜好和能力选择居住地，因而工作因他们而定。将这种基本的思维方式延伸出去，就是政策重点在于强化人们的能力使其富有成效，而地方应该吸引适合类型的人（Glaeser，2000）。

在国际尺度上，如果实施只关注人的政策，如劳动力培训，但国内对他们的技能又没用充足的需求，那么就会出现人才和人力外流现象。都市地区也存在这个问题：如果它们的政策旨在提高人们的生产能力和就业能力，它们将为整个国家和其他地区的经济福利做出巨大贡献。这种利益渗漏也是目标为人的政策常常在像国家或州政府的较高尺度得到资助的原因，这也是为什么没有一个都市地区能够承受得起只推行培养劳动力的政策；即便是在洛杉矶这样的反事实的例证里，它倾尽所有资源快速教育墨西哥移民，但是即使较高比例的高技能移民可能留下，他们中还是有很多人可能离开洛杉矶去寻找更好的工作。为了留住或吸引他们，一个地区必须有需要他们的技能或者有助于他们发展技能、积累经验的工作。

NEG 模式及某些发展研究的分支以一种不同方式考虑发展中的地方因素。它们的出发点是生产活动，以及劳动力需求，本质上就是起伏不定的。高技能、高工资活动倾向于群聚，原因在于它们需要互动，也需要靠近新的前沿知识来源，它们还要利用复杂的专业化的当地供应链。问题是在关于什么类型的政策有助于地区发展、抓住或保留这些最理想的活动这一点上，很少能达成共识(Duranton，2011)。

形成未来的专业化，进而形成未来的劳动力需求的政策不应该仅仅反映地区要素禀赋，尤其是劳动力供给目前的状态。洛杉矶影响其专业化的巨大成功在于不断强化其作为西海岸国际交通枢纽的地位。它的港口-物流综合体产生了对中低技能劳动力的需求。这一战略可以说是对该地区充足的中低等教育程度人口的一个对策。与此同时，美国很多都市地区人口中大学毕业生比例不断增加，从而加剧了大洛杉矶与它们的差距。不论是湾区还是洛杉矶都确实有低成本的边境(内陆)地区，如内陆帝国和中央山谷各县，但这些地区拥有的职业均无法带来像其他各县那样的高收入。

形塑专业化的政策是否主要应该包括降低商业税收及减轻管制的措施，是否这些以地方为重的政策恰恰是洛杉矶一直以来所缺乏的？在洛杉矶县，创造就业机会少、收入增长缓慢的地方往往不是最昂贵的或高税收地区(Parent et al., 2013)。洛杉矶县有四种经济变化模式。第一组是那些在过去20年工作机会和收入都稳步增长的地方，这一群体包括一些富裕的共同体，如卡拉巴萨斯、贝弗利山，以及帕萨迪纳、阿卡迪亚，还有一些发展迅猛的产业中心，如胡桃和钻石酒吧。第二组由获得工作机会但损失收入的地区构成，这表明服务部门和行政工作的增长。这个群体包括伯班克、格兰代尔、托伦斯和卡森。第三组，也是最广阔的区域，包括洛杉矶西部、圣费尔南多山谷及很多海滨城市，其特点是丧失工作机会但获得收入，这是一种受到房地产、服务业及私人投资驱动的经济。第四组的特点是既损失工作机会又损失收入，它们是南洛杉矶、康普顿、艾尔蒙特市、霍桑和长滩。数据进一步证明了这一种类城市的惨淡情形，继洛杉矶市之后，过去20年间失去最多工作岗位的城市有埃尔塞贡多、圣费尔南多、艾尔蒙特市、康普顿、霍桑、波莫纳、千橡市和拉朋地(Parent et al., 2013)。

UCLA罗斯金报告(Luskin report)对于洛杉矶就业趋势的分析也发现很多经济业绩最差的地区得到了特别广泛的政策帮助，例如企业振兴区、经济开发区、税收优惠及土地使用政策。很多表现最佳的、如圣莫妮卡和一些海滨城市之类的地方，政府给出的激励措施并不多，实际上，它们常以管制严格、税收和费用高、许可过程麻烦而为人所知。换言之，整个洛杉矶中反而是很多以“糟糕的商业气候”而闻名的地方的商业越来越繁荣昌盛(Parent et al.,

2013)。

与前面的情况一致的是旨在仅仅降低商业成本的政策在洛杉矶也将收效甚微。换言之，正如在世界经济体中，美国和土耳其不会为同样的产业竞争一样，同样在美国，洛杉矶也不会争夺需要低技能且对成本敏感的产业。这些活动产业在选址上有着更好的(区际或国际)选择。

RSUE 理论建议的其他地方政策关注的是吸引高技能工人的生活娱乐设施(Glaeser and Mare, 2001)。大体上如我们在第四章所说明的，与洛杉矶相比，湾区的生活娱乐设施平均水平排名并不高；从全国看，两个地区都是生活娱乐设施排名高的地区。就所提供的生活娱乐设施而言，从密集的中心城市区到广阔的郊区，两个地区的生活娱乐设施都是多样化的。两个都市地区都有富足的环境以发展高工资高技能就业，这没有回答为什么湾区比洛杉矶从中得到的益处要多得多这个问题(Scott and Storper, 2009)。

如果生活质量、商业成本/激励政策都不可能解决洛杉矶的劳动力供给问题，也无法解释湾区的成功，那么在地区尺度上是否还有考虑更周全的产业政策(Barca et al., 2012; Chatterji et al., 2013)? 这是一个极其复杂的话题，在这个论断中，我们观察到两个现象。首先，很多带来高工资、高技能产业发展的政策杠杆主要是在国家尺度上组织，并获得相应的资金。它们与构成“国家创新系统”的研发系统、教育、国家科技重点、基础设施、知识产权、立法体系及其他很多制度力量共同起作用(Lundvall, 2007)。其次，正是经济体中最具有创新性的高工资活动才具有最强的自然集聚性，因此促进这些活动的国家政策将总是要在空间上进行选择，其效果也是不均衡的。那么问题是，是否应该制定另外的经济发展的地区政策，从而努力把这些发展引导到本地区?

以地方为导向，针对活动的政策——那些试图把理想的产业吸引到本地的政策——就是我们今天所谓的集群政策，在第六章讨论过这点。理论告诉我们，集群政策能强化集群并使之超越市场力量产生的自然水平，凭借这点，集群中的产业在政策诱导的集群水平比市场产生的水平更加有效（在技术的角度，集群具有非线性经济效益，对它而言，市场是失败的），只有在这种时候，集群政策才是合理的。除非满足这种条件，否则一个地区施行的集群政策不过是将邻近地带的集群吸引过来，也就是"求邻居帮忙"（beg thy neighbor），但在整个经济体中却降低了这个产业集群的最优水平（Nathan and Overman，2013）。现有的统计证据显示，大多数考虑最周全的集群政策也未能达到这两个标准（Duranton，2010，2011）。

无论如何，不管是在湾区还是洛杉矶，我们在研究期间都没能发现创造信息技术集群和生物技术集群的综合性地区集群战略，恰如洛杉矶的航空航天和好莱坞集群也并不是由地方当局引导、计划或创造的。航空航天业得到联邦军事采购的支持，而紧随其后的好莱坞则一直是当地政策支持的对象，但是不能说它们是考虑周全的集群战略的结果。矛盾的是，与硅谷相比，橙县的工业化就是更加有意而为之的计划之结果，欧文公司是通过自上而下的土地使用规划而并非本质上的集群政策做到这一点的。洛杉矶-长滩港口产业是通过积极的、策略性的地区工业政策发展起来的，但是前面的章节已经说明了它的经济效益非常有限。

上述讨论并不意味着那些考虑周全的地区经济发展战略必定是毫无意义的，而是指迄今为止所采取的集群政策大多未达到目标，并需要重新思考和制定（Farole et al.，2011；McCann，2015；Duranton，2011）。

高工资专业化战略的要素

重新计划政策的第一步是弄清楚现在形成高工资地区经济专业化到底需要什么。本书的比较案例研究表明这一过程一共有八个主要构成部分。

第一，所有高工资专业化的案例都开始于企业家精神浪潮，要么通过个体离开现有企业去探索相关领域的新技术和市场，要么通过在创新型领域达到地区的创建产业的企业家的临界量。通常，这些企业家利用跨界经济和社会网络，从不同领域获取知识并重新整合这些知识。

第二，虽然第一个过程可能在不止一个地区发生，但是最终领先的地区却是拥有帕吉特和鲍威尔(Padgett and Powell, 2012)所称的“强有力的行动者”的地区，在发展初期，这些行动者将企业家团结在一起，而在影响市场的突破性创新形成之前的阶段，给予企业家发展的焦点和一些制度上的支持。这正是弗雷德里克·特曼在湾区曾经做过的事情。

第三，拥有龙头集群的地区也是突破性创新得到应用的地区。20 世纪 30 年代，洛杉矶的航空航天业就是如此，唐纳德·道格拉斯发明了 DC－3；另一个例子是硅谷在 20 世纪 70 年代早期的突破性创新芯片的发明。明确突破性创新到底指什么这一点很重要。有一些突破性创新是激进的新技术创新，就如 19 世纪 80 年代德国卡尔·本茨的汽车。但是仙童生产的芯片不像肖克利 1954 年发明的芯片那般激进；洛杉矶航空航天业的道格拉斯和硅谷芯片产业的仙童都把激进的创新转变成在商业上可行的创新。对几乎所有地区来说，这都是一个可以抓住的机遇。

第四，伴随创新的是组织实践的发展，这些实践外化了供给系统的一部分，以至于对创建产业的企业家精神的需求增加了。这通过在不同企业和组织的共同经历促成了人们之间关系网络的形成，但其中很多以失败告终。不应该过早发生的是，某个内化了很多活动的企业主导了地区的组织生态，就像 20 世纪 50 年代凤凰城的高科技所遭受的一样（摩托罗拉），也像 20 世纪 70 年代洛杉矶的生物技术产业中的安进公司所经历的一样。

第五，这一新兴系统能够利用支持性的整体关系基础架构，在这一架构中汲取地区经济体其他领域的企业家精神、劳动力和知识，并在这一过程中对它们进行改变。地区领导阶层逐渐积极参与到新兴产业中，通过企业和新企业之间的人员流动形成企业家和高技能劳动力的环境，他们因此建立起广泛的人际关系网络。

第六，强有力的行动者带来繁荣，紧接着出现了新型中介人和代理人，他们在这个新兴系统里占据一席之地。在好莱坞，他们是经纪人，也是诸如律师和人才发掘者之类的关系的组织者；在硅谷，他们是风险投资家，也是嬉皮士工程师，而在生物技术领域，他们又是科技型资本家。

第七，这一产业也为企业家精神、企业间关系、关系、研发和劳动力市场的流动创造了协调新兴组织生态的习惯，并为随后在一些情况下形成并且扩散到地区之外的新准则树立了榜样。这些知识共同体改变了它们所在的地区，它们相互交融并形塑了时代精神。在这些产业的成熟时期，这个地区时代精神的很多元素纷纷被其他地区的人们借鉴（今天很多地区也拥有类似旧金山的“极客”环境）。（Heller，2013a。）

第八，创建产业的企业家精神也使这一产业涌现了很多主要的企业，但是这些企业最初并不是来替代衍生企业和新创企业的。

相反，即使在这些企业扩大自己的规模和市场势力时，它们也利用，并常常并购那些新创企业，从而使它们能够延长产业创新期（Klepper，2010）。

战略障碍

在试图形成上文所提及的八个特征时会遇到很多障碍。首先，努力的结果将历经很长时间才能显现，因而它们也将是不确定的；利益可能是不可知的，而且利益分配与所花销的成本和付出的努力并不对等。我们将一些主要的障碍列举如下：

- 组织实践具有极大的惯性，即使面对因不适应市场喜好而招致市场制裁时，惯性依然存在。洛杉矶的航空航天业的确在面临冷战结束时改变了自己，但是它是通过缩减规模和改变生产场所、而不是将新经济的技术转移到现有的企业和地区工程界来做到这一点的。
- 一个地区的关系网络以变化多样的几何结构分布，且无人控制。看清关系网络（即便是使用先进的网络工具来做到这一点）极其困难，也很少有强有力的行动者有可能重塑关系网络。
- 如果公共政策被用于改变愿景和信仰、组织实践和网络，那么对资源配置的争夺和一些主导思想可能反映出现有的利益。今天的经济赢家的利益有时候会与地区经济体的长期利益不一致，其中包括未来的从业人员或企业的利益，而不是现在的财富拥有者或从业人员的利益。即使这些经济上的赢家在政治上是失败者，有时候他们的权力也足以阻碍重新定位优先性(Aceoglu and Robinson，2000)。

- 然而，胜出的企业，也就是那些顺应变化的企业，并不总是会做一些力所能及的事情去引领区域经济总体的变化方向。最能说明这点的是洛杉矶的安进公司，它一直以来孜孜以求本公司有效的商业战略，安进的领导人没有将新的组织实践制度化，或者说他们没有创建可能带来洛杉矶的生物技术集聚的关系基础架构，这与前几十年里好莱坞的自我孤立的成功颇为相似。以企业为基础的政策往往由于这个原因而失败。

重塑组织实践和关系基础架构

经济发展史上不乏成功改变组织实践和重要关系网络的例子。1970年，波士顿还未跻身人均收入前十名的都市地区，而底特律则已是这一尊贵俱乐部的成员之一。那时的波士顿只是一个日渐衰微的制造厂和制造业地区，然而今天的波士顿却是全美第三富有的都市地区。其中部分原因可归于好运气，波士顿拥有研发资源，这一资源随新经济的到来而价值倍增；底特律恰好相反，它的经济过度集中于无集聚效应的老制造业部门，在这些部门中，技术变革使之丧失工作岗位，而全球竞争又威胁到它的市场份额。

在这两个例子中，原因不仅仅只在于专业化事件。在底特律，地区经济体在新经济部门产生了可观的增长，但这种增长只是出现在奥克兰县的郊区。汽车业领导人在应对国外进口汽车的冲击时惨遭失败，并且在这种永久性危机的氛围中，他们对地区和中心城市经济复苏了无兴趣。正如在底特律一样，波士顿很多中心城市的工人阶级群体(爱尔兰和意大利“白种人”，而非底特律等内陆城市的非裔美国人)不可能直接从新经济中得到好处。波士顿地区信息产业经济早期的成功仍然服从于传统的公司实践(Saxenian, 1994)。然而,跟密西根不一样,在波士顿的例子中,马萨诸塞联邦在州长迈克尔·杜卡基斯的领导下开美国之先河,建立了第一个"增长内阁"(Peirce, 1983)。杜卡基斯把直至那时相互还无法对话的群体召集到一起;内阁也利用了该地区各医院和医学研究机构的其他力量,因而开启了不同群体之间的广泛对话。当然,杜卡基斯州长并非凭空创造,而是机敏地以该地区现有的大学和医院的领导阶层作为基础。但他帮助他们发展成一种新的创业模式,这种模式很关注波士顿都市地区核心工人阶级选民的社会融入。在这样做的时候,他使剑桥-肯德尔广场地区吸引到了年轻的技术人才,因而也帮助了直至那时还以128公路(Route 128)区为基础且正遭受破坏的高科技产业,使之起死回生。

经济社会学现在已经形成了一些对这些阻碍和转变过程的观点和了解(North, 1990; Acemoglu and Robinson, 2012)。普加和特雷夫(2012)说明了中世纪(11世纪)在世界贸易扩张中具有主导地位的威尼斯,商人群体是如何从贸易中获得比利润更多的东西的;他们努力推动新规则和制度的建立,从而使贸易得以扩张,并取代了世袭统治团体。但是后来(13世纪晚期),新兴的富裕商人在远程贸易中最有利可图的部分恢复了世袭参与,破坏了机制的活力,最终导致威尼斯的经济停滞不前。在另一个地区的例子中,帕吉特和安塞尔(1993)以中世纪佛罗伦萨的科西莫·德·美第奇为例,说明了科西莫如何利用经济变化增强或削弱某些从前的行动者的方法。为了达到自己的目的,他编织了一个包括经济体中很多"新人"在内的联盟。这种新型关系网络的副产品本质上就是一种新运作的城邦。胜利者们既创造了稳固的制度又改变了地区的时代精神。

圣地亚哥建立了一个以帮助初期的生物技术产业为目的的联盟，尽管洛杉矶具有早期优势，但却从未建立过这样的联盟(Casper，2009；Kenney，1986)。自1970年以来，洛杉矶的经济发展过程中一直没有出现过科西莫这样的人物，而湾区却有很多“科西莫”。

改变信仰和世界观

在很多地方，我们都能发现大家想象中的科西莫。他们的成功来自于运气和决心，但还有一个原因就是，他们在正确的时间生活在正确的地方。对他们而言，适合的部分条件是领导人的信仰和世界观正好与他们想要做的事情是一致的(North，2005)。到20世纪80年代，湾区委员会恰恰做了这件事：它开始以新经济如何起作用这一点来教育湾区的领导阶层。它的关注点是湾区在这个新世界中的结构性位置，作为一个高成本地区，湾区只能凭借增强经济体能力、从而产生高工资工作并容纳高薪从业人员来获得成功。委员会不停地呼吁大家关注调整住房成本和其他商业成本和管制，但是它并没有将所有鸡蛋都放在这一只篮子里。委员会成员明确认为湾区是大脑，而别的地方则是受大脑指挥的经济体之手。苹果公司的做法很好地诠释了这一时代精神：“加州设计，中国组装。”

伟大的企业家何时会在关键时刻出现在一些经济活动正在形成地区群聚的地方纯属运气，但像比尔·盖茨和杰夫·贝索斯这样的人物去了西雅图而没去洛杉矶，这一点仍然令人吃惊。西雅图是另一个在20世纪80年代处于困境的地区经济体，它的自然资源产业逐渐衰落，其工业巨兽——波音——正经历困难并处于重组之中，在此过程中，波音将很多活动部署到其他地区。西雅图以高成本、高度工会化而闻名，它的大学的知名度在过去和现在都无法与洛杉矶的大学相提并论。本来一个拥有适应新经济时代精神的信仰的领导阶级可以帮助更多卓有远见的企业家在洛杉矶发展壮大，但事实并非如此。

改变地区领导团体的看法和分析并不是一根魔杖。但是依据本书的分析，要想使得一个地区更易接受改变游戏规则的创新、创建产业的企业家精神以及 21 世纪的组织生态，展开有关新的愿景的对话是非常必要的。如果没有这样的对话，新的时代精神只会被现有结构扼杀在摇篮中。

谁参与对话?

如果改变一个经济体的时代精神只需要阅读一些写得还不错的学术报告的话，那么所有地区都将乐意去做这件事。但是这是一个观点和利益角逐的地带。1970 年，谁占据了这一领地? 在洛杉矶，这些千变万化的参与者可能包括以钱德勒家庭为中心的市中心精英分子；20 城集团的残余及市中心俱乐部；航空航天工程师和公司及他们的游说团体；好莱坞的领导人；欧文公司、欧文新的市政府以及欧文和纽波特比奇的社会和经济领导人；加州大学洛杉矶分校、加州大学欧文分校、南加州大学和加州理工学院的领导人，尤其是富兰克林·墨菲和查尔斯·杨；洛杉矶市中心的制衣业；从洛杉矶市中心到长滩地带的大制造业企业；地区银行及其经理人；SCAG；洛杉矶县总工会下属的主要产业工会；总部设在洛杉矶的石油和农业综合企业；还有一些郊区共同体群体、一些环保运动的发起者、非裔美国人社区的共同体群体。20世纪70年代，共同体群体处于边缘位置，但是到了80年代，随着选举汤姆·布莱德利为洛杉矶市长的一个联盟出现，情况发生了变化。1992年的暴乱、90年代初期房地产崩盘及航空航天业的大幅裁员之类的戏剧性事件引发的结果是，为了扭转洛杉矶的经济而创立了只能陈列在玻璃展柜里的"大联盟"。这些联盟最终都走向失败，"重建洛杉矶"沦为无精打采的商业领导、洛杉矶脆弱的联盟力量及洛杉矶县缺乏有关新经济的广泛对话的可怜的牺牲品。

橙县有自己的对话。以欧文为中心的橙县新核心的战略性规划设计的发展成为近代历史上都市发展最成功的故事之一。土地开发是这种扩张的引擎，在一个大土地拥有者（欧文公司）的超强带动下，橙县迅速规划和实施这个新都市核心的开发计划。主要的公司都建在科斯塔梅萨以南的地带，创造了那个时代的一个主要的"新工业空间"（A. Scott, 1993）。

事实上，虽然大洛杉矶建立了一种新经济，但它与硅谷或世界上其他主要的IT中心的新经济不是同一回事。作为一个后发者，实际上，在很多方面它不过是20世纪50年代洛杉矶县的运作方式在70年代的翻版：大规模土地开发与大型企业选址的耦合，在经济体中相对较新的产业分支施行以规模为导向的生产。最终，尽管橙县的战略表面上看是崭新的（与硅谷具有物理相似性），但实际上仍然是南加州20世纪中叶的传统做法。

湾区的对话中有着不同的群体组合。它的市中心精英分子比洛杉矶的更强大并且具有更广泛的基础。在政治上，它由温和的共和党（与白种人群体关系紧张）组成，他们在自然资源产业拥有强大的基础，给湾区带来了新英格兰风格的公民责任感，这是洛杉矶市中心精英们在上世纪中叶无法保持的（Walker, 2008）。正如我们在第七章指出的，到 1970 年湾区已经拥有多层次的社会参与。自然保护运动衍生出一系列主要的环保组织，这些都是来自湾区社会各部分的强大的公民参与者。港口工会业已萎缩，但是仍然具有重要影响力。环保主义者与集中于旧金山、马林县和加州大学伯克利分校的替代技术运动展开对话，他们甚至与就职于劳伦斯伯克利国家实验室的一些破旧立新的科学家们进行对话，他们中的一些人也在斯坦福和施乐帕洛阿尔托研究中心与南湾的人们进行对话(Duguid, 2009)。旧金山也从一个支持共和党的城市转变成美国第一个真正的后现代城市政治联盟，一个由接受过良好教育的精英分子、社会进步人士、技术家、环保主义者和波希米亚构成的奇特组合。虽然现在回想起来，黛安娜·范斯坦市长联盟显得平淡乏味，但那时候它却处于美国新城市政治学的前沿位置，这一联盟明显不同于洛杉矶更加传统的大城市黑人-犹太人-自由的布莱德利联盟。两者与橙县自上而下的土地所有者主导的政治也存在显著差异。如果要让洛杉矶维持其在高收入俱乐部的位置，那么就需要不同的参与者加入到对话中。

换一种对话方式：我们本应该谈论什么？

地区领导人需要对经济地理和发展俱乐部地图有基本的了解。经济发展的每一个主要阶段定义了比较优势的地理格局，由此确定发展俱乐部。洛杉矶的对话没有围绕新经济的发展俱乐部展开，而是以一组较老的不太相关的问题为中心，如商业税、住房成本及管制负担，展开这样的对话，洛杉矶是在试图以一种徒劳的方式将自己变成凤凰城。

这个对话的第二个主题必须关注的是，该地区想要保留在某一俱乐部所需要的组织实践和技术。例如，卡斯帕(2007，2009)按照圣地亚哥的情况明确了在洛杉矶建立一个成功的生物技术集聚的要求。其关键是建立适当的关系基础架构。要做到这一点，必须对研究者和企业之间，以及生产终端产品的企业(如医疗设备企业)和生物技术生产商之间的薄弱联系进行一些修复工作，当研究者以不同角色穿梭于私人部门(弱的“看不见的大学”)或“职业背景”网络时，还要加强他们之间的相互作用。卡斯帕用一个精炼的词语总结这个问题:在这个地区有一种薄弱的“思想市场”。

这些对话存在许多实践上的障碍。实际上，即使在湾区，20世纪70年代，各方想要就新经济自发达成一致意见也绝非易事。在湾区大部分地区，最明显的是在中心城市和东湾的旧工业带，强大的利益集团对于新经济或它的潜在利益知之甚少。市中心的企业精英还在为自己在自然资源产业的传统地位以及旧金山贵为加州龙头城市期间建立于此的银行总部而沾沾自喜。那些应运而生的强有力的行动者们原本很可能会止步于这一过程中的开始阶段，想象一下如果弗雷德里克·特曼在努力建设与商业的联系的时候受挫，或者斯蒂夫·乔布斯被认为过于古怪而无从吸引工程师和金融家，或者就此而言施乐 PARC 因为充满敌意或反应迟钝的当地文化而从未进驻湾区;甚至可以更进一步地想象，如果湾区没有反复实验的文化，或者湾区委员会做出类似于洛杉矶 SCAG 的分析，那么当湾区的高科技产业碰到第一次危机时(20 世纪 70 年代第一次芯片商业化浪潮，由此很多高科技企业将生产迁出硅谷甚至迁出湾区[Saxenian，1983])，会是怎样的情况？湾区的发展路径不只是交谈、对话和逐渐理解的结果，它还是幸运的突破和强大的循环积累的集聚过程的结果。正如实验展示给人们的，它的跨领域共同体的实践、组织良好的企业、劳动力市场网络、产业协会、不计其数的新型中介人以及大量资本，所有这些都以广泛的对话充实了湾区的时代精神。如果没有这样的对话，新兴的时代精神也许早就泯灭或者被塑造成另外一种样子。

我们现在应该谈论什么？

大洛杉矶在未来也许会有很多可能的对话：将以好莱坞为基础的内容产业扩建成数字经济；打破安进的孤立，并建设一个稳健的生物技术集聚；吸引或开发一个更大的金融产业；依靠好莱坞而成为更大的媒体中心；在某种程度上转变本地区作为公司总部所在城市的弱势地位（也许可以通过成为发展中世界跨国公司的海外子公司的主要地点，因为这些公司正在向发达国家扩充）；将本地区在艺术创造上的重要性转变成商业-艺术综合体，使其既能创造艺术又能销售艺术；将工艺产业和时尚产业升级为专门生产较高质量的（而且较高价格的）服装、家具及其他产品的产业。

考虑到其经济上的成功，建议湾区的对话有所改变似乎显得很奇怪。但是，所有经济体最终将会面临外部的冲击和内部的挑战。湾区已经依赖于一种特定的创业过程，这种创业过程周期短，以新思想的迅速商业化为基础，综合运用人才和中介。经济史再次表明这种创业精神就如海浪一般变化不定，瞬息即逝（Klepper and Sleeper，2005；Klepper，2010）。现在湾区的 IT 产业已经成熟，它由一些不断扩张并主宰整个产业的企业和围绕在它们周围的新创企业构成。2009 年，湾区委员会认为湾区有“100 万工作岗位处于危险之中”，这是因为 IT 业的硬件生产部分越来越依赖及时供货和用户定制，以及高资本强度和客户服务高要求（Bay Area Forum，2005）。湾区将不可避免地面对 IT 业的成熟期，仅激进的企业家主义将无法永久地维持收入水平。

上面这种想法可能看上去有些奇怪，因为湾区最近兴起了技术开发浪潮，其中有富有活力的新创企业开发移动应用程序，且这些企业大多位于旧金山而非硅谷。但是这些企业，尽管最终它们的市值也许很高，却并未掀起新的就业浪潮，而且它们正在被硅谷的企业巨头收购。更进一步讲，当前的一代硅谷企业巨头管理者不同于当初创建 IT 产业和硅谷的科学家和企业家。硅谷现在的企业巨头展现给公众和年轻的大学毕业生们的是时髦的形象，但实际上它们却越来越喜欢传统的管理形式。就像近来的一位评论家所言：

> 新企业通常坚持的绝非他们所表现出来的，他们背后隐约可见的是往昔四处蔓生、狭隘贪婪的公司的影子；苹果公司著名的广告语恳请人们要“非同凡想”……即便当他们的商业目标只是一些标准化的东西，新企业的一帮家伙还是自我吹嘘他们的独创性和与众不同，……新公司的生活与其他地方的生活毫无区别。（Heller，2013b：69）

回到第二章阐述的理论，也许湾区只是处于“切尼兹”问题的初期，它正在变成一个“一匹马小镇”，它的要素市场、政治注意力、管理才能以及世界观都被一种活动主宰。更进一步说，硅谷企业传统的管理者和工程师渐渐脱离旧金山的“极客”环境，他们不再致力于保证产业增长所需要的大规模的根本问题的解决（Lu，2014）。因此，创造这一经济体的跨界冲击力不如从前有力了。20 世纪 50 年代当底特律正处于财富的巅峰之际，也产生了这样的问题。

奇怪的是，湾区可能面对其成功的双重悖论。一方面，它是一个具有破坏性时代精神的“一匹马小镇”，但是当企业巨头不断强化并逐渐主宰这里的时候，破坏性创新很可能无法长期持续下去(Agarwal et al., 2010)。另一方面，企业巨头在规范化公司管理上日渐取得成功，当这样的事情发生时，我们可以肯定的是，群聚的弱化也不会太远了。

不让某些对话排挤必要的对话

洛杉矶的对话已经改变了。这里出现了两大新对话，一个以洛杉矶作为创意艺术之都这个后起之秀为中心，另一个围绕将对公正的关注融入发展战略中。我们确认洛杉矶与纽约是两大创意艺术集中地，创意艺术和娱乐业是该地区身份和生活风格的标志，也是为相关活动提供人才的源泉，还支撑着洛杉矶的文化活力。第五章表明，即便是高度集中的创意艺术也不能解决洛杉矶的收入问题。在最好的情况下，这个部门既不够大也没有足够高的工资，无法让洛杉矶重新回到从前的顶级发展俱乐部。洛杉矶在艺术和娱乐业的区位商如此之高以至于已经达到顶点了。支持甚至强化创意艺术产业对于艺术和娱乐业的内在价值是可取的，只要它不排挤其他提高该地区人均收入的专业化任务。

洛杉矶的社会动员部门正在增长，这个部门重点关注的是处理该地区收入和生活质量的高度不平等问题，其形式必然是在弱势社群和弱势群体里促进就业。在美国，不平等水平整体上正在上升，对造成不平等的原因和结果也掀起了热烈的辩论。我们在第一章给出的证据显示，旧金山比洛杉矶的人均收入更高，但是两个地区收入不平等水平相差无几(相对于美国和发达世界的平均水平，两个地区的不平等程度都很高)。现在越来越普遍的一个观点是，更公平合理的地区比更不公平的地区发展更成功。但这不能排除一个事实：在收入分配的每一个级别，湾区人的平均实际收入高于洛杉矶人。

我们的证据说明，不考虑人均收入的对话有两个弱点：一方面，它们会引发著名的“分割日益缩小的馅饼”问题；洛杉矶已经发生了这样的事情，并产生了悲剧性效果。另一方面，它们会排挤有关高工资增长战略的对话；当洛杉矶将重心放在港口-物流产业上时情况就是如此。这与圣地亚哥专注于赢得生物技术以取代正在萎缩的军事经济形成鲜明对比。这个警世故事告诉我们，用心良苦的对话不一定能够立足于经济地理的现实和发展俱乐部的结构性本质之中。

制度安排和制度战略

罗德里格斯·波塞（2013）在经济发展战略和促进地区经济发展的制度安排之间做了有用的区分。第六章回顾了美国的制度安排，注意到在形塑地区经济发展的过程中，政府和机构作为复杂的夹心蛋糕参与其中。与此同时，都市地区很少有促进地区经济发展的机构，相反，它们常依赖于市和县以及它们众多的部门和机构。再者，关于他们实际做了什么或者其成本如何，我们没有精确而完整的数据。这一切都是一个问题，因为经济体在地区尺度上运行，其原因和结果不局限于各市、县边界，也不限于这些县、市令人眼花缭乱的机构和政策的不同权力范围。

鉴于这些制度安排，在美国建议各地区设计地区经济发展的正式战略是极不现实的。即便这些战略设计得再好，也没有合适的机构去实施它们。我们应该创设这样的机构和权威吗？明确经济发展政策究竟是什么，然后将这些政策一一标记并公之于众，消除市、县及它们的部门和特殊权力机构之间的竞争和重叠，通过这些方法可以杜绝浪费。但是经济发展是如此复杂的一个问题，以至于任何一个单独的机构或任何一个层级的政府都无法单独承担起这一重任。另外，有关共同体经济发展和地方控制的普遍的共同思想意识确保并支持着分裂且相互重叠的现存利益。

一个更温和的建议是开发信息工具以记录这些政府和机构所做的事情，公布它们的开支，并将这些信息集中在一起，这样就能够评估地区经济发展措施的效果了。仅仅建立起一个最新的关于经济发展政策的数据库就将是一个巨大的进步（Storper，2014）。一旦我们确切地了解市、县及特别机构在做什么以及它们到底花费了多少钱，那么我们就可以主动开展关于改革促进经济发展的制度安排的对话了。

第十一章　改进对城市地区的分析：方法与模型

幸运的是，经济发展成为很多学科关注的对象，它也利用了各种丰富的理论和方法。我们将四大主要理论——发展理论、城市和区域经济学、新经济地理学以及制度学——整合在一起从而形成对这两个地区——旧金山湾区和大洛杉矶——深入的实证研究的理论框架。这一研究的目的不仅仅是阐明这两个加利福尼亚州城市地区的具体情况，而是将对两个地区的比较用作去理解更广泛的分化经济发展的一个方法。鉴于此，从城市和区域经济发展理论和方法以及关于城市经济体的数据中，我们究竟学到了什么？

发展是什么？发展俱乐部

经济发展是一个非常复杂的社会科学问题，这意味着经济发展存在很多变量，这些变量作为发展过程的组成部分，共同发生变化，其中包括土地价格、交通拥堵、专业化、人口、产量、人均产量、收入、人均收入、对外贸易、教育水平、种族多样性、种族隔离、办公空间、制造空间、税收收入以及更多与发展有关的变量。但是并非所有变量都同样是反映发展过程总体性质的综合指标。

增长变量（如人口或产量变化）本身并不代表发展。假如人均收入下降或者收入分配恶化以至于人口的一个重要组成部分经济状况变得更糟糕，那么就出现了没有发展的增长。假如产出人口水平下降，地区可能未发展；假如萎缩的人口与日益下降的人均收入结合在一起，情况就更是如此。在建模语言里，增长过程在发展中是独立变量或者中间变量（起作用的力量），但是发展自身并不等同于增长。

广泛运用于国际发展理论的俱乐部隐喻也适用于都市经济发展的比较研究，它提供了都市经济体相似群体的结构图。在俱乐部之间常出现专业化质量、收入水平、劳动技能及组织形式和习惯等重要的相关变异，地区在俱乐部之间的移动并不是持续或者顺利的过程。运用俱乐部会员的概念和在俱乐部内部或之间位置的可能变化可以很好地引导我们去总结专业化质量和实际人均收入水平和排名变化的结果，这些结果也是衡量发展最可靠的指标。

今后，区域发展比较研究领域应该使用连贯的相关变量，结合实际人均收入和收入分配，也应该通过关注不连续的初始启动过程及中等收入陷阱来梳理发展中的变化。对于高收入都市地区，我们需要开发分析工具以系统地探究在高收入俱乐部恢复会员资格与将城市地区踢出高收入俱乐部的冲击和调整过程之间的差别。因此，我们不应该以人均收入水平来推断发展过程，因为它们并不是以一种渐变而持续的方式发生向上或向下的变化。

城市地区是什么？正确的分析单元

关于城市经济体的研究长久以来受到城市地区定义问题的困扰。城市和地区在物质、经济和人口规模上有很大不同。这也是国家经济发展比较研究中存在的一个问题，因为民族国家的规模具有巨大差别。在丹麦或瑞典与美国之间进行比较，或者在萨尔瓦多和巴西之间进行比较，究竟有多大意义？

即使在同一个国家内部进行大的地区样本的比较研究，也没有标准的地区定义。在美国，你可以发现一些研究使用都市统计区定义（例如，旧金山-奥克兰），而另一些研究则使用合并统计区定义（如整个湾区），还有一些研究把两个定义混合在一起使用。后面一种情况的典型例子是《福布斯》杂志在2011年11月18日列举的美国高科技就业增长率最高的都市地区（*Forbes*，2011）。但福布斯的城市地区定义在都市统计区和合并统计区之间变化，因此它可以断言诸如南加州的子区域之一（里弗赛德-圣贝纳迪诺）比整个旧金山湾区合并统计区的高科技就业增长率高，这样的观察即便成立也毫无意义。

调查和比较地区经济业绩的适当尺度是扩大的都市地区；在美国，这个尺度是合并统计区，而在欧盟则是功能性区域或大城市地区。这一尺度反映了扩充式地区经济体，如以巴黎为中心、拥有1 100万居民的法兰西岛、旧金山湾区或者大圣保罗。这一选择的理论基础十分明晰，经济互动主要发生在功能性经济地区这一尺度上，它决定该地区劳动力和土地的价格。一个地区经济体的重要价格体系，特别是工资、土地和住房，在都市地区尺度上强有力地（尽管不完美地）结合为一个整体。这种结合体现在这样一个事实中，即一旦要素要为（工人、住房种类和地点及土地的）质量而调整，萨缪尔森“单一价格法则”就在扩大的地区尺度上运行。此类价格存在很大的变化倾向，以此界定该地区与其外部的非都市空间的界限。

显然，功能性或扩大的都市地区的这些市场边界不能单独决定人均收入。“国家效应”非常强大，即便在全球化时代，国家边界在贸易强度、货币和财政政策及制度方面仍然发挥强有力的作用；因此，世界人均收入排名前 50 的都市地区中大多数位于美国。但是地区效应也可能十分强大；例如，伦敦、巴黎、温哥华和悉尼在各自国家的人均收入排名上名列前茅并且也跻身国际都市地区排行的最高级地区，原因在于它们的地区专业化和生产力水平远远超出各自国家的平均水平。

亚地区尺度也有关系。所有地区都是复杂的系统，该系统将生产要素和活动分类，从而构成一幅人、土地、住房、生产和休闲的地理镶嵌画。这些具有一些密集互动的较小尺度通常被称为社区或街区。就理解经济业绩的目的而言，街区尺度效应相对而言不是十分重要。我们观察的都市地区一些街区的高收入与当地的生产力和互动效应几乎没有关系；相反，它们是一个地区高收入人口自我分类的结果，这些人通过居住地选择而群聚在一起。贫穷街区的极低收入也大多是低收入人口被迫划分到那些地方、即种族隔离的结果，这就是为什么即便在非常富裕的都市地区也存在贫穷的街区。显然，其中一些是地区效应；在一个贫穷的都市地区，也许存在更多贫穷的街区，尽管这最终取决于与地区收入水平相关的种族隔离的程度。可能还会产生另外一些相邻效应。例如，在贫穷的街区，贫穷人口集中会加剧局部相互作用，即使在地区繁荣的时候这些作用也会使那些人口保持孤立、贫困和低生产力的状态(Sampson，2012)。坦率地说，非裔美国人的收入更多是由国家和地区效应而非相邻效应决定的：国家效应既是积极的(一个富裕且具有生产力的经济体)又是消极的(劳动力市场和教育上的种族歧视)；地区效应既是积极的(地区价格体系和劳动力市场)也可能是消极的(种族歧视和地理划分)。严格意义上的局部或相邻效应很小。因此我们在地区发展分析中使用功能性区域作为主要尺度是合理的，至少在一个国家内部，这是正确的分析尺度。

在本书中，我们使用的这个尺度为洛杉矶的五个县及旧金山湾区的十个县，同时，我们在研究中分析了边界问题。例如，部分湾区的劳动力从十个县之外的位于圣华津河谷、附近的县赶来上班。在我们研究的阶段，这些边境地区在自然扩张过程中已经成为湾区经济体的一部分。这一点在行政管理和预算局重新定义湾区核心统计区(CBSA)时已经得到认可，按照 2010 年的人口普查数据，该地区从十个县扩大到十二个县。在很长一段时期，比较研究得决定是使用 1970 年原来的十个县还是最近的十二个县来定义湾区，这在本领域是一个普遍问题。

我们通过测算居住在十县以外地区的湾区工人的收入对湾区人均收入和劳动力特征的影响来处理这个问题。由于低收入工人集中在这些内陆地区，把他们排除在外也许会导致我们高估湾区的收入水平；但是把这些工人包括在内并没有改变湾区的排名，也没有改变湾区与大洛杉矶的收入差距，原因是通勤劳动力在该地区劳动力中只占少数。按照这样的方式，我们考虑把低收入的大型内陆县——里弗赛德和圣贝纳迪诺，它们的部分劳动力来自在一定程度上明显处于都市洛杉矶之外的领域——包括进来会不会导致低估洛杉矶的人均收入。我们通过单独考虑洛杉矶的劳动力人口的工资、收入和特质并对它们进行分离来核实这一点。这两种方法都明确了两个地区的人均收入分化，并且在这种情况下对收入数字的改变微乎其微。

从中得到的教训是，为了应对跨边界通勤和地区扩张，发展分析领域在研究经济业绩、收益的决定和规程时必须使用统一的地区尺度定义，在这一领域我们也需要积累基于这个统一尺度的更多的工作。

城市地区研究面临的另外一个挑战是，这些地区具有不同的规模。任何城市系统内都有地区的规模分布，这本身就是理论专业领域和很多资料数据的主题。但是当我们试图探测一个由非同等规模的单元构成的系统的发展模式时，得出的结果对于它们是否调整过规模这一点极其敏感。例如，如果我们说一个系统里城市之间的人均收入趋向于收敛，但是结果证明系统内较高收入的城市比较低收入城市的规模更大，那么也许我们反过来会得出一个结论：如果以人口（或者其他相关标准）来对城市的收入进行加权，那么人均收入就趋向于分化。这对于简单排名的做法更加不确定（如“大多数高科技城市”）。

地区经济专业化是什么？

比较经济研究的一个重要任务是确定专业化模式及它们在地区经济业绩中的作用。为了做到这一点，我们必须定义专业化的构成，即产业或经济活动。对都市地区进行的比较研究一般使用大的分类来描述它们的经济体，用技术术语来说，这些是经济普查数据的二位码和三位码产业类别。在现代经济中，分布在不同地区的经济活动越来越细化，产业大类过于集中则无法阐明现代经济的专业化。我们通过在六位码级别分解 IT 产业及比较两个地区的电子相关职业的工资来说明这一点。我们还通过说明在同样精细的职业和产业类别内非常规性工作的不同比例进行相互验证。

我们之所以能够详细考察两个地区活动的异质性，是因为我们只考察两个地区。考察大样本城市地区很容易在统计分析中产生超量数据和有限的自由度。然而，不能出于方便的理由，过度加总数据而消除经济现实的异质性，因此这个领域需要能够妥善处理异质性的新方法。我们在本书中积极运用了两个新方法：一是通过产业内的工资探究异质性；二是使用最近的常规性和非常规性任务指标证实同质性部门实际上是怎样遍布整个地区的。我们有望广泛运用这些方法以更好地测量地区经济专业化。然而，它们却带来"蛋先生"问题：一旦我们将一个产业分解，那么如何将它重新组合成一个整体，从而对它们进行比较？

也许还存在我们未察觉到的不太明显的相似形式的专业化，例如，还有很多关系紧密的活动（不管是互为供应商还是共享劳动力储备，抑或是相互交换技术知识）(Kemeny and Storper, 2014)。经济普查数据中的类别并没有反映出此类关联性。因此为了在比较地区经济体时取得进步，我们既需要将过度异质化的类别分解成更细的种类，有时候又需要把它们重组成较大的相关群体。目前专业化分析的情况很不理想，因而可能出现很多误差。

劳动力特征和人口特征是什么?

对比较分析而言，令人欣慰的是，存在关于劳动力构成的数据。劳动力经济学长久以来在分析工资时要对年龄、教育、种族、性别以及移民身份进行精密控制。在本书中，我们详细分析了有关个人的微观数据(IPUMS)。这些数据也存在局限性,例如,教育不能完全代表技能,也许在从事一个技术职业类别的人身上还有不易观察到的异质性。经验也很难检测,原则上,具有可观察到的同样特征的人的不同经验也许会导致研究中探测到的一些工资和收入分异。实际上,我们相信(如第四章陈述)不同地区经济体会逐渐带来不同的经验模式,并且可能成为地区经济分化的原因之一(De la Roca and Puga, 2012; Davis and Dingel, 2013)。如果这种地区经验效应得到确认,它便会在由劳动力构成(年龄、种族、教育、移民等)引起的工资/收入差别、经济专业化(一个地区的产业群)以及由此而产生的地区工资和收入之间筑起鸿沟。理想状态下,工资和收入应该分解成几部分:人们参与的活动的影响、他们的初始技能禀赋以及他们如何在特定地区情景中获得经验。对地区的大样本进行这样的分解需要大量方法上的创新,以有效修正个人和职业的分析单元。

因此,我们需要对所分析的基本类别,包括地区、产业和职业进行彻底检查,以精确地描述地区经济体并确定其发展的原因。

区域科学/城市经济学(RSUE)

关于第二章所确定的地区经济发展的大量理论,对湾区和大洛杉矶的比较教给我们什么?在标准的 RSUE 理论中,假设存在两个高度开放的地区:它们相互进行产品和服务贸易,它们的资本、劳动力和知识可以自由地从一个地区迁移到另一个地区;它们的正式制度和规则相似,所以它们的经济交易具有高度的方便性。在这样的情况下,RSUE 预言地区的实际收入将趋于收敛。地区之间的要素迁移比较强(使价格相等),企业也将利用地区优势,使两个地区之间的生产力水平相近。

企业、个人和家庭通过比较现金工资、土地、住房价格和无偿使用的生活娱乐设施来选择地点。个人和家庭地点的选择集中在一起，就会驱动地区的人口动态。工作因人口变化而变化，地区之间的名义工资差异反映了住房主导的生活成本差异，因此企业和家庭选择的方向一致，依据这样的设想，几乎所有生产部门的模型都建立在这样一种假设上。这种分析引导出 RSUE 一个统一的概念，即空间经济趋向于区际实际收入或效用的均等化，这是地区趋同发展的形式。因而 RSUE 认为人口变化是地区发展唯一有效的指标，因为收入和效用被有效地假定为是均等的或者即将均等的。

第一、第二、第三章所报告的几项发现却违背了 RSUE 理论的思路：

- 在对工资、收入和住房成本详细的分析中，不论是以人均收入为基础还是针对人口中特定的亚群体，我们都没有发现两个地区的实际工资或收入均等，而随时间流逝我们却发现了明显差异。

- 不像 RSUE 模型所认为的那样，住房成本差别较少受到管制差别或供给差别的驱动，而更多受到需求差别的驱动。因此，地区名义工资水平溢出到地区房产市场，产生了住房成本差异。这暗示了因果关系的方向在一些情况下与大多数 REUE 的模型中的正好相反，至少在我们手头的两个地区案例中如此。

- 两个地区无偿使用的生活娱乐设施（生活质量）的差异不足以在名义工资和实际工资和收入之间造成更大的分

化。不同的地区样本里也许并不都如此。然而，我们在其他研究里(Kemeny and Storper, 2014)发现与很多人口增长水平低的较老地区相比，人口高速增长的阳光地带都市地区的无偿使用和有偿使用的生活娱乐设施水平较低。

- 一些国际迁移(迁入)模式似乎不符合 REUE 模式。由于湾区的实际工资和收入高于洛杉矶，更多更高技能的移民迁往湾区，这十分合理。但对于低技能移民也是如此，他们中很多人迁往洛杉矶。因此，人口变化不仅仅受实际工资而且还受其他一些 RSUE 模式没有清晰描述到的因素的驱动。

RSUE 试图通过扩展其基础模型来解释这些反常之处，它们假定企业家和高技能工人集聚到一起的目的是为了相互之间产生作用(Chatterji et al., 2013)。这在描述意义上似乎是可信的：湾区有较大的丰富而多样化的技术与信息环境，这有利于任何有技术的个人同地协作，技术工人因为这点而被吸引到湾区；同样的情况也适用于诸如好莱坞案例中的娱乐产业的人们。但是在这个过程中孰为鸡孰为蛋？从事某种活动的企业集聚在一起，它们会创造较大的劳动力和企业家储备，还会形成当地的知识储备。反过来，这种集中使得互动对于本地区和遥远的其他地区的个人更有价值。互动的愿望并非一个自行出现并产生专业化的独立原因；情况可能正好相反。

我们相信本书所报告的研究结论支持重建 RSUE 模型，这些模型过度关注收敛力量，不利于解释分化和经济体的发展动态；另外这些模型对于专业化、群聚和劳动力需求并没有前后连贯一致的观点。

新经济地理学(NEG)

RSUE 的弱点恰好是新经济地理学的优点:强调生产、群聚和专业化的地理动态。NEG 发展了有关集聚三大基础的强有力的理论和证据——输入结构的共享,在劳动力市场的匹配及通过知识交换学习。虽然本书未以任何正规的方法验证 NEG 理论,但是 NEG 强调集聚是地区专业化的源泉,因而也是地区工资和收入分化的源头,我们的研究结果与此一致[①]。

新经济地理学专业化理论也存在缺陷,NEG 并未提供有关特定地区专业化起源的良好理论(Storper, 2013)。NEG 认为集聚一旦达到某种规模阈值,就会在滚雪球的过程中通过累积因果效应增长,这种看法有一定道理,然而这一观点几乎未涉及湾区的滚雪球过程的起因,更没有涉及洛杉矶的情况。本书第五章到第九章试图填补这一空缺。

制度:政治学、政策和经济社会学

第五章到第九章强调各种制度要素在推动洛杉矶和湾区经济

---

① 本来我们愿意更直接地测量共享、匹配和学习。我们没有这样做的原因是我们选择在地区尺度上考察两个地区的专业化、劳动力动态和技术情况,但是尽可能使用具体的产业、劳动力和技术类别(例如,六位码产业和职业编码和极其详细的劳动力和任务分类)。这样做的优点是,我们能够比通常更详细地描述专业化、劳动力和创新;但是存在的问题是,不能使用公开数据来看待地区的输入-产出关系。即便使用宽泛定义的产业,这也应该是颇具挑战性的,但是在第三章,我们使用精细分解的产业来考察专业化,也是不可能的。同样,也无法看到有关地区产业劳动力与细分的、严格定义的部门的匹配的公开资料。虽然我们找到证据表明不同的专利情况,以及这个证据如何与地区专业化保持一致,但是不可能从专利统计去追踪相互学习的情况,只有一点除外,即通过第八章呈现的净专利引用百分比指标。因此,如果将来的研究要探究集群如何起作用的实际过程,首要的任务就是发现或创造目前没有公开的数据来源。

体分化中的作用。罗德里格斯-波塞(2013)认为“制度对发展极其重要”的观点已经获得广泛共识,但是我们所指的制度是什么以及制度如何形塑发展这一点却众说纷纭。格兰诺维特(2005)认为,在经济体中准则和网络密度对于要素禀赋的部署和重新部署至关重要。欧文-史密斯和鲍威尔(2012)所持的观点是,网络、组织形式和制度以及信仰、实践和网络间的反馈之间存在高度递归性。因此探究制度在形塑发展的地理模式中所扮演的角色既带来了希望但也带来一些巨大的挑战。

我们考察了其中一些制度,着眼点是这个领域的研究成果如何才能改善这些制度。

地方经济发展政策。第六章认为,通过消除的过程,地方和地区经济发展政策对推动分化并不是十分重要。问题在于,如我们在大量研究细节中注意到的,没有关于地方和地区机构实施政策的可靠数据。这个领域十分迫切地需要找到构建这些数据的方法。

再者,在所有国家,相当数量的形塑都市经济发展的明确政策本质上都是国家层面的政策,或者是通过国家授权于地方政策和计划而产生的。我们再次看到我们手头拥有的有关这些计划的地理效应的信息资料里,存在可引发严重后果的漏洞。

除了这些数据和测量结果的缺陷,很少有理论能精细到足以解释不计其数的地方和地区政策是如何相互作用的,以及这些政策如何汇集起来引导地区经济体较长时期的发展。成百上千的土地使用决策能否汇集,系统地影响地区生产力、专业化和收入?地方重大设施建设能否影响地区专业化和收入?RSUE 声称住房/土地使用关系影响了人与企业的空间套利,因而它把注意力集中在对住房供应的土地使用管制的效应上,而价格则是那种效应的关键变量。我们认为这种因果关系在很大程度上方向正好相反。因此，我们还需要另外一些包含可检测的因果序列的模型以检验这些效应。

经济社会学：组织实践、关系基础架构、转换、强有力的行动。我们在第九章提出的关于分化的综合性论点主要依据经济社会学的很多概念。最后，更广泛地使用这些概念还需要下面几点：

- 更多规范化方法来探测转换实践及它们在增长性部门的重组，还有网络在转换中的作用
- 较好的关于地区精英和非精英网络的数据，这些数据不仅仅只是关于网络的构造，还要说明人们在网络中实际做了什么，因而它们也是关于经济成果的数据
- 较好的数据以说明地区共同体或群体结构以及它们如何架设或者未能架设桥梁从而成为更广义的网络中的一部分（Rodriguez-Pose and Storper，2005）

事件与结构：从模型到因果性

在经济发展领域，数据表示大规模的常规性或者重复的过程，比如城市增长和收入变化。但是 NEG 模型和一些历史知识都表明的确存在一些在经济体的地理中形成转折点的决定性事件。在对洛杉矶和湾区的比较中，情况似乎的确如此。我们知道很多世界经济发展中的重要转折点，比如欧洲的工业革命以及接踵而至的 1750～1980 年期间的世界收入大分化，或者 21 世纪东亚重现为世界经济的中心。集聚过程是一个不断强化的循环过程，因此我们模拟了这些群聚增长的规律。但是这并未告诉我们群聚是如

何开始的，或者精确地说是在哪里开始的。在早期，群聚是非线性发展的，这使得分析数据的方法更加复杂。更进一步说，群聚只是自我强化，直到一些惊人的新力量、如产品的技术进步（尤其是突破性创新）或者新的运输方式的冲击对它们造成破坏。我们的数据集没有这些“事件”和“冲击”的类别，理想的数据集应将集聚的建立和锁定以及其他的冲击，如突破性创新或者消费偏好突然转变的信息结合在一起。

在对两个地区的调查中，我们既要考虑常规过程的作用，也要考虑分化展开过程中的关键事件或转折点的作用，还有转折点之后的循环和累积的强化作用。这需要大量信息帮助我们深入探究两个地区，但从大量信息中概括出一般性结论却非常困难。在第九章，我们将这些信息综合在一起，通过创造关于因果序列的论述推论出如何解释这种序列的备择假设，我们试图保持与理论的联系。因此，这也代表了本领域所面临的另外一个挑战：如何完善本领域此类比较案例研究的准则，这些准则的证据基础以及如何将它们整合并形成更加具有说服力的因果关系。

一些正规的研究方法也面临同样的挑战。大多数研究（为了探究线性变化）要在截面研究方法、固定效应及面板数据之间进行选择，但是很少有研究关注非连续性和选择力量。在诸如城市和区域经济学、经济地理学、经济社会学等多样化的理论领域，正不断出现更好更大的数据，现在该是我们重新思考是否应该在本领域运用计量经济学方法的时候了。长久以来，利默尔（Leamer，2010，2012）一直呼吁我们要正视在本领域使用计量经济学方法的现实，尤其是使用一些技术筛选出在计量经济学上可靠的但实际上不足为信的结论。他认为一系列始终强大的技术，如工具变量、非参数法、连贯的标准误差以及随机化实验，在某种程度上只是造成更深层次的问题。研究者往往运用这些技术努力得出一些结论，而这些结论只是符合他们的基本信仰：即这个渐进的世界按照稳定而可知的法则运行(cf. Morck and Yeung，2011)。利默尔呼吁应该通过外部有效性的三角验证，使用大量广泛而又有深度的有关被解释的过程的知识以及关于主体行为的现实性假设，建立具有现实意义的计量经济学技术运用的框架。在此之上我们还增加了一点，即我们需要考虑结构变量及一次性事件和冲击，它们会转换体系的发展路径并通过其在地区经济体中的双向效应强化自身。这些重要事件可以与大量的大规模常规性、调整以及对收敛过程的寻求(指逆转)相结合，从而创造一些模型：融合(来自创新和集群的)分化过程与(来自劳动力迁移和不断成熟的技术的)收敛过程以及两者如何随时间和空间而相互关联(Storper，2013)。

综上所述，本书的研究开辟了地区经济分析中新的前沿阵地。对地区经济分化发展的研究是 21 世纪人类面临的一个关键问题，这是因为我们的星球变得越来越城市化。对加州两大城市进入新经济的不同方法的比较有助于研究世界范围内的现有城市和新兴城市，而那些为人类幸福而致力于改进经济发展的人们也会从中有所收获。

引用文献

Acemoglu, D., Johnson, S., Robinson, J., 2004. *Institutions as the fundamental cause of long-run growth.* National Bureau of Economic Research, working paper 10481. http://www.nber.org/papers/w10481.pdf.

Acemoglu, D., Robinson, J. A., 2000. Political losers as a barrier to economic development. *American Economic Review* 90,2: 126–130.

———, 2012. *Why nations fail: The origins of power, prosperity, and poverty.* Profile Books, London.

Acs, Z. J., Audretsch, D. B., Carlsson, B., 2010. The missing link: Knowledge diffusion and entrepreneurship in endogenous growth. *Small Business Economics* 34,2: 105–125.

Acs, Z. J., Storey, D., 2004. Introduction: Entrepreneurship and economic development. *Regional Studies* 38,8: 871–877.

Adler, S., 1987. Why BART but no LART? The political economy of rail rapid transit planning in the Los Angeles and San Francisco metropolitan areas, 1945–57. *Planning Perspectives* 2: 149–174.

———, 1991. The transformation of the Pacific Electric Railway: Bradford Snell, Roger Rabbit, and the politics of transportation in Los Angeles. *Urban Affairs Review* 27,1: 51–86.

Agarwal, A., Cockburn, I., Rosell, C., 2010. Not invented here? Innovation in company towns. *Journal of Urban Economics* 67,1: 78–89.

Agarwal, A., Giuliano, G., Redfearn, C., 2004. *The Alameda Corridor: A white paper.* Los Angeles: University of Southern California, Price School of Public Policy. http://www.metrans.org/pdfs/AlamedaCorridorWhitePaper.pdf.

Air Quality Management District (Southern California), 1997. *The Southland's war on smog: Fifty years of progress toward clean air.* http://www.aqmd.gov/home/library/public-information/publication/50-years-of-progress.

Albouy, D., 2008. Are big cities bad places to live? Estimating quality of life across metropolitan areas. National Bureau of Economic Research, working paper 14472. http://www.nber.org/papers/w14472.pdf.

Alchian, A. A., 1950. Uncertainty, evolution, and economic theory. *Journal of Political Economy* 58,3: 211–221.

Alesina, A., Spolaore, E., 2003. *The size of nations*. Cambridge, MA: MIT Press.

Almeida, P., Kogut, B., 1999. Localization of knowledge and the mobility of engineers in regional networks. *Management Science* 45,7: 905–917.

American Association of Port Authorities, 2010. *World port rankings*. http://www.aapa-ports.org/Industry/content.cfm?ItemNumber=900&navItem Number=551.

Amiti, M., 1999. Specialization patterns in Europe. *Weltwirtschaftliches Archiv* 135,4: 573–593.

AMPTP (Alliance of Motion Picture and Television Producers), 2011. Ratification of WGA agreement [press release]. April 27, 2001. http://www.amptp.org/statements/2011_0427.html.

Amsden, A. H., 1992. *Asia's next giant: South Korea and late industrialization*. Oxford: Oxford University Press.

———, 2001. *The rise of "the rest": Challenges to the west from late-industrializing economies*. Oxford: Oxford University Press.

Area Development Online, 2009. Taxation: A decisive factor in location selection. http://www.areadevelopment.com/taxesIncentives/sept2010/taxation-decision-location-selection3991.shtml.

Armington, C., Acs, Z., 2002. The determinants of regional variation in new firm formation. *Regional Studies* 36,1: 33–45.

ABAG (Association of Bay Area Governments), 1985. *Projections 85: Forecasts for the San Francisco Bay Area to the year 2005: Population, households, income, employment*. Oakland, CA: Association of Bay Area Governments.

Audretsch, D. B., Falck, O. M., Feldman, M. P., Heblich. S., 2012. Local entrepreneurship in context. *Regional Studies* 46,3: 379–389.

Audretsch, D. B., Feldman, M. P., 1996. R&D spillovers and the geography of innovation. *American Economic Review* 86,3: 630–640.

Audretsch, D. B., Keilbach, M., 2004. Entrepreneurship, capital and economic performance. *Regional Studies* 38,8: 949–959.

Autor, D. H., Dorn, D., 2013. The growth of low-skill service jobs and the polarization of the US labor market. *American Economic Review* 103,5: 1553–1597.

Autor, D. H., Levy, F., Murnane, R. J., 2003. The skill content of recent technological change: An empirical exploration. *Quarterly Journal of Economics* 118,4: 1279–1334.

Baade, R., Sanderson, A., 1997. The employment effect of teams and sports facilities. In R. Noll and A. Zimbalist, eds., *Sports, jobs and taxes*, 92–118. Washington, DC: Brookings Institution Press.

Bacolod, M., Blum, B. S., Strange, W. C., 2009. Skills in the city. *Journal of Urban Economics* 65,2: 136–153.

Balassa, B., 1964. The purchasing power parity doctrine: A reappraisal. *Journal of Political Economy* 72,6: 584–596.

Barbour, E., 2007. *State-local fiscal conflicts in California: From Proposition 13 to Proposition 1A*. Occasional paper. San Francisco: Public Policy Institute of California.

Barbour, E., Markusen, A., 2007. Regional occupational and industrial structure: Does one imply the other? *International Regional Science Review* 30,1: 72–90.

Barca, F., McCann, P., Rodríguez-Pose, A., 2012. The case for regional development intervention: Place-based versus place-neutral approaches. *Journal of Regional Science* 52,1: 134–152.

Barnes, R. C., Ritter, E. R., 2001. Networks of corporate interlocking: 1962–1995. *Critical Sociology* 27,2: 192–220.

Barro, R., 1997. *Determinants of economic growth: A cross-country empirical study.* Cambridge, MA: MIT Press.

Bartik, T. J., 1991. *Who benefits from state and local economic development policies?* Kalamazoo, MI: Upjohn Institute for Employment Research.

———, 2003. *Local economic development policies.* Kalamazoo, MI: Upjohn Institute for Employment Research, working paper 03-91.

———, 2005. Solving the Problems of Economic Development Incentives. *Growth and Change* 36,2: 139–166.

———, 2012. The future of state and local economic development policy: What research is needed. *Growth and Change* 43,4: 545–562.

Bartik, T. J., Erickcek, G., 2010. *Simulating the effects of Michigan's MEGA tax credit program on job creation and fiscal benefits.* Kalamazoo, MI: Upjohn Institute for Employment Research, working paper 12-185.

Bay Area Air Quality Management District, 2011. History of Air Districts 1955–1960. http://www.baaqmd.gov/Divisions/Communications-and-Outreach/News-Media-and-Features/History-of-Air-District-2005/1955-1960.aspx.

Bay Area Economic Forum, 2005. *One million jobs at risk: The future of manufacturing in California.* http://www.bayareaeconomy.org/media/files/pdf/CAManufacturingReport.pdf.

Bay Area Council Economic Institute, 2012a. *The Bay Area innovation economy.* San Francisco: Bay Area Science and Innovation Consortium.

———, 2012b. *The Bay Area: A regional economic assessment.* http://www.bayareaeconomy.org/media/files/pdf/BAEconAssessment.pdf.

Beaudry, C., Schiffauerova, A., 2009. Who's right, Marshall or Jacobs? The localization versus urbanization debate. *Research Policy* 38: 318–337.

Benhabib, J., Spiegel, M. M., 1994. The role of human capital in economic development: Evidence from aggregate cross-country data. *Journal of Monetary Economics* 34,2: 143–173.

Benner, C., 2003. Learning communities in learning regions: The soft infrastructure of cross-firm learning networks in Silicon Valley. *Environment and Planning A* 35,10: 1809–1830.

Benner, C., Pastor, M., 2014. Whither resilient regions? Equity, growth and community. *Journal of Urban Affairs* (forthcoming).

Bergeron, D., 2009. Personal interview, March 6. San Jose, CA: Silicon Valley Technology Center.

Berke, P., 1983. San Francisco Bay: A successful case of coastal zone planning legislation and implementation. *Urban Law* 15: 487–501.

Beugelsdijk, S., Van Schaik, T., 2004. Differences in social capital between 54 Western European regions. *Regional Studies* 39,8: 1053–1064.

Bhide, A., 2000. *The origin and evolution of new businesses.* New York: Oxford University Press.

Blackwood, A. S., Roeger, K. L., Pettijohn, S. L., 2012. *The non-profit sector in brief: Public charities, giving, and volunteering.* Washington, DC: Urban Institute. http://www.urban.org/UploadedPDF/412674-The-Nonprofit-Sector-in-Brief.pdf.

Blakely, E. J., Bradshaw, T. K., 2002. *Planning local economic development: Theory and practice.* Thousand Oaks, CA: Sage.

Blau, F. D., Kahn, L. M., 2000. Gender differences in pay. *Journal of Economic Perspectives* 14: 75–100.

Blinder, A., 2009. How many US jobs might be offshorable? *World Economics* 10: 41–78.

Blinder, A. S., Krueger, A. B., 2013. Alternative measures of offshorability: A survey approach. *Journal of Labor Economics* 31: S97–S128.

Bloch, R., 1983. *The rise of the US aerospace industry, 1945–1960*, PhD major field paper. Los Angeles: UCLA Department of Urban Planning.

Bluestone, B., Harrison, B., 1984. *The deindustrialization of America.* New York: Basic Books.

Boarnet, M. G., Bogart, W. T., 1996. Enterprise zones and employment: Evidence from New Jersey. *Journal of Urban Economics* 40,2: 198–216.

Bonacich, E., Wilson, J. B., 2008. *Getting the goods: Ports, labor, and the logistics revolution.* Ithaca, NY: Cornell University Press.

Borgatti, S. P., Foster, P. C., 2003. The network paradigm in organizational research: A review and typology. *Journal of Management* 29,6: 991–1013.

Bourdieu, P., 1986. The forms of capital. In J. Richardson, ed., *Handbook of theory and research for the sociology of education*, 241–258. New York: Greenwood Press.

Brechin, G. A., 2006. *Imperial San Francisco urban power, earthly ruin.* Berkeley: University of California Press.

Breschi, S., Malerba, F., 2005. *Clusters, networks and innovation.* Oxford: Oxford University Press.

Bresnahan, T., Gambardella, A., eds., 2004. *Building high-tech clusters.* Cambridge: Cambridge University Press.

Brodkin, K., 2007. *Making democracy matter: Identity and activism in Los Angeles.* New Brunswick, NJ: Rutgers University Press.

———, 2009. *Power politics: Environmental activism in south Los Angeles.* New Brunswick, NJ: Rutgers University Press.

Burdett, K., Coles, M., 2010. *Tenure and experience effects on wages.* Northwestern University, working paper. http://www.econ.northwestern.edu/seminars/Mortensen/Burdett.pdf.

Bureau of Labor Statistics, 2014. *Occupational employment and wages in Los Angeles-Long-Beach-Glendale, May 2013.* http://www.bls.gov/r09/oeslosa.html.

Bureau of Transportation Statistics, 2012. *Border crossing/entry data: Quick search by rankings.* http://www.bts.gov/programs/international/transborder/TBDR_BC/TBDR_BC_QuickSearch.html.

Busso, M., Gregory, J., Kline, P. M., 2010. Assessing the incidence and efficiency of a prominent place-bound policy. National Bureau of Economic Research, working paper 16096. http://www.nber.org/papers/w16096.pdf.

Button, K., Lall, S., Stough, R., Trice, M., 1999. High-technology employment and hub airports. *Journal of Air Transport Management* 5,1: 53–59.

Cain, P., Treiman, D. J., 1981. *The Dictionary of Occupational Titles* as a source of occupational data. *American Sociological Review* 46,3: 253–278.

Cambridge Systematics, 2009. *Institutional arrangements for freight transportation systems.* National Cooperative Freight Research Program, Report 2. http://onlinepubs.trb.org/onlinepubs/ncfrp/ncfrp_rpt_002.pdf.

Carruthers, J., Mulligan, G. F., 2012. The plane of living and the precrisis evolution of housing values in the USA. *Journal of Economic Geography* 12,4: 739–773.

Casper, S., 2007. How do technology clusters emerge and become sustainable? Social network formation and inter-firm mobility within the San Diego biotechnology cluster. *Research Policy* 364: 438–455.

———, 2009. *The marketplace for ideas: Can Los Angeles build a successful biotechnology cluster?* Los Angeles, CA: John Randolph Haynes and Dora Haynes Foundation.

———, 2012. The spill-over theory revisited: The impact of regional economies on the commercialization of university science. *Research Policy* 42,8: 1313–1324.

Castilla, E. J., 2003. Networks of venture capital firms in Silicon Valley. *International Journal of Technology Management* 25,1/2: 113–135.

Chapman, J. I., 1998. *Proposition 13: Some unintended consequences.* San Francisco: Public Policy Institute of California.

Chatterji, A., Glaeser, E. L., Kerr, W., 2013. *Clusters of entrepreneurship and innovation.* Paper prepared for the Innovation Policy and the Economy forum. Cambridge, MA: Harvard University.

Cheshire, P., 2006. Resurgent cities, urban myths and policy hubris: What we need to know. *Urban Studies* 43,8: 1231–1246.

———, 2013. Land market regulation: Market versus policy failures. *Journal of Property Research*, 30,3: 170–188.

Cheshire, P., Nathan, M., Overman, H. O., 2013. *Urban economics and urban policy.* Cheltenham, UK: Elgar.

Chetty, R., Hendren, N., Kline, P., Saez, E., 2014. Where is the land of opportunity? The geography of intergenerational mobility in the United States. National Bureau of Economic Research, working paper 19843. http://www.nber.org/papers/w19843.pdf.

Chinitz, B., 1961. Contrasts in agglomeration: New York and Pittsburgh. *American Economic Review* 51,2: 279–289.

———, 2003. The limits to "New Regionalism." *Geoforum* 34,4: 413–415.

———, 2006. Behind the scenes: How transnational firms are constructing a new international division of labor in media work. *Geoforum* 37,5: 739–751.

Christopherson, S., Clark, J., 2007. *Remaking regional economies: Power, labor and firm strategies in a knowledge economy.* London: Routledge.

Christopherson, S., Michie, J., Tyler, P., 2010. Regional resilience: Theoretical and empirical perspectives. *Cambridge Journal of Regions, Economy and Society* 3,1: 3–10.

Christopherson, S., Storper, M., 1988. Effects of flexible specialization on industrial politics and the labor market: The motion picture industry. *Industrial and Labor Relations Review* 42,3: 331–347.

Clagett, M. G., 2006. *Workforce development in the United States: An overview.* Paper prepared for the New Commission on the Skills of the American Workforce. Washington, DC: National Center on Education and the Economy. http://www.skillscommission.org/wp-content/uploads/2010/05/ACII_WIA_Summary.pdf.

Coleman, J. S., 1988. Social capital in the creation of human capital. *American Journal of Sociology* 94 (supplement): S95–S120.

Combes, P.-P., Duranton, G., Gobillon, L., 2008. Spatial wage disparities: Sorting matters! *Journal of Urban Economics* 63: 723–742.

Cooke, P., 1995. Keeping to the high road: Learning, reflexivity and associative governance in regional economic development. In P. Cooke, ed., *The rise of the rustbelt,* 231–245. London: UCL Press.

Cooke, P., Morgan, K., 1998. *The associational economy: Firms, regions and innovation.* Oxford: Oxford University Press.

Cosio, T., Fertig, M., Lopez, S., Shinde, D., 2005. *Economic development activities in Los Angeles: An inventory and analysis.* Los Angeles: Office of the Los Angeles City Controller.

Crescenzi, R., Gagliardi, L., Percoco, M., 2013. Social capital and the innovative performance of Italian provinces. *Environment and Planning A* 45,4: 908–929.

Crescenzi, R., Rodríguez-Pose, A., 2012. Infrastructure and regional growth in the European Union. *Papers in Regional Science* 91,3: 487–513.

Cunningham, W. G., 1951. *The aircraft industry: A study in industrial location.* Los Angeles: Morrison.

Currid, E., 2006. New York as a creative hub: A competitive analysis of four theories on world cities. *Economic Development Quarterly* 20,4: 330–350.

Currid-Halkett, E., 2007. *The Warhol economy: How fashion, art, and music drive New York City.* Princeton, NJ: Princeton University Press.

Dardia, M., McCarthy, K. F., Schoeni, R. F., Vernez, G., 1996. *Defense cutbacks: Effects on California's communities, firms, and workers.* Santa Monica, CA: Rand National Defense Research Institute.

Davis, D. R., Dingel, J. I., 2013. *A spatial knowledge economy.* National Bureau of Economic Research, working paper 18188. http://www.nber.org/papers/w18188.pdf.

Davis, G. F., 1996. The significance of board interlocks for corporate governance. *Corporate Governance: An International Review* 4,3: 154–159.

Davis, G. F., Yoo, M., Baker, W. E., 2003. The small world of the American corporate elite, 1982–2001. *Strategic Organization* 1,3: 301–326.

De la Roca, J., Puga, D., 2012. Learning by working in big cities. London: Centre for Economic Policy Research, discussion paper DP 9243. http://papers.ssrn.com/sol3/papers.cfm?abstract_id=2210212.

Dibner, M., 1999. *Biotechnology guide USA*, 5th ed. Basingstoke, UK: Macmillan.

Dickens, W. T., Sawhill, I., Tebbs, J., 2006. *The effects of investing in early childhood education on economic development.* Washington, DC: Brookings Institution. http://www.brookings.edu/~/media/Research/Files/Papers/2006/4/education%20dickens/200604dickenssawhill.PDF.

Didion, J., 2004. *Where I was from.* New York: Vintage Books.

Dolfman, M. L., Holden, R. J., Fortier Wasser, S., 2007. The economic impact of the creative arts industries: New York and Los Angeles. *Monthly Labor Review*, October: 21–34.

Dollar, D., Kraay, A., 2004. Trade, growth, and poverty. *Economic Journal* 114, F22–F49.

Donahue, J. D., 1997. *Disunited states: What's at stake as Washington fades and the states take the lead.* New York: Basic Books.

Dosi, G., 1982. Technological paradigms and technological trajectories: A suggested interpretation of the determinants and directions of technical change. *Research Policy* 11,3: 147–162.

Dosi, G., Freeman, C., Nelson, R., Soete, L., eds., 1988. *Technical change and economic theory.* London: Pinter.

Drabenstott, M. R., 2005. *A review of the federal role in regional economic development.* Kansas City, MO: Federal Reserve Bank of Kansas City, Center for the Study of Rural America.

Dreier, P., Mollenkopf, J. H., Swanstrom, T., 2001. *Place matters: Metropolitics for the twenty-first century.* Lawrence: University Press of Kansas.

Drennan, M. P., Lobo, J., 1999. A simple test for convergence of metropolitan income in the United States. *Journal of Urban Economics* 46: 350–359.

Duguid, P., 2009. Personal interview, January 23. University of California at Berkeley, School of Information.

Duranton, G., 2010. *The economics of clusters: Lessons from the French experience.* Oxford: Oxford University Press.

———, 2011. California dreamin': The feeble case for cluster policies. *Review of Economic Analysis* 3,1: 3–45.

Duranton, G., Puga, D., 2004. Micro-foundations of urban agglomeration economies. In J. V. Henderson and J.-F. Thisse, eds., *Handbook of regional and urban economics*, vol. 4, 2063–2117. Amsterdam: Elsevier.

Earle, C., 1992. *Geographical inquiry and American historical problems.* Stanford, CA: Stanford University Press.

Easterly, W., 2006. *The white man's burden.* New York: Penguin.

Ebenstein, A., Harrison, A., McMillan, M., Phillips, S., 2009. *Why are American workers getting poorer? Estimating the impact of trade and offshoring using the CPS.* National Bureau of Economic Research, working paper 15107. http://www.nber.org/papers/w15107.pdf.

Eichengreen, B., Park, D., Shin, K., 2013. *Growth slowdowns redux: New evidence on the middle-income trap.* National Bureau of Economic Research, working paper 18673. http://www.nber.org/papers/w18673.pdf.

Eisinger, P., 2000. The politics of bread and circuses: Building the city for the visitor class. *Urban Affairs Review* 35,3: 316–333.

Eisinger, P. K., 1988. *The rise of the entrepreneurial state: State and local economic development policy in the United States.* Madison, WI: University of Wisconsin Press.

Elmer, G., Gasher, M., 2005. *Contracting out Hollywood: Runaway productions and foreign location shooting.* Lanham, MD: Rowman and Littlefield.

Elvery, J. A., 2009. The impact of enterprise zones on resident employment: An evaluation of the enterprise zone programs of California and Florida. *Economic Development Quarterly* 23,1: 44–59.

Erie, S. P., 1992. How the west was won: The local state and economic growth in Los Angeles, 1880–1932. *Urban Affairs Review* 27,4: 519–554.

———, 2004. *Globalizing L.A.: Trade, infrastructure, and regional development.* Stanford, CA: Stanford University Press.

Euchner, C. C., McGovern, S. J., 2003. *Urban policy reconsidered: Dialogues on the problems and prospects of American cities.* New York: Routledge.

Fairlie, R., 2013. *Kauffman Index of Entrepreneurial Activity, 1996–2012.* Kansas City, MO: Kauffman Foundation.

Falck, O., Heblich, S., Kipar, S., 2010. Industrial innovation: Direct evidence from a cluster-oriented policy. *Regional Science and Urban Economics* 40,6: 574–582.

Fallick, B., Fleischman, C., Rebitzer, J., 2006. Job hopping in Silicon Valley: Some evidence concerning the microfoundations of a high technology cluster. *Review of Economics and Statistics* 88,3: 472–481.

Farole, T. C., Rodríguez-Pose, A., Storper, M., 2010. Human geography and the institutions that underlie economic growth A multidisciplinary literature review. *Progress in Human Geography* 35,1: 58–80.

———, 2011. Cohesion policy in the European Union: Growth, geography, institutions. *Journal of Common Market Studies* 49,5: 1089–1111.

Federal Bureau of Investigation, 2012. *Crime statistics.* Washington, DC: U.S. Department of Justice. http://www.fbi.gov/news/pressrel/press-releases/fbi-releases-preliminary-annual-crime-statistics-for-2010.

Feldman, M., Audretsch, D. B., 1999. Innovation in cities: Science-based diversity, specialization, and localized competition. *European Economic Review* 43,2: 409–429.

Feldman, M., Zoller, T. D., 2012. Dealmakers in place: Social capital connections in regional entrepreneurial economies. *Regional Studies* 46,1: 23–37.

Feldman, M. P., 2014. The character of innovative places: Entrepreneurial strategy, economic development and prosperity. *Small Business Economics* 43,1: 9–20.

Feldman, M. P., Francis, J., 2003. Fortune favours the prepared region: The case of entrepreneurship and the Capitol region biotechnology cluster. *European Planning Studies* 11,7: 765–788.

Feldman, M. P., Francis, J., Bercovitz, J., 2005. Creating a cluster while building a firm: Entrepreneurs and the formation of industrial clusters. *Regional Studies* 39,1: 129–141.

Feldman, M. P., Lowe, N., 2011. Restructuring for resilience. *Innovations: Technology, Governance, Globalization* 6,1: 129–146.

Ferrary, M., Granovetter, M., 2009. The role of venture capital firms in Silicon Valley's complex innovation network. *Economy and Society* 38,2: 326–359.

Feser, E. J., 2003. What regions do rather than make: A proposed set of knowledge-based occupation clusters. *Urban Studies* 40,10: 1937–1958.

Fisher, P. S., Peters, A. H., 1998. *Industrial incentives: Competition among American states and cities.* Kalamazoo, MI: Upjohn Institute for Employment Research.

Flanigan, J., 2009. *Smile Southern California, you're the center of the universe: The economy and people of a global region.* Stanford, CA: Stanford General Books.

Florida, R., 2002. *The rise of the creative class.* New York: Basic Books.

Flyvbjerg, B., 1998. *Rationality and power: Democracy in practice.* Chicago: University of Chicago Press.

———, 2005. Design by deception: The politics of megaproject approval. *Harvard Design Magazine* 22, June: 50–59.

Flyvbjerg, B., Bruzelius, N., Rothengatter, W., 2003. *Megaprojects and risk: An anatomy of ambition.* Cambridge: Cambridge University Press.

Foege, A., 2013a. *California's successful dilettantes.* Zocalo Public Square, February 27. http://www.zocalopublicsquare.org/2013/02/27.californias-successful-dilettantes.

———, 2013b. *The tinkerers: The amateurs, DIYers, and inventors who make America great.* New York: Basic Books.

Fogelson, R. M., 1993. *The fragmented metropolis: Los Angeles 1850–1930.* Berkeley: University of California Press.

Forbes, 2011. November 18. http://www.forbes.com/the-best-cities-for-technology-jobs.html.

Frank, L., Wong, K., 2004. Dynamic political mobilization: The Los Angeles County Federation of Labor. *Working USA* 8: 155–181.

Freedman, M., 2012. *Place-based programs and the geographic dispersion of unemployment.* Ithaca, NY: Cornell University, Department of Economics, working paper.

Frenken, K., Van Oort, F., Verburg, T., 2007. Related variety, unrelated variety and regional economic growth. *Regional Studies* 41,5: 685–697.

Fritsch, M., Mueller, G., 2004. Effects of new business formation on regional development over time. *Regional Studies* 38,8: 961–975.

Fujita, M., Krugman, P. R., Venables, A. J., 1999. *The spatial economy: Cities, regions and international trade.* Cambridge, MA: MIT Press.

Fujita, M., Thisse, J.-F., 2002. *Economics of agglomeration: Cities, industrial location, and regional growth.* Cambridge: Cambridge University Press.

Fukuyama, F., 1995. *Trust: The social virtues and the creation of prosperity.* New York: Free Press.

Fulton, W., Pendall, R., Nguyen, M., Harrison, A., 2001. *Who sprawls most? how growth patterns differ across the U.S.* Washington, DC: Brookings Institution.

Funderburg, R., Bartik, T., Peters, A. H., Fisher, P. S., 2013. The impact of marginal business taxes on state manufacturing. *Journal of Regional Science* 53,4: 557–582.

Gabe, T., Abel, J., Ross, A., Stolarick, K., 2009. Knowledge in cities. *Urban Studies* 49: 1179–1200.

Gabriel, S. A., Rosenthal, S., 2004. Quality of the business environment vs. quality of life: Do firms and households like the same cities? *Review of Economics and Statistics* 86: 438–444.

Galbraith, J. K., Hale, T., 2008. *American inequality: From IT bust to big government boom.* Austin: University of Texas Inequality Project, working paper 40. http://utip.gov.utexas.edu/papers/utip_40.pdf.

Ganong, P., Shoag, D., 2012. Why has regional income convergence in the US stopped? Cambridge, MA: Harvard University Kennedy School, working paper RWP12-028. http://papers.ssrn.com/sol3/papers.cfm?abstract_id=2081216.

Glaeser, E. L., 2000. Places, people, policies. *Harvard Magazine*, November–December. http://harvardmagazine.com/2000/11/places-people-policies.html.

———, 2003. Reinventing Boston: 1640–2003. *Journal of Economic Geography* 5,2: 119–153.

———, 2008. *Cities, agglomeration, and spatial equilibrium.* Oxford: Oxford University Press.

Glaeser, E. L., Gyourko, J., Saks, R., 2005. Why is Manhattan so expensive? regulation and the rise in housing prices. *Journal of Law and Economics* 48,2: 331–369.

Glaeser, E. L., Gyourko, J., Saks, R. E., 2006. Urban growth and housing supply. *Journal of Economic Geography* 6,1: 71–89.

Glaeser, E. L., Maré, D. C., 2001. Cities and skills. *Journal of Labor Economics* 19: 316–342.

Glaeser, E. L., Tobio, K., 2008. The rise of the sunbelt. *Southern Economic Journal* 74,3: 610–643.

Goos, M., Manning, A., 2007. Lousy and lovely jobs: The rising polarization of work in Britain. *Review of Economics and Statistics* 89,1: 118–133.

Granovetter, M., 1985. Economic action and social structure: The problem of embeddedness. *American Journal of Sociology* 91,3: 481–510.

———, 2001. A theoretical agenda for economic sociology. In M. Guillen, R. Collins, P. England, and M. Meyer, eds., *The new economic sociology: Developments in an emerging field*, 35–59. New York: Russell Sage Foundation.

———, 2005. The impact of social structure on economic outcomes. *Journal of Economic Perspectives* 19,1: 33–50.
Graves, P. E., 1980. Migration and climate. *Journal of Regional Science* 20: 227–237.
Grossman, G. M., Rossi-Hansberg, E., 2008. Trading tasks: A simple theory of offshoring. *American Economic Review* 98,5: 1978–1997.
Guiso, L., Sapienza, P., Zingales, L., 2010. *Civic capital as the missing link.* National Bureau of Economic Research, working paper 15845. http://www.nber.org/papers/w15845.pdf.
Gyourko, S., Saiz, A., Summers, A., 2008. A new measure of the local regulatory environment for housing markets: The Wharton Residential Land Use Regulatory Index. *Urban Studies* 45,3: 693–729.
Haas, G., 2009. Personal interview, May 23.
Haezendonck, E., 2001. *Essays on strategy analysis for seaports.* Leuven, Belgium: Garant. Publisher, Leuven, Belgium.
Hall, P. A., Soskice, D. W., 2001. *Varieties of capitalism: The institutional foundations of comparative advantage.* New York: Oxford University Press.
Hanson, A., Rohlin, S., 2013. Do spatially targeted redevelopment programs spillover? *Regional Science and Urban Economics* 43,1: 86–100.
Harlan, N. E., 1956. *Management control in airframe subcontracting.* Boston: Division of Research, Graduate School of Business Administration, Harvard University.
Heller, N., 2013a. Bay watched: How San Francisco's new entrepreneurial culture is changing the country. *New Yorker,* October 14: 67–79.
———, 2013b. Naked launch: What's really new about the big new tech companies? *New Yorker,* November 25: 68–76.
Helpman, E., 2011. *Understanding global trade.* Cambridge, MA: Harvard University Press.
Henken, A., 2014. *More accountability needed in workforce training programs.* Washington, DC: Council of State Governments. http://knowledgecenter.csg.org/kc/content/more-accountability-needed-workforce-training-programs.
Hidalgo, C. A., Klinger, B., Barabási, A.-L., Hausmann, R., 2007. The product space conditions the development of nations. *Science* 317,5837: 482–487.
Hill, L., 2004. Can media artists survive media consolidation? *Journal of the Caucus of Television Producers, Writers and Directors* 22: 17–21.
Hirschman, A. O., 1967. *Development projects observed.* Washington, DC: Brookings Institution Press.
Hollenbeck, K., Huang, W.-J., 2006. Net impacts and cost-benefit estimates of the workforce development system in Washington state. Kalamazoo, MI: Upjohn Institute for Employment Research, technical report 06-020. http://research.upjohn.org/up_technicalreports/20.
Holzer, H. J., Block, R. N., Cheatham, M., Knott, J. H., 1992. Are training subsidies for firms effective—the Michigan experience. *Industrial and Labor Relations Review* 46: 625–636.

Hurd, R. W., Milkman, R., Turner, L., 2003. Reviving the American labor movement: Institutions and mobilization. *European Journal of Industrial Relations* 9,1: 99–117.

Ikhrata, H., 2011. Personal interview, February 24. Los Angeles: Southern California Association of Government headquarters.

Jacobs, W., 2007. *Political economy of port competition: Institutional analyses of Rotterdam, Southern California and Dubai*. Nijmegen, Netherlands: Academic Press Europe.

Jacobs, W., Ducruet, C., De Langen, P., 2010. Integrating world cities into production networks: The case of port cities. *Global Networks* 10,1: 92–113.

Jacobs, W., Koster, H., Hall, P., 2011. The location and global network structure of maritime advanced producer services. *Urban Studies* 48,13: 2749–2769.

Jaffe, A., 1989. Real effects of academic research. *American Economic Review* 79,5: 957–970.

Jaher, F. C., 1982. *The urban establishment: Upper strata in Boston, New York, Charleston, Chicago, and Los Angeles*. Urbana: University of Illinois Press.

Jensen, J. B., Kletzer, L., 2006. Tradable services: Understanding the scope and impact of services offshoring. In L. Brainard and S. M. Collins, eds., *Offshoring white-collar work—issues and implications*. Washington, DC: Brookings Trade Forum.

Jobs, S., 2005. Commencement speech, Stanford University. http://www.networkworld.com/community/blog/apples-steve-jobs-stanford-commencement-speech-transcript.

Jones, B. D., Baumgartner, F. R., 2005. *The politics of attention: How government prioritizes problems*. Chicago: University of Chicago Press.

Kaldor, M., 1982. *The baroque arsenal*. New York: Hill and Wang.

Kasindorf, M., 2003. Ueberroth called "sleeper" in race. *USA Today*, August 19: 3A.

Kemeny, T., 2010. Does foreign direct investment drive technological upgrading? *World Development* 38,11: 1543–1554.

Kemeny, T., Rigby, D., 2012. Trading away what kind of jobs? Globalization, trade and tasks in the US economy. *Review of World Economics* 148,1: 1–16.

Kemeny, T., Storper, M., 2012. The sources of urban development: Wages, housing, and amenity gaps across American cities. *Journal of Regional Science* 52,1: 85–108.

Kemeny, T., Storper, M., 2014. Is specialization good for regional economic development? *Regional Studies*, May 8.

Kenney, M., 1986. *Biotechnology: The university-industrial complex*. New Haven, CT: Yale University Press.

Kenney, M., Florida, R., eds., 2000a. *Understanding Silicon Valley: The anatomy of an entrepreneurial region*. Stanford, CA: Stanford University Press.

———, 2000b. Venture capital in Silicon Valley: Fueling new firm formation. In M. Kenney and R. Florida, eds., *Understanding Silicon Valley: The anatomy of an entrepreneurial region*, 99–122. Stanford, CA: Stanford University Press.

Kenney, M., Mowery, D., eds., 2014. *Public universities and regional growth: Insights from the University of California*. Stanford, CA: Stanford University Press.

Kenney, M., Patton, D., 2005. Entrepreneurial geographies: Support networks in three high-technology industries. *Economic Geography* 81,2: 201–228.

Kerr, W., 2010. Breakthrough innovations and migrating clusters of innovation. *Journal of Urban Economics* 67,1: 46–60.

Khanna, D. M., 1997. *The rise, decline, and renewal of Silicon Valley's high technology industry.* New York: Garland.

Kirzner, I. M., 1979. *Perception, opportunity, and profit: Studies in the theory of entrepreneurship.* Chicago: University of Chicago Press.

Kleinhenz, R. A., Ritter-Martinez, K., De Andra, R., 2012. *The aerospace industry in Southern California.* Los Angeles: Kyser Center for Economic Research. http://laedc.org/reports/AerospaceinSoCal_0812.pdf.

Klepper, S., 2009. "Silicon Valley, a chip off the old Detroit bloc." In Z. Acs, D. B. Audretsch, and R. Strom, eds., *Entrepreneurship, growth and public policy,* 79–117. Cambridge: Cambridge University Press.

———, 2010. The origin and growth of industry clusters: The making of Silicon Valley and Detroit. *Journal of Urban Economics* 67,1: 15–32.

Klepper, S., Sleeper, S., 2005. Entry by spinoffs. *Management Science* 51,8: 1291–1306.

Knack, S., Keefer, P., 1995. Institutions and economic performance: Cross-country tests using alternative measures. *Economics and Politics* 7,3: 207–227.

Kolko, J., 2002. Silicon mountains, silicon molehills: Geographic concentration and convergence of internet industries in the US. *Information Economics and Policy* 14: 211–232.

Kolko, J., Neumark, D., Mejia, M. C., 2013. What do business climate indexes teach us about state policy and economic growth? *Journal of Regional Science* 53,2: 220–255.

Kotz, D. M., 1978. *Bank control of large corporations in the United States.* Berkeley: University of California Press.

Krugman, P. R., 1991a. *Geography and trade.* Cambridge, MA: MIT Press.

———, 1991b. Increasing returns and economic geography. *Journal of Political Economy* 99: 483–499.

Kucera, R. P., 1974. *The aerospace industry and the military: Structural and political relationships.* Beverly Hills, CA: Sage.

LAEDC (Los Angeles Economic Development Corporation), 2012. *The aerospace industry in Southern California.* http://www.laedc.org/reports/AerospaceinSoCal_0812.pdf.

LAEDC (Los Angeles Economic Development Corporation) and Kyser Center for Economic Research, 2011. *Manufacturing: Still a force in Southern California.* http://www.laedc.org/reports/Manufacturing_2011.pdf.

Lanier, J., 2013. *Who owns the future?* London: Penguin.

Laslett, J. H. M., 2008. Playing catch-up: The labor movement in Los Angeles and San Francisco, 1985–2005. *California Policy Options.* Los Angeles: UCLA Luskin School of Public Affairs. https://escholarship.org/uc/item/6rc8z30g.

Laursen, K., Masciarelli, F., Prencipe, A., 2011. Regions matter: How localized social capital affects innovation and external knowledge acquisition. *Organization Science* 23,1: 177–193.

Lazarus, J., 2009. Personal interview, March 6. San Francisco, CA.

Lazega, E., 2001. *The collegial phenomenon*. Oxford: Oxford University Press.

———, 2014. *Réseaux sociaux et structures relationnelles (Social networks and relational structures)*. Paris: Presses Universitaires de France.

Leamer, E. E., 2010. Tantalus on the road to asymptopia. *Journal of Economic Perspectives* 24,3: 31–46.

———, 2012. *The craft of economics: Lessons from the Heckscher-Ohlin framework*. Cambridge, MA: MIT Press.

Lécuyer, C., 2006. *Making Silicon Valley: Innovation and the growth of high tech, 1930–1970*. Cambridge, MA: MIT Press.

Leontief, W., 1954. Domestic production and foreign trade: The American capital position re-examined. *Economia Internazionale* 7: 9–45.

Leslie, S. W., 1993. *The Cold War and American science: The military-industrial-academic complex at MIT and Stanford*. New York: Columbia University Press.

Levy, F., Goelman, A., 2005. Offshoring and radiology. *Brookings Trade Forum*, 411–423.

Lewis, D. K., 1969. *Convention: A philosophical study*. Cambridge, MA: Harvard University Press.

Lindert, P. H., 2004. *Growing public: Social spending and economic growth since the eighteenth century*. Cambridge: Cambridge University Press.

Littleton, C., 2007. Showrunners swaying strike script. *Daily Variety*, November 26: 2.

Los Angeles Economic Roundtable, 1992. *Public policy analysis: Los Angeles County economic adjustment strategy for defense reductions*. http://www.economicrt.org/download/form.html.

Los Angeles Times, 2012. L.A. city council backs proposed $1.2-billion downtown NFL stadium. http://latimesblogs.latimes.com/lanow/2012/09/nfl-stadium-los-angeles-city-council.html.

Lotchin, R. W., 1992. *Fortress California, 1910–1961: From warfare to welfare*. New York: Oxford University Press.

Lu, Y., 2014. Silicon Valley's youth problem. *New York Times Magazine*, March 12: 28–33. http://www.nytimes.com/2014/03/16/magazine/silicon-valleys-youth-problem.html.

Lundvall, B.-A., 2007. National innovation systems—analytical concept and development tool. *Industry and Innovation* 14,1: 95–119.

Malecki, E. J., 2012. Regional social capital: Why it matters. *Regional Studies* 46,8: 1023–1039.

Markusen, A., Glasmeier, A., 2008. Overhauling and revitalizing federal economic development programs. *Economic Development Quarterly* 22,2: 83–91.

Markusen, A., Schrock, G., 2006. The artistic dividend: Urban artistic specialization and economic development. *Urban Studies* 43,10: 1661–1669.

Markusen, A. R., Hall, P., Campbell, S., Deitrick, S., 1991. *The rise of the gunbelt: The military remapping of industrial America.* New York: Oxford University Press.

Martin, P., Mayer, T., Mayneris, F., 2011. Public support to clusters: A firm level study of French "local productive systems." *Regional Science and Urban Economics* 41,2: 108–123.

McCann, P., 2015. *The regional and urban policy of the European Union: Cohesion, results-orientation, and smart specialisation.* Cheltenham, UK: Edward Elgar.

McKinsey Corporation, 2011. *Urban world.* San Francisco: McKinsey Global Institute. http://www.mckinsey.com/insight/urbanization/urban_world.

Meisenzahl, R. R., Mokyr, J., 2012. The rate and direction of invention in the British industrial revolution: Incentives and institutions. In S. Stern and J. Lerner, eds., *The rate and direction of inventive activity revisited,* 443–479. Chicago: University of Chicago Press.

Mercury Corporation, 2014. Air cargo salaries, Los Angeles. http://www.salarylist.com/company/Mercury-Air-Cargo-Salary.html.

Merk, O., ed., 2013. *The competitiveness of global port-cities: Synthesis report.* Paris: Organisation for Economic Co-operation and Development.

Milkman, R., 2006. *L.A. story: Immigrant workers and the future of the U.S. labor movement.* New York: Russell Sage.

Mintz, B. A., Schwartz, M., 1985. *The power structure of American business.* Chicago: University of Chicago Press.

Mokyr, J., 1991. *The lever of riches: Technological creativity and economic progress.* New York: Oxford University Press.

Molotch, H., 2002. Place in product. *International Journal of Urban and Regional Research* 26,4: 665–688.

Montgomery, M. S., 2011. *Organizing for regime change: An analysis of community unionism in Los Angeles, 2000–2010.* PhD dissertation. New Brunswick, NJ: Rutgers University.

Morck, R., Yeung, B., 2011. *Economics, history, and causation.* National Bureau of Economic Research, working paper 16678. http://www.nber.org/papers/w16678.pdf.

Moretti, E., 2004. Human capital externalities in cities. In J. V. Henderson and J.-F. Thisse, eds., *Handbook of regional and urban economics,* vol. 4, 2243–2291. Amsterdam: Elsevier.

———, 2010. Local multipliers. *American Economic Review, Papers and Proceedings* 100, May: 1–7.

———, 2012. *The new geography of jobs.* Boston: Houghton Mifflin Harcourt.

———, 2013. Real wage inequalities. *American Economic Journal: Applied Economics* 5,1: 65–103.

Mowery, D. C., Simcoe, T., 2002. Is the Internet a US invention?—an economic and technological history of computer networking. *Research Policy* 31: 1369–1387.

Muth, R. F., 1971. Migration: Chicken or egg? *Southern Economic Journal* 37,3: 295–306.

Myers, D., Goldberg, S., Mawhorter, S., Min, S., 2010. Immigrants and the new maturity of Los Angeles. Los Angeles: University of Southern California School of Policy, Planning and Development.

Nathan, M., Overman, H., 2013. Agglomeration, clusters and industrial policy. *Oxford Review of Economic Policy* 29,2: 383–404.

NCCS (National Center for Charitable Statistics), 2012. *Business master files.* Washington, DC: Urban Institute. http://nccs.urban.org/database/overview.cfm.

Neiman, M., 2009. Personal interview, February 6. San Francisco: Public Policy Institute of California.

Neiman, M., Andranovich, G., Fernandez, K. L., 2000. *Local economic development in Southern California's suburbs: 1990–1997.* San Francisco: Public Policy Institute of California.

Neiman, M., Krimm, D., 2009. *Economic development: The local perspective.* San Francisco: Public Policy Institute of California. http://www.ppic.org/content/pubs/report/R_509MNR.pdf.

Nelson, R. R., Winter, S. G., 1973. Toward an evolutionary theory of economic capabilities. *American Economic Review* 63: 440–449.

———, 1982. *An evolutionary theory of economic change.* Cambridge, MA: Harvard University Press.

Neumark, D., Kolko, J., 2010. Do enterprise zones create jobs? Evidence from California's enterprise zone program. *Journal of Urban Economics* 68,1: 1–19.

Noll, R., Zimbalist, A., eds., 1997. *Sports, jobs, and taxes.* Washington, DC: Brookings Institution Press.

North, D. C., 1990. *Institutions, institutional change, and economic performance.* Cambridge: Cambridge University Press.

———, 1993. *Economic performance through time.* Nobel Prize lecture, December 9. http://www.nobelprize.org/nobel_prizes/economic-sciences/laureates/1993/north-lecture.html.

———, 2005. *Understanding the process of economic change.* Princeton, NJ: Princeton University Press.

Norton, R. D., Rees, J., 1979. The product cycle and the spatial decentralization of American manufacturing. *Regional Studies* 13,2: 141–151.

Oden, M., Markusen, A., Flaming, D., Feldman, J., Raffel, J., Hill, C., 1996. *From managing growth to reversing decline: Aerospace and the Southern California economy in the post Cold War era.* Project on Regional and Industrial Economics. New Brunswick, NJ: Rutgers University Press.

Ó hUallacháin, B., 2012. Inventive Mega-regions of the United States: Technological Composition and Location. *Economic Geography* 88,2: 165–195.

O'Mara, M. P., 2005. *Cities of knowledge: Cold War science and the search for the next Silicon Valley.* Princeton, NJ: Princeton University Press.

O'Rourke, K. H., Williamson, J. G., 1999. *Globalization and history: The evolution of a nineteenth-century Atlantic economy.* Cambridge, MA: MIT Press.

Otis College of Art and Design, 2013. Otis creative economy report. http://www.otis.edu/creative-economy-report.

Owen-Smith, S. J., Powell, W. W., 2012. Networks and institutions. In R. Greenwood, C. Oliver, R. Suddaby, and K. Sahlin-Andersson, eds., *The Sage handbook of organisational institutionalisms*, 594–621. Los Angeles: Sage.

Padgett, J., 2012. Transposition and functionality: The birth of partnership systems in Renaissance Florence. In J. F. Padgett and W. W. Powell, eds., *The emergence of organizations and markets*, 168–207. Princeton, NJ: Princeton University Press.

Padgett, J. F., Ansell, C. K., 1993. Robust action and the rise of the Medici, 1400–1434. *American Journal of Sociology* 98,6: 1259–1319.

Padgett, J. F., Powell, W. W., eds., 2012. *The emergence of organizations and markets.* Princeton, NJ: Princeton University Press.

Painter, G. D., Yu, Z., 2009. *Leaving gateway metropolitan areas in the United States: Immigrants and the housing market.* Los Angeles: University of Southern California. http://lusk.usc.edu/research/research-briefs/leaving-gateway-metropolitan-areas-united-states-immigrants-and-housing.

Papke, L. E., 1994. Tax policy and urban development: Evidence from the Indiana enterprise zone program. *Journal of Public Economics* 54,1: 37–49.

Parent, W., Drennan, M., Osman, T., 2013. *A view of the region.* Los Angeles: UCLA Luskin School of Public Affairs, working paper. http://luskin.ucla.edu/sites/default/files/laulcommonground.pdf.

Parkes, C., 2004. California's decade of flux. *Financial Times*, October 14: 13.

Partridge, M. D., 2010. The duelling models: NEG vs amenity migration in explaining US engines of growth. *Papers in Regional Science* 89,3: 513–536.

Partridge, M. D., Rickman, D. S., 2006. *The geography of American poverty: Is there a role for place-based policies?* Kalamazoo, MI: Upjohn Institute for Employment Research.

Pastor, M., 2010. Contemporary voices: Contradictions, coalitions, and common ground. In W. Deverell and G. Hise, eds., *A companion to Los Angeles*, 250–266. Chichester, UK: Wiley-Blackwell.

Pastor, M., Benner, C., Matsuoka, M., 2009. *This could be the start of something big: How social movements for regional equity are reshaping metropolitan America.* Ithaca, NY: Cornell University Press.

Peck, M. J., Scherer, F. M., 1962. *The weapons acquisition process: An economic analysis.* Boston: Division of Research, Graduate School of Business Administration, Harvard University.

Peirce, N., 1983. Dukakis winning "industrial policy." *Eugene Register Guard*, September 6: 6. http://news.google.com/newspapers?nid=1310&dat=19830906&id=Sm8RAAAAIBAJ&sjid=PeIDAAAAIBAJ&pg=3702,1383446.

Peri, G., Shih, K., Sparber, C., 2014. *Foreign STEM workers and native wages and employment in US cities.* National Bureau of Economic Research, working paper 20093. http://www.nber.org/papers/w20093.pdf.

Perroux, F., 1950. Economic space: Theory and applications. *Quarterly Journal of Economics* 64,1: 89–104.
Peters, A. H., Fisher, P. S., 2002. *State enterprise zone programs: Have they worked?* Kalamazoo, MI: Upjohn Institute for Employment Research.
Peterson, N., Mumford, M., Borman, W., Jeanneret, P., Fleishman, E., Levin, K., Campion, M., et al., 2001. Understanding work using the occupational information network (O*NET): Implications for practice and research. *Personnel Psychology*, 54,2: 451–492.
Pfeffer, J., Salancik, G. R., 1978. *The external control of organizations: A resource dependence perspective.* New York: Harper and Row.
Pisano, M., 2009. Personal interview, January 30. Los Angeles: University of Southern California.
Pomeranz, K., 2000. *The great divergence: China, Europe, and the making of the modern world economy.* Princeton, NJ: Princeton University Press.
Porter, M. E., Rivkin, J. W., Kanter, R. M., 2013. *Competitiveness at a crossroads.* Boston: Harvard Business School. http://www.hbs.edu/competitiveness/pdf/competitiveness-at-a-crossroads.pdf.
Powell, W. W., Packalen, K., Whittington, K. B., 2012. Organizational and institutional genesis: The emergence of high-tech clusters in the life sciences. In J. F. Padgett and W. W. Powell, eds., *The emergence of organizations and markets*, 434–465. Princeton, NJ: Princeton University Press.
Powell, W. W., Sandholtz, W., 2012. Chance, nécessité, et naïveté: Ingredients to create a new organizational form. In J. F. Padgett and W. W. Powell, eds., *The emergence of organizations and markets*, 379–433. Princeton, NJ: Princeton University Press.
Puga, D., 2010. The magnitude and causes of agglomeration economies. *Journal of Regional Science* 50,1: 203–219.
Puga, D., Trefler, D., 2012. *International trade and institutional change: Medieval Venice's response to globalization.* National Bureau of Economic Research, working paper 18288. http://www.nber.org/papers/w18288.html.
Purcell, M., 2000. The decline of the political consensus for urban growth: Evidence from Los Angeles. *Journal of Urban Affairs* 22,1: 85–100.
———, 2002. Politics in global cities: Los Angeles charter reform and the new social movements. *Environment and Planning A* 34,1: 23–42.
Putnam, R. D., 2001. *Bowling alone: The collapse and revival of American community.* New York: Touchstone.
———, 2007. E pluribus unum: Diversity and community in the twenty-first century. 2006 Johan Skytte Prize Lecture. *Scandinavian Political Studies* 30: 137–174.
Rae, J. B., 1968. *Climb to greatness: The American aircraft industry, 1920–1960.* Cambridge, MA: MIT Press.
Rand, C., 1967. *Los Angeles: The ultimate city.* New York: Oxford University Press.
Randolph, S., 2009. Personal interview, February 6. San Francisco: Bay Area Council Economic Institute.

Rao, A., Scaruffi, P., 2011. *A history of Silicon Valley: The largest creation of wealth in the history of the planet: A moral tale.* Palo Alto, CA: Omniware Group.

Rappaport, J., 2007. Moving to nice weather. *Regional Science and Urban Economics* 37: 375–398.

Reese, L. A., Rosenfeld, R. A., 2004. Local economic development in the United States and Canada: Institutionalizing policy approaches. *American Review of Public Administration* 34,3: 277–292.

Regalado, J. A., 1991. Organized labor and Los Angeles city politics: An assessment of the Bradley years, 1973–1989. *Urban Affairs Review* 27,1: 87–108.

Richardson, H. W., 1979. *Regional economics.* Urbana: University of Illinois Press.

Rigby, D. L., 2012. *The geography of knowledge relatedness and technological diversification in U.S. cities.* Unpublished paper, UCLA Dept of Geography. Delivered at the annual meeting of the Association of American Geographers, New York.

Roback, J., 1982. Wages, rents and the quality of life. *Journal of Political Economy* 90,6: 1257–1278.

Rodríguez-Pose, A., 2013. Do institutions matter for regional development? *Regional Studies* 47,7: 1034–1047.

Rodríguez-Pose, A., Storper, M., 2005. Better rules or stronger communities? On the social foundations of economic change and its economic effects. *Economic Geography* 82,1: 1–25.

Rodrik, D., Subramanian, A., Trebbi, F., 2004. Institutions rule: The primacy of institutions over geography and integration in economic development. *Journal of Economic Growth* 9,2: 131–165.

Rosenberg, N., 1982. *Inside the black box: Technology and economics.* Cambridge: Cambridge University Press.

Rosenthal, S., Strange, W., 2001. The determinants of agglomeration. *Journal of Urban Economics* 50,2: 191–229.

Roszak, T., 1969. *The making of a counter culture: Reflections on the technocratic society and its youthful opposition.* Garden City, NY: Doubleday.

Rothkopf, D., 2008. *Superclass: The global power elite and the world they are making.* New York: Farrar, Straus and Giroux.

Rubin, B. M., Wilder, M. G., 1989. Urban enterprise zones: Employment impacts and fiscal incentives. *Journal of the American Planning Association* 55: 418–431.

Rupasingha, A., Goetz, S. J., 2008. *U.S. county-level social capital data, 1990–2005.* University Park, PA: Northwest Center for Rural Development.

———, 2013. Self-employment and local economic performance: Evidence from US counties. *Papers in Regional Science* 92,1: 141–161.

Safford, S., 2009. *Why the garden club couldn't save Youngstown: The transformation of the Rust Belt.* Cambridge, MA: Harvard University Press.

Saks, R. E., 2008. Job creation and housing construction: Constraints on metropolitan area employment growth. *Journal of Urban Economics* 64,1: 178–195.

Samila, S., Sorenson, O., 2011. Venture capital, entrepreneurship and economic growth. *Review of Economics and Statistics* 94,3: 764–788.

Sampson, R. J., 2012. *Great American city: Chicago and the enduring neighborhood effect.* Chicago: University of Chicago Press.

Sapir, A., E., 1996. The effects of Europe's internal market program on production and trade: A first assessment. *Weltwirtschaftliches Archiv* 132: 457–475.

Save San Francisco Bay Association, 2012. *Our history.* http://www.savesfbay.org/history.

Saxenian, A., 1983. The urban contradictions of Silicon Valley: Regional growth and the restructuring of the semiconductor industry. *International Journal of Urban and Regional Research* 7,2: 237–262.

———, 1994. *Regional advantage: Culture and competition in Silicon Valley and Route 128.* Cambridge, MA: Harvard University Press.

———, 2000. *The origins and dynamics of production networks in Silicon Valley.* SSRN Scholarly Paper No. ID 1512273. Rochester, NY: Social Science Research Network.

———, 2002. Silicon Valley's new immigrant high-growth entrepreneurs. *Economic Development Quarterly* 16,1: 20–31.

———, 2006. *The new argonauts: Regional advantage in a global economy.* Cambridge, MA: Harvard University Press.

SCAG (Southern California Association of Governments), 1984. *Profile of an economic transition: A status report on the Southern California economy.* Los Angeles: Southern California Association of Governments.

———, 1993. *Regional comprehensive plan.* Los Angeles: Southern California Association of Governments.

———, 2007. *State of the region report.* http://www.scag.ca.gov/newsandmedia/pages/publicationreports/aspx.

Scalice, G., 2009. Personal interview, March 6. San José: Semiconductor Industry Association.

Schoeni, R., Dardia, M., McCarthy, K., Vernez, G., 1996. *Life after cutbacks: Tracking California's aerospace workers.* Santa Monica, CA: Rand Corporation.

Schumpeter, J., 1934. *The theory of economic development.* Cambridge: Cambridge University Press.

Sciesi, M. J., 1991. Designing the model community: The Irvine Company and suburban development, 1950–1988. In R. Kling S. C. Olin, and M. Poster, *Postsuburban California: The transformation of Orange County since World War II*, 55–91. Berkeley: University of California Press, 55–91.

Scott, A., 1993. *Technopolis: High-technology industry and regional development in Southern California.* Berkeley: University of California Press.

———, 1999. The US recorded music industry: On the relations between organization, location, and creativity. *Environment & Planning A* 31,11: 1965–1984.

———, 2002. A new map of Hollywood: The production and distribution of American motion pictures. *Regional Studies* 36: 957–975.

———, 2004. The other Hollywood: The organizational and geographic bases of television-program production. *Media, Culture and Society* 26,2: 183–205.

———, 2005. *On Hollywood: The place, the industry.* Princeton, NJ: Princeton University Press.
———, 2010a. Jobs or amenities? Destination choices of migrant engineers in the USA. *Papers in Regional Science* 89,1: 43–63.
———, 2010b. Space-time variations of human capital assets across US metropolitan areas 1980 to 2000. *Economic Geography* 86,3: 233–249.
Scott, A. J., Storper, M., 1987. High technology industry and regional development: A theoretical critique and reconstruction. *International Social Science Journal* 112, May: 215–232.
———, 2009. Rethinking human capital, creativity and economic growth. *Journal of Economic Geography* 9,2: 147–167.
Scott, M., 1963. *The future of San Francisco Bay.* Berkeley: University of California, Institute of Governmental Studies.
Siegfried, J., Zimbalist, A., 2000. The economics of sports facilities and their communities. *Journal of Economic Perspectives* 14,3: 95–114.
Simonson, G. R., 1968. *The history of the American aircraft industry: An anthology.* Cambridge, MA: MIT Press.
Soja, E. W., 2010. *Seeking spatial justice.* Minneapolis: University of Minnesota Press.
Sonn, J. W., Storper, M., 2008. The increasing importance of geographical proximity in knowledge production: An analysis of US patent citations, 1975–1997. *Environment and Planning A* 40,5: 1020–1039.
Stangler, D., 2013. *Path dependent start-up hubs: Comparing metropolitan performance, high tech and ICT startup density.* Kansas City, MO: Kauffman Foundation.
Starr, K., 2006. *Coast of dreams: California on the edge, 1990–2003.* New York: Vintage Books.
———, 2011. *Golden dreams: California in an age of abundance, 1950–1963.* Oxford: Oxford University Press.
Stekler, H. O., 1965. *The structure and performance of the aerospace industry.* Berkeley: University of California Press.
Storper, M., 1995. The resurgence of regional economies, ten years later: The region as a nexus of untraded interdependencies. *European Urban and Regional Studies* 2,3: 191–221.
———, 2005. Society, community and economic development. *Studies in Comparative Economic Development* 39,4: 30–57.
———, 2010. Why does a city grow? Specialization, human capital or institutions? *Urban Studies* 47,10: 2027–2050.
———, 2013. *Keys to the city: How economics, institutions, social interactions, and politics shape development.* Princeton, NJ: Princeton University Press.
———, 2014. Governing the large metropolis. *Territory, Politics, Governance* 2,2: 115–134.
Storper, M., Bocci, M., 2008. *Metropolitan economic growth: Three theories in search of evidence.* Barcelona: Aula Barcelona.

Storper, M., Christopherson, S., 1987. Flexible specialization and regional industrial agglomerations: The case of the U.S. motion picture industry. *Annals of the Association of American Geographers* 77,1: 104–117.
Storper, M., Salais, R., 1997. *Worlds of production: The action frameworks of the economy.* Cambridge, MA: Harvard University Press.
Storper, M., Venables, A., 2004. Buzz: Face-to-face contact and the urban economy. *Journal of Economic Geography* 4,4: 351–370.
Sturgeon, T. J., 2000. How Silicon Valley came to be. In M. Kenney and R. Florida, eds., *Understanding Silicon Valley: The anatomy of an entrepreneurial region.* Stanford, CA: Stanford University Press.
Sutaria, V., Hicks, D. A., 2004. New firm formation: Dynamics and determinants. *Annals of Regional Science* 38,2: 241–262.
Thisse, J.-F., 2010. Toward a unified theory of economic geography and urban economics. *Journal of Regional Science* 50,1: 281–296.
Thomas, W. F., Ong, P., 2002. Barriers to rehiring of displaced workers: A study of aerospace engineers in California. *Economic Development Quarterly* 16,2: 167–178.
Thompson, P., Fox-Kean, M., 2005. Patent citations and the geography of knowledge spillovers: A reassessment. *American Economic Review* 95: 450–460.
Tilly, C., 1986. *Big structures, large processes, huge comparisons.* New York: Russell Sage.
Tocqueville, A., 1830 (2000). *Democracy in America.* Chicago: University of Chicago Press. Originally published as *De la démocratie en Amérique.* Paris: Gallimard.
Turner, F., 2006. *From counterculture to cyberculture: Stewart Brand, the Whole Earth Network, and the rise of digital utopianism.* Chicago: University of Chicago Press.
U.S. Department of Transportation, 2011. *Tonnage of Top 50 U.S. Water Ports, Ranked by Total Tons.* Table 1-57. http://www.rita.dot.gov/bts/sites/rita.dot.gov.bts/files/publications/national_transportation_statistics/html/table_01_57.html.
Useem, M., 1984. *The inner circle: Large corporations and the rise of business political activity in the US and UK.* Oxford: Oxford University Press.
Vardoulis, B., 2009. Personal interview, March 13.
Verhetsel, A., Sel, S., 2009. World maritime cities: From which cities do container shipping companies make decisions? *Transport Policy* 16: 240–250.
Wachs, M., 1996. The evolution of transportation policy in Los Angeles: Images of past policies and future prospects. In A. J. Scott and E. Soja, eds., *The city: Los Angeles and urban theory at the end of the twentieth century,* 106–159. Berkeley: University of California Press.
Wade, R., 1990. *Governing the market: Economic theory and the role of government in East Asian industrialization.* Princeton, NJ: Princeton University Press.
Waldinger, R. D., Bozorgmehr, M., 1996. *Ethnic Los Angeles.* New York: Russell Sage.
Wallsten, S. J., 2004. Do science parks generate regional economic growth? In T. Bresnahan and A. Gambardella, eds., *Building high-tech clusters,* 229–279. Cambridge: Cambridge University Press.
Walker, R. A., 2008. *The country in the city: The greening of the San Francisco Bay Area.* Seattle: University of Washington Press.

Walrod, W., 2009. Personal interview, February 13. Irvine, CA: Orange County Business Council.

Whittington, K., Owen-Smith, J., Powell, W., 2009. Networks, propinquity and innovation in knowledge-intensive industries. *Administrative Science Quarterly* 54,1: 90–122.

Woo, M., 2009. Personal interview, January 30. Los Angeles.

Woolcock, M., Narayan, D., 2000. Social capital: Implications for development theory, research, and policy. *World Bank Research Observer* 15: 225–249.

World Bank, 2002. *Local economic development: A primer.* http://www.worldbank.org/urban/led.

———, 2009. *World development report: Reshaping economic geography.* Washington, DC: World Bank.

Woronkowicz, J., Joynes, D. C., Frumkin, P., Kolendo, A., Seaman, B., Gertner, R., Bradburn, N., 2012. *Set in stone: Building America's new generation of culture facilities, 1994–2008.* Chicago: University of Chicago, Harris School of Public Policy, Cultural Policy Center.

Yamamoto, D., 2007. Scales of regional income disparities in the USA, 1955–2003. *Journal of Economic Geography* 8: 79–103.

Yochum, G. R., Agarwal, V. B., 1987. Economic impact of a port on a regional economy: Note. *Growth and Change* 18,3: 74–87.

Zak, P. J., Knack, S., 2001. Trust and growth. *Economic Journal* 111,470: 295–321.

Zhang, J., 2003. *High-tech start-ups and industry dynamics in Silicon Valley.* San Francisco: Public Policy Institute of California.

Zook, M., 2002. Grounded capital: Venture financing and the geography of the Internet industry, 1994–2000. *Journal of Economic Geography* 2: 151–177.

Zysman, J., Cohen, S., 1988. *Manufacturing matters: The myth of post-industrial America.* New York: Basic Books.

图书在版编目(CIP)数据

城市经济的崛起与衰落 /(美)迈克尔·斯多波等著;刘淑红译.—南京:江苏凤凰教育出版社,2017.12

ISBN 978-7-5499-7069-8

Ⅰ.①城… Ⅱ.①迈…②刘… Ⅲ.①城市经济-经济发展-研究 Ⅳ.①F291

中国版本图书馆CIP数据核字(2017)第330696号

THE RISE AND FALL OF URBAN ECONOMIES: LESSONS FROM SAN FRANCISCO AND LOS ANGELES, by Michael Storper, Thomas Kemeny, Naji Makarem, and Taner Osman

published in English by Stanford University Press.

This translation is published by arrangement with Stanford University Press, www.sup.org

江苏省版权局著作权合同登记 图字10-2016-280号

书　　名 城市经济的崛起与衰落
——来自旧金山和洛杉矶的经验教训

作　　者 [美]迈克尔·斯多波 塔纳·奥斯曼
[英]托马斯·凯梅尼 纳吉·马卡拉姆

译　　者 刘淑红

责任编辑 江　鸣

出版发行 凤凰出版传媒股份有限公司
江苏凤凰教育出版社(南京市湖南路1号A楼 邮编210009)

苏教网址 http://www.1088.com.cn

照　　排 南京紫藤制版印务中心

印　　刷 江苏凤凰通达印刷有限公司(电话025-57572508)

厂　　址 南京市六合区冶山镇(邮编211523)

开　　本 787毫米×1092毫米 1/16

印　　张 21.25

版　　次 2018年3月第1版 2018年3月第1次印刷

书　　号 ISBN 978-7-5499-7069-8

定　　价 56.00元

网店地址 http://jsfhjycbs.tmall.com

公 众 号 苏教服务(微信号:jsfhjyfw)

邮购电话 025-85406265,025-85400774,短信02585420909

盗版举报 025-83658579